高等院校精品课程系列教材

西方经济学
（宏观部分）
MACROECONOMICS
|第5版|

赵英军 王永齐 朱慧 编著

机械工业出版社
China Machine Press

图书在版编目（CIP）数据

西方经济学（宏观部分）/ 赵英军等编著. —5 版. —北京：机械工业出版社，2019.8
（高等院校精品课程系列教材）

ISBN 978-7-111-63437-9

I. 西… II. 赵… III. ①西方经济学－高等学校－教材 ②宏观经济学－高等学校－教材 IV. ①F0-08 ②F015

中国版本图书馆 CIP 数据核字（2019）第 163138 号

本书旨在帮助初学经济学的学生树立经济学的思维模式。编者参考了大量相关的中外文献资料，本着让学生"易读、易懂、易掌握"的原则，对流行的经济学教科书体系结构进行了改进，并在叙述语言上尽可能做到简练、直白，力求使学生或初学者能从总体上把握经济学理论框架，掌握经济学分析问题的基本原理和方法。本书是在第 4 版基础上的再版，结合最新的国际国内经济发展形势，对第 4 版的部分章节内容和案例进行了修订，并更新了经济运行数据，以反映最新的经济趋势。

本书适合作为高等院校经济管理类专业与相关专业的"宏观经济学"课程的教学用书。

出版发行：机械工业出版社（北京市西城区百万庄大街 22 号　邮政编码：100037）
责任编辑：赵陈碑　　　　　　　　　　　　　责任校对：殷　虹
印　　刷：北京瑞德印刷有限公司　　　　　　版　　次：2019 年 9 月第 5 版第 1 次印刷
开　　本：185mm×260mm　1/16　　　　　　印　　张：14.25
书　　号：ISBN 978-7-111-63437-9　　　　　定　　价：40.00 元

客服电话：（010）88361066　88379833　68326294　　投稿热线：（010）88379007
华章网站：www.hzbook.com　　　　　　　　　　　　读者信箱：hzjg@hzbook.com

版权所有·侵权必究
封底无防伪标均为盗版
本书法律顾问：北京大成律师事务所　韩光 / 邹晓东

前言
PREFACE

本书自2006年出版后,承蒙同行支持,国内一些高校选用后给出了许多宝贵建议。在此我们深表谢意。这里呈现给读者的是本书第5版。

12年来,国内外多部优秀的"经济学原理"教科书陆续与读者见面,尤其是翻译版的教科书(几乎国际上优秀的经济学教科书都有了中译本)。国内此类教科书也有多部。经过多年的教学实践,以及和国内外教科书内容的对比,到第5版,我觉得需要对原有教材做一个较大的修订了,主要是想通过吸收和提炼,将我们一直倡导的"易读、易学、易懂"和注重经济学思维培养的思路再进一步凝练和细化。同时,也想反映经济社会变化的实际和新的特征,尤其是想反映信息经济(数字经济)带来的新变化。

为此,我重新编写了全书的大部分章节。写作思路,以一个初学经济学读者的视角来入手,尽可能写得简单明了,尽可能使用一些与人们日常生活密切相关的现实案例,减少数学解释的部分,或者将相关内容放在章末作为附录供有兴趣的读者学习。对一些有难度的内容标出 * 号,教师在教学时可以根据需要省略和选讲。

在教学实践中,我非常关注学生经济学思维的培养和经济学分析问题框架的建立,所以在修订本教材时,我特别按这样的要求对内容进行了调整。本教材分为两册:一册为《西方经济学(微观部分)》,一册为《西方经济学(宏观部分)》。例如在微观部分,在传统的供给-需求理论之后,又增加了新的一章——第4章"经济决策基础:成本-收益分析",设想是学生掌握了两大经济学"利器"之后,将其用于对消费者与企业的分析。在一般均衡分析中,为了让读者更好地理解一般均衡的思想,我们采用了简单的事例来介绍,而非用方程的方式进行解释。在宏观部分,我们对"总供给-总需求模型"的作用给予了特别重视,通过此模型,我们可以解释宏观经济的主要问题和现象。读者学习中,我们也建议培养自己的经济学思维和形成自己的经济理论基本框架。

本书微观部分章节,如第5章"对需求的深入分析:消费者行为理论"、第12章"微观经济学理论的新发展"是基于第4版内容改写的,其他各章基本由我重新编写。宏观部分,我重新编写了原来由其他同事写的章节。

感谢前4版参与编写和修订的作者与同事：陈利平、朱慧、徐为列、王永齐、赵连阁、姜波、周小梅、程艳等。

为适应在线教学需要，基于本教材教学的视频公开课已经可以在在线平台观看学习，具体如下。

微观经济学　浙江省高校在线开放课程共享平台，http://zjedu.moocollege.com/；课程名称：西方经济学（微观部分）。

（扫描二维码，
下载App在线查看课程。）

宏观经济学　爱课程网，http://www.icourse163.org/category/all；课程名称：西方经济学（宏观部分）/宏观经济学原理。

不足和疏漏之处，敬请同行和读者批评指正。

赵英军
浙江工商大学
zhaoyj@zjgsu.edu.cn

教学建议 SUGGESTION

本书是浙江省高校"十二五"优秀教材,也是浙江省精品课程"西方经济学"课程建设的成果之一。

教学目的

宏观经济学是经济类、管理类本科专业的基础课程和核心课程。通过本课程的学习,学生可为进一步学习经济学等其他课程打下坚实的基础。学习本课程后,要求学生掌握宏观经济运行的基本理论,掌握经济学的基本分析方法,并能够运用宏观经济学的基本原理,分析、解释市场经济中常见的一些经济现象。

通过本课程的学习,要求学生掌握以下基本理论:国民收入核算、国民收入水平的决定、乘数理论、货币供给理论、货币需求理论、*IS-LM* 模型、通货膨胀和失业理论、经济增长模型、经济周期理论、宏观经济政策工具以及各学派的争论等。

前期需掌握的知识

微积分、微观经济学。

课时分布建议

经济理论	对应章节	学习内容	教学课时
宏观经济问题概述	第1章	宏观经济问题和理论争论	5
国民收入核算理论	第2章	学习国民收入核算的理论	5
国民产出和(经济)增长理论	第3~4章	国民收入的短期决定和长期增长	10
货币市场理论	第5章	货币市场与利率的决定	3
商品市场和货币市场的相互影响	第6章	IS-LM 模型	9
AD-AS 模型	*第7章	AD-AS 模型	5
宏观经济失衡及其治理	第8~9章	宏观经济失衡的表现:失业和通货膨胀,政府治理的宏观经济政策	9
开放的宏观经济学	*第10章	开放条件下的宏观经济政策	5

注:标*的内容为选修内容,可以根据课时安排取舍。

目录 CONTENTS

前言
教学建议

第1章 宏观经济问题和理论争论 …… 1
本章要点 …………………………………… 1
学习目标 …………………………………… 1
基本概念 …………………………………… 1
1.1 从微观经济学到宏观经济学 ……… 2
1.2 宏观经济学研究的主要问题 ……… 4
1.3 宏观经济学理论与方法的争论 …… 14
本章小结 …………………………………… 16
思考与练习 ………………………………… 16

第2章 国民产出与国民收入的核算 …… 17
本章要点 …………………………………… 17
学习目标 …………………………………… 17
基本概念 …………………………………… 17
2.1 衡量一个国家总产出的指标 ……… 18
2.2 国内生产总值的核算 ……………… 21
2.3 关于国民收入核算的几点说明 …… 28
本章小结 …………………………………… 36
思考与练习 ………………………………… 36

第3章 短期国民产出和支出 …………… 38
本章要点 …………………………………… 38
学习目标 …………………………………… 38
基本概念 …………………………………… 38
3.1 总支出与均衡国民产出 …………… 39
3.2 宏观经济均衡及其调整 …………… 43
3.3 宏观经济均衡及其调整：代数方法 …………………………………… 47
3.4 乘数原理 …………………………… 48
3.5 对失业与通货膨胀的分析 ………… 53
本章小结 …………………………………… 54
思考与练习 ………………………………… 55

第4章 经济增长理论 …………………… 56
本章要点 …………………………………… 56
学习目标 …………………………………… 56
基本概念 …………………………………… 56
4.1 经济增长与经济增长率 …………… 57
4.2 长期经济增长的源泉 ……………… 59
4.3 经济增长模型 ……………………… 64
4.4 经济增长实践与经济增长政策 …………………………………… 72
附录4A 经济增长因素的核算 ………… 77

附录 4B　哈罗德-多马经济增长模型 …… 77
本章小结 …… 78
思考与练习 …… 79

第 5 章　金融、货币和利率的决定 …… 80

本章要点 …… 80
学习目标 …… 80
5.1　货币与金融体系 …… 81
5.2　货币需求 …… 93
5.3　货币的供给 …… 98
5.4　均衡利率水平的决定 …… 103
本章小结 …… 105
思考与练习 …… 106

第 6 章　IS-LM 模型：宏观经济分析的一般框架 …… 108

本章要点 …… 108
学习目标 …… 108
基本概念 …… 108
6.1　产品市场：IS 曲线 …… 109
6.2　货币市场：LM 曲线 …… 113
6.3　IS-LM 模型 …… 117
附录 6A　IS 曲线和 LM 曲线推导的四象限方法 …… 121
本章小结 …… 123
思考与练习 …… 123

第 7 章　AD-AS 模型：总需求与总供给分析 …… 124

本章要点 …… 124
学习目标 …… 124
基本概念 …… 124
7.1　总需求 …… 125
7.2　总供给 …… 128
7.3　长期与短期的宏观经济均衡 …… 131
本章小结 …… 136
思考与练习 …… 137

第 8 章　失业与通货膨胀 …… 138

本章要点 …… 138
学习目标 …… 138
基本概念 …… 139
8.1　失业 …… 139
8.2　通货膨胀 …… 149
8.3　失业与通货膨胀率的关系 …… 159
本章小结 …… 165
思考与练习 …… 165

第 9 章　宏观经济政策 …… 167

本章要点 …… 167
学习目标 …… 167
基本概念 …… 167
9.1　宏观经济政策目标和政策原理 …… 168
9.2　货币政策 …… 170
9.3　财政政策 …… 180
9.4　宏观经济政策效果分析 …… 188
9.5　其他学派的宏观经济政策主张 …… 195
附录 9A　产品市场和货币市场相互影响下的政策乘数 …… 198
本章小结 …… 200
思考与练习 …… 200

第 10 章　开放经济与对外经济政策 …… 202

本章要点 …… 202
学习目标 …… 202
基本概念 …… 203
10.1　对产品跨国流动的解释：国际贸易理论 …… 203
10.2　汇率和国际收支 …… 207
10.3　内部平衡和外部平衡 …… 214
10.4　开放经济条件下的宏观经济政策效应 …… 216
本章小结 …… 218
思考与练习 …… 219

参考文献 …… 220

第 1 章
CHAPTER1

宏观经济问题和理论争论

> 自古不谋万世者，不足谋一时；不谋全局者，不足谋一域。
>
> ——陈澹然

§ 本章要点

本章将对宏观经济研究的主要问题——国民产出（经济增长与经济周期）、失业、通货膨胀、国际收支与汇率等做引导性介绍，并介绍政府要实现的四个宏观经济目标：稳定、持续、合理增速的经济增长，低失业，价格稳定，避免国际收支赤字和汇率的过度波动，最后还将介绍不同经济学流派如何解释宏观经济。

§ 学习目标

- 了解宏观经济学与微观经济学的区别与联系；
- 掌握宏观经济学研究的主要问题；
- 了解宏观经济学流派之争，特别是新古典宏观经济学与新凯恩斯主义之间的争论。

§ 基本概念

宏观经济学	宏观经济问题	失业	经济增长与经济周期
通货膨胀	国际收支与汇率	萨伊定律	凯恩斯革命

在学习宏观经济学原理之前，我们先看如下问题。

- 中国经济增长经过 30 多年高增长后，增长速度逐渐下降到 7% 以下，为什么？
- 经济增长为什么有时快有时慢？
- 一个国家为什么失业率不会为零？
- 为什么会发生通货膨胀？

这些都是宏观经济学原理要回答的问题。通过学习宏观经济学，我们不仅会知道这些问题的答案，也能够对这些问题做出自己的判断，提出自己的看法甚至对政府的政策提出建议。

除了对当下现实问题提出解释和政策建议外，宏观经济学还对驱动经济长期增长和经济波动的力量和因素进行分析。长期经济增长对一个国家的重要性从如下事例可以看出：按相同的货币单位来计算，1870年时，日本的人均GDP与菲律宾几乎相等；到1914年时，菲律宾的人均GDP相当于日本的76%；到1950年时，相当于日本的55.7%；到了2001年，菲律宾的人均GDP只相当于日本的11.6%。⊖ 为什么100多年的时间，国家间会出现这么大的差距呢？这就是长期经济增长所带来的结果。因此，宏观经济学将为经济增长的快慢给出解释，并为政府如何促进净增长给出分析。相信这样的分析能帮助读者更好地了解我们的现实世界。

1.1 从微观经济学到宏观经济学

1.1.1 整体大于部分之和

宏观经济学将一个国家（或经济体）作为一个整体来考察，研究与经济总量有关的各种现象，揭示整体经济的运行状况及规律，并说明资源在总体上如何才能得到充分利用。

那么可不可以认为宏观经济就是该经济体各个部分简单相加后的和呢？事实上，宏观经济运行并不等于各个个体经济行为的简单相加，因为数以千百万计的个体行为的累计效果将远远大于这些个体行为的简单加总。我们先看专栏1-1的事例。

| 专栏1-1 |

为什么高速公路上在北行车道上发生了车祸，却使南行车道堵了车

要是高速公路的北行车道上发生了一起事故，各位一定很清楚这条道上为什么会堵车了。撞毁的车辆、救护车、警车，往往会使北行车道一连几个小时都走不通。可为什么车祸也会让南行的车道堵车，而且经常一堵就堵上好几里地呢？

其中的原因应该不难理解，在事故现场，南行的驾车者会出于好奇心，放慢车速，仔细观察事故现场。从每个个体来看，可能想只是耽搁几秒钟，影响并不大，从满足好奇心的收益来看，这种耽误也还划算。但大多数驾车者没有想到的是，一个人耽搁几秒钟，会让后面成百上千辆车都耽搁几秒钟。仔细看一眼事故现场的累积成本，可能会让每一名司机都耽搁一个多小时。如果让驾车者全体投票，相信没有人愿意为了看一眼事故现场而耽搁一个多小时，如果想到这个结果他们肯定也不会放慢速度。可他们到达事故现场后一个接一个做出的是减速的决定。

资料来源：Robert Frank. *The Economics Naturalist*: *in Search of Explanations for Everyday Enigmas* [M]. New York: Basic Books, 2007; 罗伯特·弗兰克. 牛奶可乐经济学 [M]. 闾佳，译. 北京: 中国人民大学出版社, 2008。

⊖ 以上数据根据下述著作计算所得，安格斯·麦迪森. 世界经济千年史 [M]. 伍晓鹰，等译. 北京: 北京大学出版社, 2003。

专栏 1-1 告诉我们，为什么个体行为的简单相加并不等于总量。在生活中我们确实可以观察到这种现象。看如下例子，在一个大剧院观看演出的每个观众都是个体，如果其中一名观众想以更好的视角来观看，站立比坐在座位上视野要更好。但是，如果每个人都这样做，大家的体验就没有那么好了。个体的微观行为都是理性的，但加总后的宏观结果并不理想。再如，在后面我们将要学习的"节俭的悖论"：当每个家庭和企业为了应对不确定的未来而削减支出时，导致的结果将是整个经济活动水平降低；如果企业裁减员工，而这又会导致人们进一步节俭，整个经济将陷入更深的衰退。最终，家庭和企业的境况会比它们不削减支出时的状况更糟糕。悖论由此而生：出于良好愿望的节俭导致了意想不到的坏结果。

1.1.2 宏观经济学与微观经济学的区别

作为经济学原理的两大分支，宏观经济学和微观经济学研究的问题表面看来似乎相差不多，如表 1-1 所示，两者都涉及价格、就业、工资，等等，但如果细看研究的内容，则差别明显。

表 1-1 微观经济学与宏观经济学研究问题的不同

经济问题	微观经济学问题	宏观经济学问题
就业	我应该去读研究生，还是应该立即就业入职	今年全国共有多少人找到了工作
工资	中国银行根据什么因素对一名 MBA 应届毕业生付酬	该年度，我国工人的总体薪酬水平如何，什么因素影响工资水平
价格、成本	华为手机的价格根据什么来确定	经济中的总价格水平取决于什么因素
经济政策	为了治理环境污染，政府应该采取什么样的政策	为促进就业和经济增长，政府应该采取什么样的政策
跨国经济活动	中国银行在美国设立一个分支，会考虑什么因素	中国与世界上其他国家之间的产品、服务和金融资产交易受什么因素影响

宏观经济学和微观经济学的区别主要体现在两个方面。

1. 两者观察问题的视角不同

微观经济学以个体经济行为人作为观察对象，考察消费者或者企业如何做出分配资源的决策以及这种分配是否达到最优，市场运行状态如何。宏观经济学则以一个经济体的总体运行作为分析对象，忽略细节问题。

2. 两者关注的问题不同

微观经济学关注的是个人和企业如何进行决策，以及这些决策会产生什么样的后果。简言之，微观经济学关注资源配置问题。例如，一所大学对是否增设一门新课程，如"经济学原理"，可以进行成本核算，包括：支付的教师工资、课程相关的各种资料购置等，然后再计算开课带来的收益。通过这样的计算，学校可以决定是否开设这门新课程。具体说来，微观经济学要关心 5W 问题，即生产什么（What）、如何生产（How）、什么时间生产（When）、在什么地方生产（Where）和为谁生产（for Whom）。

宏观经济学研究的是经济总量——一个经济体中，所有个人和企业行为的相互影响如何决定整体的经济绩效。简言之，宏观经济学关注资源使用问题。例如，经济中的总产出水平与上年相比是提高了还是降低了，物价水平如何等。

具体说来，现代宏观经济学研究的主要问题有：经济增长、通货膨胀、失业和国际收支。从宏观经济学具体研究内容看主要可以分为两个部分。①理论研究，也就是从宏观经济理论角度解释宏观经济问题。如，每年的经济增长率是由什么决定的？为什么会有失业现象？等等。②政策研究，在理论研究基础之上，政府应该采取什么经济政策来实现宏观经济运行的目标。如政府为了实现一定水平的经济增长率会采用怎样的政策？政府推出什么政策措施可以有效降低失业率？

特别值得一提的是，微观经济学和宏观经济学对政府的角色有不同看法。在微观经济学中，市场机制是实现社会资源最优配置最好的机制，除了一些特定的市场失灵的情形，政府对市场的干预通常会使社会整体状况变得更糟。因此，政府微观经济政策的主要任务是确保市场机制发挥作用，政府干预只在局部发挥影响。相反，宏观经济学则要求政府发挥更大的作用，因为个体是无法消除他们自身累积行为所致的后果的，作为一个社会动员资源最重要的行为人，政府有责任也有能力缓解短期波动，消除负面事件对总体经济的影响。

尽管微观经济学和宏观经济学从不同的角度对现实经济进行审视和分析，但两者运用的基本分析方法和工具是相同的，也就是对经济运行的理解和采用的原理是一样的。

对宏观经济学和微观经济学关系的理解，类似于自然科学从不同层次和角度对世界的研究。如：物理学可以研究细微至夸克的物质运行规律，也可以大到无垠的天体空间；医学可以研究细胞内部的特性，也对生物体整体的变化进行分析。当然，经济学对问题的研究虽然有"小"范围的个体和"大"范围的整体之分，但从精细程度上还无法达到自然科学那样的水平。

1.1.3　宏观经济学的诞生是人类对经济运行认识提高的产物

宏观经济学是人类对经济活动认识发展到新的历史阶段后形成的一门新的经济学分支。现代宏观经济学诞生的标志是1936年凯恩斯的《就业、利息和货币通论》（简称《通论》）的发表。此后，经济学的研究在最基础层面上被分为两个领域：微观经济学和宏观经济学。

20世纪30年代席卷世界的经济大萧条，全面暴露了市场机制自我运行可能导致的恶果：产出水平严重下降、失业人员剧增、银行体系运转不灵……以当时的美国为例，在危机高峰的1933年，美国农场、工厂等总的产出仅仅相当于1929年的70%，失业率高达25%。如何对经济现实做出解释并找到解决良策已经成为当时西方世界各国政府面临的难题。在这种背景下，凯恩斯发表了《通论》，另辟蹊径，在传统理论之外提出了新的解释和政策建议，提出有别于此前学说的两个重要观点：

（1）市场经济中高失业率和生产能力闲置可能会长期存在。

（2）政府通过选择经济政策（财政政策和货币政策）可以影响产出，特别是在短期，政府更应该这么做，自此以后，看重短期也就成了研究宏观经济学最重要的视角。

1.2　宏观经济学研究的主要问题

1.2.1　宏观经济理论研究的主要问题

从目前的研究来看，宏观经济理论的研究主要集中在如下4个方面。

1. 经济增长和国民产出水平的决定与波动

宏观经济学以一个国家或经济体为研究对象,首先要知道的第一个问题应该是该经济体的经济产出水平如何。目前表现一个经济体总产出水平的指标被称为国内生产总值(GDP),该指标试图通过计算一个经济体所生产的最终产品和服务的价值来近似表现经济活动的全貌。但由于该指标无法表现居民家庭内部的活动(如家务劳动)和一些非法的地下活动,同时又要剔除价格变化的影响,所以只能说是近似表现。确切地说,实际 GDP(real GDP)对经济总量的刻画更准确。这些概念我们将在下一章具体解释。

经济增长从指标来看就是实际 GDP 的增长。每个经济体每一年度都会核算 GDP,当我们把 GDP 放在一个随时间推移的过程中来考察时,就可以看到经济总量的变化,这种变化就是经济增长,变化率就是经济增长率。

对经济增长还可以从如下几点来理解。

(1) 经济增长实质上想表现的是一个国家国民财富的增长,增长率增加表明该年度的产出水平要高于前一个对比期,如果下降则表示产出的东西要少于前期。

(2) 经济增长还可以表示一个经济体潜在生产能力的增加。所以,经济增长可以表现为生产可能性曲线(前沿)的外移。

(3) 经济增长除了用一国 GDP 总量来表示外,还可以用人均 GDP 或者人均国民总收入水平的提高来表现。

下面我们看两个经济增长的事例:一个是近 40 年来中国的经济增长奇迹;另一个是世界主要地区从公元 1000 年后的增长情况。我们看到,经济增长率的高低在长期可以导致对比强烈的后果。

(1) **1978 年后的中国经济增长。**

中华人民共和国成立以来,特别是 1978 年实行改革开放以后,经济增长已经取得了举世瞩目的成就,被称为"中国奇迹"。

①从总量看,中国目前已经成为世界第二大经济体。1978 年,我国国内生产总值(GDP)为 3 645 亿元(见表 1-2),2017 年达到近 82.7 万亿元。从国内生产总值指数来看(见图 1-1),以 1978 年为 100,到 2017 年为 3 452,2017 年的 GDP 是 1978 年的 34.5 倍!根据国际货币基金组织计算,我国 GDP 占世界 GDP 总量的比重达到 15% 左右。

表 1-2 1978~2017 年我国的国内生产总值与人均国内生产总值

年份	国内生产总值（亿元）	人均国内生产总值（元）	年份	国内生产总值（亿元）	人均国内生产总值（元）
2017	827 121.70	59 660	1995	60 793.73	5 046
2015	689 052.10	50 521	1990	18 667.82	1 644
2010	401 512.80	30 015	1985	9 016.04	857
2005	184 937.37	14 185	1980	4 545.62	463
2000	99 214.55	7 858	1978	3 645.22	381

资料来源:国家统计局网站(www.stats.gov.cn)。

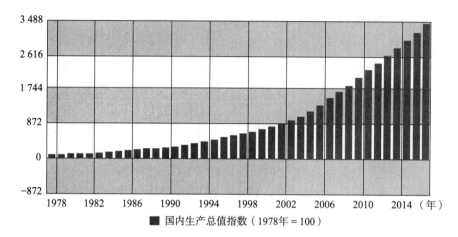

图 1-1　我国 1978～2017 年国内生产总值的变化
资料来源：国家统计局网站（www.stats.gov.cn）。

②人均国内生产总值大幅提高。我国人均 GDP 从 1978 年时的 381 元上升到 2017 年的 59 660 元（见表 1-2）。据世界银行计算，2017 年我国人均 GDP 达到 8 827 美元，居世界第 71 位（见表 1-3）。

表 1-3　2017 年中国与人均 GDP 排世界前 25 位的国家（或地区）

（单位：美元）

位次	国家（或地区）	人均 GDP	位次	国家（或地区）	人均 GDP
1	卢森堡	104 103	14	奥地利	47 291
2	瑞士	80 190	15	芬兰	45 703
3	挪威	75 505	16	加拿大	45 032
4	冰岛	70 057	17	德国	44 470
5	爱尔兰	69 331	18	比利时	43 324
6	卡塔尔	63 506	19	新西兰	42 941
7	美国	59 532	20	阿联酋	40 699
8	新加坡	57 714	21	以色列	40 270
9	丹麦	56 308	22	英国	39 720
10	澳大利亚	53 800	23	安道尔	39 147
11	瑞典	53 442	24	法国	38 477
12	圣马力诺	49 664	25	日本	38 428
13	荷兰	48 223	71	中国	8 827

资料来源：世界银行（www.worldbank.org）。

③经济保持较快增长速度。从图 1-2 给出的数据不难看出，与世界主要经济体比较，1978 年之后，我国的经济增长一直保持较高速度。所以，我国在总量上快速成为世界第二大经济体，人均 GDP 水平也大幅提高，我国成为近 40 年来世界上增长最快的新兴经济体之一。

当然，我国经济增长也表现出了波动幅度较大的特征，如图 1-3 所示，近 40 年来，我国也出现了几次较为明显的经济增长的收缩和扩张。大的扩张期为 1981～1984 年、1990～

1992年、1998~2007年；速度放缓阶段为1979~1980年、1989~1990年、1997~1998年、2008~2009年、2012年之后。

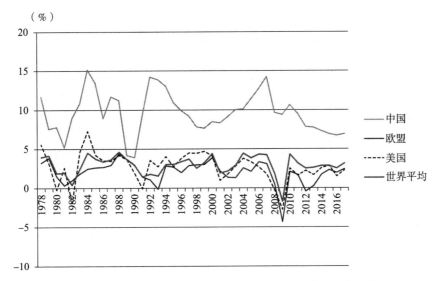

图1-2　1978~2017年世界主要国家和地区年经济增长率比较

资料来源：世界银行（www.worldbank.org）。

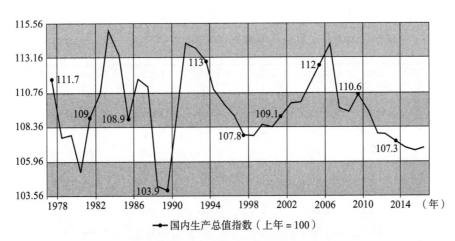

图1-3　我国1978~2017年的经济增长率变化

资料来源：《中国统计年鉴2018》。

国民产出水平呈现出的不规则周期变化特征，在经济学上称为**经济周期**（business cycle）。什么是经济周期呢？经济周期是经济运行中存在的自然现象，也就是说，经济增长并不会一直持续匀速保持下去。经济周期一般可分为两个阶段：经济衰退和经济扩张。对应的两个转折点是：增长波峰和衰退谷底。目前对经济衰退的界定通常采用如下标准：连续两个季度实际GDP增长率出现下降，或者出现负增长率。

（2）**世界主要地区超长期的经济增长**。

如果从历史时期来看，经济增长率差异所导致的后果还是非常"严重"的。从历史上看，各国、各地区间目前的收入差距其实是长期历史增长率差异积累的结果，详情请见表1-4、表1-5。

表 1-4 世界各主要地区 1000~1998 年人均 GDP 增长率和 GDP 增长率

	1000~1500	1500~1820	1820~1870	1870~1913	1913~1950	1950~1973	1973~1998
	人均 GDP 增长率						
西欧国家	0.13	0.15	0.95	1.32	0.76	4.08	1.78
西欧移民国	0	0.34	1.42	1.81	1.55	2.44	1.94
日本	0.03	0.09	0.19	1.48	0.89	8.05	2.34
亚洲（不含日本）	0.05	0	-0.11	0.38	-0.02	2.92	3.54
拉美国家	0.01	0.15	0.1	1.81	1.42	2.52	0.99
东欧国家与苏联	0.04	0.1	0.64	1.15	1.5	3.49	-1.10
非洲国家	-0.01	0.01	0.12	0.64	1.02	2.07	0.01
世界	0.05	0.05	0.53	1.3	0.91	2.93	1.33
	GDP 增长率						
西欧国家	0.3	0.41	1.65	2.1	1.19	4.81	2.11
西欧移民国	0.07	0.78	4.33	3.92	2.81	4.03	2.98
日本	0.18	0.31	0.41	2.44	2.21	9.29	2.97
亚洲（不含日本）	0.13	0.29	0.03	0.94	0.9	5.18	5.46
拉美国家	0.09	0.21	1.37	3.48	3.43	5.33	3.02
东欧国家与苏联	0.2	0.44	1.52	2.37	1.84	4.84	-0.56
非洲国家	0.06	0.16	0.52	1.4	2.69	4.45	2.74
世界	0.15	0.32	0.93	2.11	1.85	4.91	3.01

资料来源：Maddison, *The World Economy: A Millennial Perspective*, 2001, p.126。

表 1-5 世界各主要地区 1000~1998 年人均 GDP 水平和地区差距
（以 1990 年国际美元标准值计算）

	1000	1500	1820	1870	1913	1950	1973	1998
西欧国家	400	774	1 232	1 974	3 473	4 594	11 534	17 921
西欧移民国	400	400	1 201	2 431	5 257	9 288	16 172	26 146
日本	425	500	669	737	1 387	1 926	11 439	20 413
亚洲（不含日本）	450	572	575	543	640	635	1 231	2 936
拉美国家	400	416	665	698	1 511	2 554	4 531	5 795
东欧国家与苏联	400	483	667	917	1 501	2 601	5 729	4 354
非洲国家	416	400	418	444	585	852	1 365	1 368
世界	435	565	667	867	1 510	2 114	4 104	5 709
地区差距	1.1:1	2:1	3:1	5:1	9:1	15:1	13:1	19:1

资料来源：Maddison, *The World Economy: A Millennial Perspective*, 2001, p.126。

从表 1-4 和表 1-5 中我们可以看到，经济增长的波动以及长期的累积效应，导致了各国间人均 GDP 水平的巨大差异。地区差距变化惊人，公元 1000 年几乎没有差别，为 1.1:1，1500 年为 2:1，1870 年为 5:1，1950 年为 15:1，到 1998 年为 19:1。

当然，经济增长在增进人们福利的同时，也带来了许多伴随的问题，突出的就是环境污染，也就是说，人们在享受经济增长带来的福利的同时，也在付出资源枯竭、环境恶化的代价，所以如何权衡经济增长成本和收益也是人类面临的难题之一。

从宏观经济学的角度来看，在经济增长和经济波动方面，有如下问题需要回答：经济增长的推动因素是什么？为什么各国间的经济增长率会有如此大的差距？经济周期为什么会发生？能够避免像大萧条那样的经济危机吗？政府在经济增长中扮演着什么角色？经济增长短期和长期的影响因素一样吗？等等。

2. 失业问题

宏观经济学最终形成一个经济学分支的契机，部分原因是 20 世纪 30 年代时的失业问题异常严重（美国最严重时失业率达到 25% 左右）。严峻的失业形势激发了经济学家们去思考解决问题之道。最终由凯恩斯提出了现代宏观经济学的分析思路和框架。所以，失业或就业问题一直是宏观经济学关注的主要问题之一。

失业之所以成为宏观经济研究的重要论题，是因为从一个国家拥有的资源来看，劳动是最重要的一种资源，它与自然资源不同，如果任其闲置，造成的损失是无法挽回的，因为劳动提供的是劳动时间服务。此外劳动闲置对劳动者个人也会带来许多问题，没有工作职位，也就没有收入，生活负担的压力会引发一系列社会问题。

由于劳动要素并非同质，个体间的差异很大，找到合适的工作岗位并非易事。所以，每个人都能找到工作的可能性很小，一个经济体总会有一定数量的人处在失业状态。在经济繁荣时期，劳动闲置相对会减少，但在经济不景气时，如何促进就业，就成了各国政府要面对的重要问题。

如何衡量一个国家的失业状况呢？经济学上采用失业率指标。所谓**失业率**就是失业人数占劳动力总人数的百分比。尽管由于技术上的原因，很难精确计算出一个国家的失业率，但这一指标还是较好地表现了劳动力闲置的情况。而且通过观察失业率水平的变化，也可以对一个国家的宏观经济状况作出判断。因为，失业率水平上升（下降）是与经济不景气（繁荣）紧紧联系在一起的，一方面它是产出水平下降（上升）的结果，另一方面它上升（下降）也成为判断经济形势坏（好）的指标之一。

我国目前公布两种失业率指标：**城镇登记失业率**与**城镇调查失业率**。城镇登记失业率在改革开放后一直作为重要的宏观经济指标公布（见图 1-4）；城镇调查失业率从 2018 年 4 月开始对外公布，2018 年 1~6 月，全国城镇调查失业率处于 4.8%~5.1%。世界各国都不同程度受到失业率问题的困扰，表 1-6 给出了美国、日本、欧盟以及经济合作与发展组织（OECD）国家 2009~2017 年的失业率情况。

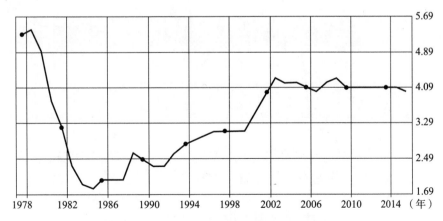

图 1-4　1978~2016 年我国城镇居民失业率

资料来源：国家统计局网站（www.stats.gov.cn）。

表 1-6 部分国家 2009~2017 年的失业率　　　　　　　　　　（%）

国家和地区	2009	2010	2011	2012	2013	2014	2015	2016	2017
美国	9.3	9.6	8.9	8.1	7.4	6.2	5.3	4.9	4.4
日本	5.1	5.1	4.5	4.3	4.0	3.6	3.4	3.1	2.8
欧盟	9.1	9.7	9.8	10.6	11.0	10.2	9.4	8.6	7.6
OECD 国家	8.2	8.4	8.0	8.0	7.9	7.3	6.8	6.3	5.8

资料来源：世界银行 World Development Indicators。

宏观经济学要解释：为什么经济社会中总会存在一定的失业率？什么类型的失业是一个社会必须关注的？造成不同类型失业的原因是什么？为什么各国的失业率会不同？如何降低失业率？政府会通过什么政策降低失业率？失业与其他经济现象之间有什么关系？等等。

3. 通货膨胀

价格是微观经济学关注的核心概念，在宏观经济学中，价格问题同样重要。不过，宏观经济学关注的是总量水平上的价格水平，或者说是一般价格水平。反映一般价格水平变化的指标也被称为通货膨胀水平，通常用**消费者价格指数**（consumer price index, CPI）来表示。

通货膨胀之所以是宏观经济学研究的对象，是因为从一个经济体总体来看，一般价格水平会对人们的决策产生重要的影响，对政府来说，一般价格水平是判断经济形势的重要指标，也是制定政策的重要依据；对企业来说，一般价格水平虽然不像自己产品价格和所需生产要素价格那样影响直接，但对企业经营的环境和企业做出决策的信心却有着显著影响；对个人来说，一般价格水平事关所获收入的购买力，所以同样需要关注。尤其是当发生通货膨胀时，不仅会破坏原有的利益均衡关系，而且会带来一系列问题，如引起收入和财富的再分配、导致资源被浪费在一些无谓活动中、引起人们预期改变、对未来不确定感增强等。

宏观经济学把通货膨胀作为研究的问题，还在于对通货膨胀的预测依然是个难题，如何通过分析通货膨胀发生的具体原因来制定相应的政策一直是宏观经济学研究的重要内容。

（1）**改革开放后我国的通货膨胀**。

改革开放后，随着我国政府放松对价格的管制，价格水平的波动幅度也逐渐加大。1979年之后，我国发生过几次较大幅度的物价上涨，分别是 1980 年、1985 年、1988~1989 年、1994 年和 2007~2008 年和 2010~2011 年（见图 1-5）。

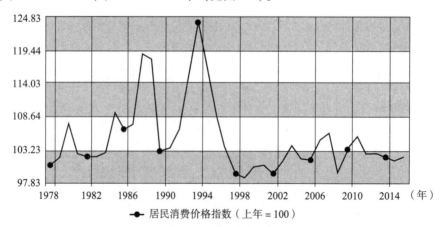

a）以上年价格为基础计算的通货膨胀率

图 1-5　1978~2016 年我国通货膨胀率

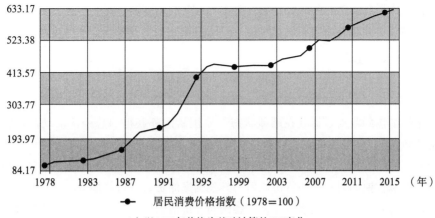

b）以1978年价格为基础计算的CPI变化

图1-5 （续）

资料来源：国家统计局网站（www.stats.gov.cn）。

从1998年起，我国又连续经历了5年左右的通货紧缩（与通货膨胀相反的经济现象，表现为价格指数下降，经济不景气）。我国价格水平变化其实折射出了近30年改革开放过程中，我国经济社会所经历的许多调整和变革，1997年之前，价格变化主要受到内部经济关系调整的影响，而1997年之后的价格变化还要再加上国外因素的变化。图1-5给出了依据不同基础年份计算的通货膨胀率变化，图1-5a是以上一年价格水平为基础计算的通胀率变化；图1-5b是以1978年价格水平为基础计算的CPI变化。

（2）**其他国家的通货膨胀率**。

表1-7给出了世界主要经济体和不同国家类型2005年后的通货膨胀率情况。

表1-7 世界主要经济体和不同国家类型2005年后的通货膨胀率 （%）

经济体和国家类型	2005	2006	2007	2008	2009	2010	2011	2012	2013	2014	2015	2016	2017
世界平均	4.09	4.29	4.80	8.96	2.92	3.36	4.84	3.72	2.59	2.35	1.44	1.47	2.18
美国	3.39	3.23	2.85	3.84	-0.36	1.64	3.16	2.07	1.46	1.62	0.12	1.26	2.13
欧盟	2.47	2.60	2.48	4.16	0.93	1.67	3.31	2.72	1.39	0.22	-0.05	0.22	1.58
日本	-0.28	0.25	0.06	1.38	-1.35	-0.72	-0.27	-0.05	0.35	2.76	0.79	-0.12	0.47
俄罗斯	12.69	9.67	9.01	14.11	11.65	6.85	8.44	5.07	6.75	7.82	15.53	7.04	3.68
高收入国家	2.49	2.50	2.76	4.54	1.37	1.81	3.34	2.71	1.47	1.03	0.29	0.53	1.60
中等收入国家	5.18	6.07	6.31	10.19	4.21	4.46	5.95	4.51	4.24	3.53	2.72	2.58	3.35
低收入国家	7.89	7.25	6.58	11.31	4.85	4.40	7.62	6.74	4.96	4.41	5.57	5.85	6.80

资料来源：世界银行World Development Indicators。

2005年后，世界范围内通货膨胀率趋向稳定，但发达高收入国家的通货膨胀水平普遍低于发展中中等和低收入国家。发展中国家内部各国之间差距也很大，如亚洲地区国家的通货膨胀率要低于非洲和拉美地区。

从世界主要国家的经济政策来看，防止发生严重的通货膨胀已经成为各国经济政策最主要的目标之一。所以对宏观经济学来说，除了要研究通货膨胀的成因和类型外，还要研究通货膨胀对经济增长和经济发展的影响是什么，政府如何预测通货膨胀，通过什么政策能有效控制通货膨胀，医治通货膨胀的政策处方有无副作用。

由于通货膨胀与货币密切相关，所以在宏观经济学中，也要将货币数量的供给和需求、货币与价格、货币与实体经济的相互影响等作为重要的内容进行研究。在后续学习中,我们还要学习许多货币金融方面的知识。

4. 国际收支和汇率

当经济活动越过一国国境,表现出与其他国家和地区进行商品和生产要素的流动和交换时,就要涉及国家与国家之间经济关系的分析。其中有许多问题值得研究,如体现一国对外交换总记录的国际收支表是处在顺差状态(本国从国外获得的总经济活动流量值大于本国流出的流量值),还是处在逆差状态(本国从国外获得的总经济活动流量值小于本国流出的流量值);一国商品和服务的进出口规模目前处于什么状况,是进口大于出口,还是出口大于进口,差额规模如何;一国货币如何与其他国家的货币进行兑换等。

在经济全球化趋势日益兴盛的今天,各国间经济活动相互影响的程度越来越大,所以只有在开放形势下研究宏观经济问题才能反映社会的现实。

事实上也是如此,1997 年的东南亚金融危机就体现出了强烈的国际传染性的特征,2007 年开始的美国次贷危机更是引发了第二次世界大战后世界性的经济大衰退,几乎所有地区都卷入其中,至今影响仍在。如果不考虑外部经济变量的影响,我们已经很难从理论上解释清楚宏观经济是怎样运行的了。对我国来说,在近 40 年的经济增长中,对外贸易发挥了重要的作用(见表 1-8);进出口贸易总额占国民生产总值的比重有些年份高达 60%!对外贸易波动成为影响我国经济运行的重要冲击因素。同时,外汇储备和人民币汇率问题影响了我国宏观经济政策制定和实施中的独立性,也成了中外经济关系中一个敏感的话题。图 1-6 对 1978 年后人民币对美元汇率的走势进行了刻画。无论对美元,还是欧元(2002 年以后),人民币处在升值的大趋势中。

表 1-8 1978~2016 我国进出口贸易情况 (单位:亿元)

项目	1978	1980	1985	1990	1995	2000	2005	2010	2015	2017
进出口总额	355	570	2 066.7	5 560.1	23 499.90	39 273.2	116 922	201 722	245 503	278 101
出口总额	167.6	271.2	808.9	2 985.8	12 451.80	20 634.4	62 648.1	107 023	141 167	153 311.2
进口总额	187.4	298.8	1 257.8	2 574.3	11 048.10	18 638.8	54 273.7	94 699.3	104 336	124 789.8
进出口差额	-19.8	-27.6	-448.99	411.56	1 403.68	1 995.63	8 374.41	12 323.3	36 830.7	28 521.4

资料来源:国家统计局网站(www.stats.gov.cn)。

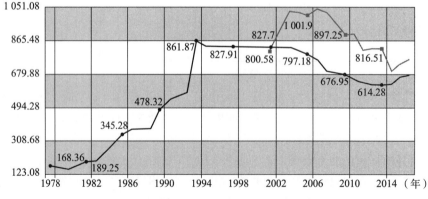

图 1-6 1978~2017 年人民币对美元、欧元(2002 年开始)汇率(中间价)的走势图
资料来源:国家统计局网站(www.stats.gov.cn)。

1.2.2 宏观经济政策

宏观经济理论的研究帮助我们弄清楚经济现象发生的原因，这仅仅是认识世界，重要的还在于我们如何治理这些问题或者预防不良问题的发生。就如同一个医院的医生看病，医生首先要给病人解释其生病的原因，然后才开出治病的药方。宏观经济政策也是宏观经济学研究的重要内容，也可以说是宏观经济学家对经济运行开出的药方。

1. 宏观政策目标

从目前对宏观经济的认识来看，前述的宏观经济问题都应该是政府关注的问题，所以宏观经济政策也就相应有了如下四个政策目标。

（1）稳定、持续、合理增速的经济增长。
（2）低失业率。
（3）价格稳定。
（4）避免国际收支失衡和汇率的过度波动。

2. 政策工具

一个经济体只有掌握全局者才能担当起对经济进行调控和治理的重任，从目前来看，各国的中央政府和货币管理当局扮演着执行宏观经济政策的角色。

只有能从总体上影响经济体行为人的措施和做法才能发挥宏观经济政策工具的作用。目前的政策工具分为两类：一是影响长期经济行为尤其是总供给的政策工具，如产业政策和经济规划；二是对经济波动进行调整的短期政策工具，主要针对总需求，这也是我们要在宏观经济学中学习的政策工具——财政政策和货币政策。

财政政策是指通过政府改变财政收入和支出来影响总需求，从而实现宏观经济目标的政策工具。

货币政策是指通过货币当局改变货币供应量、利率水平和汇率水平来影响总需求，从而实现宏观经济目标的政策工具。

3. 政策难题

在政策具体执行中，面临如下两个难题。

（1）如何选择优先目标。好似鱼和熊掌难以得兼的选择，宏观经济的目标很难同时实现，比如，降低通货膨胀率的政策，短期内很可能导致失业水平上升、经济增长速度下降、国际收支盈余；如果是治理失业的政策，则有可能在短期导致通货膨胀率上升等后果。因此，政府在制定政策时必须考虑经济目标的优先次序，是治理通货膨胀重要还是降低失业率重要，有时候这种选择会面临两难。

（2）根据什么理论和思想制定政策。宏观经济问题是客观存在的，但对问题产生原因的解释却存在争论。不同的经济学派对经济现象背后产生的原因可能给出了不同的解释，这自然会反映在政策目标的取舍、政策工具的选择上。不同学派大致分为两类：主张政府干预或者不干预。因此，政策制定者所信奉的经济思想影响着政府所选择的经济政策工具。如果信奉自由放任的经济思想，认为市场机制是实现上述四个宏观经济目标的最佳途径，政府可能实施旨在让市场自由发挥作用的政策。相反，如果政府认为市场无法实现上述四个宏观经济目标，就会采取干预主义理论和政策，更加积极地干预经济，并试图驾驭整个经济。

1.3 宏观经济学理论与方法的争论

1.3.1 早期宏观经济思想

现代宏观经济学诞生的标志是 1936 年凯恩斯《就业、利息和货币通论》的发表，但是宏观经济的思想在此前就一直存在。经济学说史上有许多经济思想到如今还在发挥作用。如 18 世纪法国经济学家魁奈提出的经济表，是总体经济循环框架的雏形；英国哲学家大卫·休谟提出的货币数量论思想，即物价总水平是由货币供应量来决定的，经过李嘉图、穆勒等人的发展，形成了古典的货币数量论，现代货币学派代表人物弗里德曼以此为基础提出了现代货币数量论理论；马尔萨斯的有效需求概念被后来的凯恩斯借鉴；还有瑞典经济学家维克塞尔等有关货币和利率的理论，等等。

1.3.2 古典学派理论

古典学派的方法就是相信市场的方法。对于市场机制我们在微观部分已经学习过，该理论学派相信以价格灵活波动、资源自由流动、人们对市场价格信号及时反应的一套机制可以把资源配置到合理的领域，反映在宏观经济中就是总供给和总需求一直会保持均衡。这种分析方法在凯恩斯理论诞生以前是经济学分析的主要方法。该方法起源于亚当·斯密的《国富论》，经过李嘉图、穆勒、马歇尔等人的不断完善，已经成为体系完备的分析框架。

应该说，古典学派理论框架下的理论不能称为宏观经济学理论，但其中包含了后来宏观经济分析问题的思想和观点，所以也可以认为是古典宏观经济学方法。这一方法的核心是市场机制可以保证所有市场，如商品市场、劳动力市场、货币市场等都能运行良好，都能实现均衡，所以宏观经济就能实现总体上的均衡。因为相信市场的这个作用，所以才有了萨伊定律，即供给会创造对产品的需求，这样供求自然不会失衡；才有了资金市场中作为资金提供方的储蓄和资金需求方的投资的均衡，因为资金价格——利率的灵活变动促成了这种平衡的实现；也才有了劳动力市场的均衡，因为工资可以灵活地上下变动。

既然市场如此运行，那么政府政策的作用自然就不是去干预市场的独立运行，而是去"保护"市场的正常运行，是去消除干扰市场运行的因素。所以，这种方法其实是主张政府对正常的市场运行采取不干预政策，政府如果还想有所作为，就是创造良好的市场运行环境，如建立法规体系。当然，对于市场失灵的地方政府可以施展自己的影响，如提供公共物品等。

对古典学派形成致命打击的是近代经济史上最大的经济事件——大萧条（1929～1933 年）的发生。从表 1-9 可以看出，在这场空前严重的世界经济危机中，主要国家的 GDP 都出现了大幅度的下降，而且持续时间很长，美国经济衰退持续达 43 个月！生产普遍过剩，失业不再是暂时的现象，产品市场、劳动力市场、资本市场处于较长时间的失衡。这场危机宣告了"萨伊定律"的破产。危机呼唤着新的经济理论。

表 1-9　大萧条期间国民产出下降的幅度

国　家	GDP 下降幅度	国　家	GDP 下降幅度	国　家	GDP 下降幅度
阿根廷	-13.72	智利	-30.02	新西兰	-14.64
澳大利亚	-5.78	法国	-14.66	英国	-5.09
奥地利	-19.79	德国	-23.50	美国	-26.99
比利时	-7.09	墨西哥	-17.66	委内瑞拉	-21.20
加拿大	-24.08				

资料来源：Maddison，*Monitoring the World Economy 1820-1992*（OECD Paris, 1995）。

1.3.3　凯恩斯主义理论

大萧条证明市场机制有时是无法自动实现经济总体平衡的目标的。所以，英国经济学家凯恩斯提出了不同于传统经济学的理论，他在1936年出版的《就业、利息和货币通论》一书中，摒弃了古典经济学关于市场会自动出清的假定。他认为，因为工资和价格的黏性，或者说价格调整要慢于产量调整，因此市场上的供给与需求未必经常相等，"非出清"状态会经常出现，因此均衡不再，"萨伊定律"也失效了。凯恩斯对为什么资源无法有效利用从而出现闲置的原因提出解释，这就是有效需求不足。因为有效需求不足，所以导致失业存在，产出下降。既然价格不能灵活调整，而且有效需求不足，所以就要刺激需求来解决这些问题。他从总需求的角度分析了国民收入决定的问题，在政策上提出了放弃自由放任、国家要积极干预经济的主张。

《通论》的出版，不仅带来了理论上的"凯恩斯革命"，产生了现代宏观经济学体系框架，而且在政策上对政府干预经济奠定了基础，自此以后可以说走进了一个经济政策的新时代。

《通论》发表以后，经济学家们在理解、修正、完善或拒绝凯恩斯理论的基础上发展自己的思想，于是，在当代的经济学界形成了众多的经济思潮和流派纷争的局面。

1.3.4　非凯恩斯主义宏观经济学的形成和发展

20世纪70年代初期以后，西方国家出现了大量失业与剧烈通货膨胀并存的"滞胀"现象，凯恩斯主义宏观经济学的地位开始动摇，一些非凯恩斯主义宏观经济学迅速兴起发展，其中最重要的就是货币主义、新古典经济学派等。

1. 货币主义

货币主义是以美国经济学家弗里德曼为代表的经济学流派。他们的基本观点如下。

（1）市场机制在长期可以实现宏观经济均衡，应该让市场充分发挥作用。

（2）政府干预尤其是通过财政政策的干预，是造成滞胀的原因。

（3）货币最重要。

要让市场发挥作用，政府该做什么呢？货币主义的政策主张是：①反对政府主动使用宏观经济政策来干预经济；②力主单一政策规则，以货币供给量作为货币政策的唯一控制指标，在没有通货膨胀的情况下，通过确定货币存量的稳定增长来保障经济稳定。

2. 新古典宏观经济学

凯恩斯理论被认为面临两种挑战：①无法对滞胀在原有理论框架下给出合理的解释，因此也没有合理的政策可以提供；②如何与微观经济学理论衔接，即如何建立宏观经济学的微观基础。货币主义之后，兴起的"新古典主义学派"试图回答这些问题，其主要代表人物有卢卡斯、萨金特、华莱士、巴罗等。

这一学派相信市场机制的作用，认为应该把分析宏观经济运行建立在个体利益最大化的基础之上。他们认为，经济行为人会充分利用可获得的信息做出决策，他们关于将来的预见是准确的或逐渐接近于准确的，所以也称理性预期学派。

对于宏观政策，该学派认为，既然人们的预期是理性的，并且会对政府的政策提前做出反应，因此政府在人们可预期到的情况下实施的任何政策都是无效的。他们主张回到古典学派相信市场机制的状态。

尽管存在争论，但各学派观点的相互借鉴融合趋势也非常明显，尤其是从实践的角度来看，谁能对现实经济给出合理的解释并提出有价值的建议，谁就很好地完成了经济研究的任务，毕竟经济学是致用之学。

◆ 本章小结

1. 宏观经济学采取比较特殊的分析视角，将一个国家（或经济社会）作为一个整体来考察，研究经济中各有关总量的决定、变动及相互关系，以揭示整体经济的运行状况及规律，说明资源如何才能得到充分利用。

2. 微观经济学与宏观经济学同属于一个理论体系，既有区别又有联系。

3. 宏观经济学研究的问题可以分为两类：一是理论上要研究的问题，即经济增长与经济周期、失业、通货膨胀、国际收支与汇率；二是宏观经济政策问题。

4. 政府政策是政府采取的各种实现政府政策目标的手段和工具的总称。从需求管理来看有两种政策工具：财政政策和货币政策。

5. 宏观经济学的理论有不同流派，各流派大致归结为两种：一种信奉自由放任的经济，另一种则信奉政府干预经济。

◆ 思考与练习

一、名词解释

宏观经济学　　宏观经济问题
失业　　　　　经济增长
经济周期　　　通货膨胀
国际收支　　　萨伊定律
凯恩斯革命

二、简答题

1. 宏观经济学理论研究的主要问题有哪些？

2. 经济增长可以从几个方面来进行解释？你认为经济增长最核心的是什么？

3. 近30年，我国的经济增长表现出了哪些显著的特点？

4. 经济周期是什么意思？

三、论述题

1. 请分析微观经济学与宏观经济学的区别与联系。

2. 宏观政策目标有哪些？政府可采用哪些政策工具实现这些目标？具体执行中，面临的两个难题是什么？

3. 各学派对宏观问题解释的基本观点是什么？你认为哪一派的理论是正确的？为什么？

第 2 章
CHAPTER2

国民产出与国民收入的核算

> 在有数据之前进行理论化是一个主要的错误。曲解事实去适应理论而不是从理论适应事实出发,是毫无意义的。
>
> ——夏洛克·福尔摩斯

> 不明于计数而欲举大事,犹无舟楫而欲经于水,险也。
>
> ——管仲

§ 本章要点

本章将介绍对国民收入(亦是国民产出)进行测度的指标和方法,其中包括介绍国内生产总值等一系列宏观总量指标。学习计算国内生产总值的三种方法:生产法、支出法、收入法;了解如何从国内生产总值中导出国民总收入(或者说国民生产总值)、国民生产净值、国民收入、个人收入、个人可支配收入等指标,并讨论国民财富如何度量的问题。

§ 学习目标

- 掌握国内生产总值的概念;
- 掌握计算国内生产总值的三种方法;
- 掌握衡量国民收入的其他指标的概念及计算;
- 了解与国民收入核算相关的其他问题。

§ 基本概念

国内生产总值	中间产品	最终产品	总投资
折旧	净投资	存货投资	净出口
名义国内生产总值	实际国民生产总值	人均国内生产总值	国民生产净值
国民收入	个人收入	个人可支配收入	

宏观经济学以一个经济体的整个经济活动为研究对象。我们首先要回答的问题是如何度量一个经济体的总体经济活动，如何度量一个经济体的财富水平。宏观经济学中的国民收入核算（national income accounting）理论试图采用一套指标来回答这一问题。国民收入核算将定义和计算以国内生产总值为核心的一系列宏观经济指标，以此来近似表现一个经济体的国民产出或者说国民收入水平。

2.1 衡量一个国家总产出的指标

2.1.1 国内生产总值

国内生产总值（gross domestic product，GDP）是综合衡量一国总产出或者国民产出水平的指标。其定义为：它是一定时期（通常为一年）内在一个国家或地区范围内所生产的全部最终产品（包括产品和服务）的市场价值总和。理解这一概念，须注意如下几个方面的意思。

1. GDP使用市场价值而非数量进行计算

在微观经济学中，我们可以用数量来表示产出，如总产量、平均产量和边际产量。当我们把一个国家作为一个整体来看待时，就面临如何表示总产出水平的难题。一国每年生产的产品千千万万，每个企业生产的产品也各不相同。如何把不同企业的产出加总呢？在宏观经济学中，我们需要借用货币这把尺子去度量一国所生产的各种产品和服务，使物质上不同的各种产品能够进行加总，得到一国国民产出的总价值。这样按相同尺度得到的结果，为我们分析宏观经济提供了诸多方便。例如，某国第一年生产电脑30台，印刷书籍10本，提供医疗服务8次；第二年，同样的产品和服务为40台、15本、12次，那么，该国的国民产出水平是提高了还是降低了？由于彼此无法进行累加，我们无法做出判断。但是如果借助货币去度量这些产品和服务，我们就可以进行比较了（见表2-1）。

表2-1 各种产品和服务的度量

产品/服务	数量	单价（元）	价值（元）
电脑	30台	3 000	30×3 000 = 90 000
书籍	10本	20	10×20 = 200
医疗服务	8次	100	8×100 = 800

因此，GDP = 90 000 + 200 + 800 = 91 000（元）。若第二年，这些产品和服务的价格保持不变，也是这样计算出第二年的GDP，如果价格提高，按当年的价格计算出当年的GDP值。

2. GDP只计算通过市场交易的价值

既然是用价值来计算GDP的值，那么这种价值是什么意义上的价值呢？是市场价值，而非其他。因此，纳入GDP计算的产品和服务，应该是用市场交易后形成的价格来计算。这就意味着，家务劳动、DIY（do it yourself，自己动手做）等非市场活动所产生的价值将不计入GDP。西方一则流行的笑话说：如果女佣人嫁给单身男主人将导致该国GDP水平下降！其中的原因就是：一个女佣人给一位单身男主人提供有偿家务劳动时，因为是雇用关系，所以其劳动所得的工资（即其创造的价值）可以计入GDP；一旦她嫁给了男主人，同样的家务劳动，因为已经不属于市场交换活动，因此不能计入GDP。

还有一点请注意，一些非生产性的交易不能计入GDP中。非生产性的交易具体表现为三类：证券买卖、政府的转移支付（如福利补助、救济金、公债利息等）、个人转移支付（赠予）。证券的买卖仅仅是货币与证券之间金融资产的转移，与生产行为无关；政府和个人的转移支付只是简单地把收入从一些人或组织转移给另一些人或组织，并没有引起本年度生产价值的增加，只引起了国民财富的重新分配。

3. GDP 是用最终产品的价值来计算

是不是所有产品与其价格的乘积都可以计入 GDP 呢？并非如此，计入 GDP 的只有最终产品。所谓最终产品是一定时期内由最终使用人购买的产品和服务；与其相对的是中间产品，是指由企业购买被用于生产最终产品和服务的那些产品和服务。中间产品价值不计入 GDP 中，否则会造成重复计算。

我们以一件衬衫的制造和在淘宝网销售为例来说明。农民种植棉花，以 10 元的价格卖给纺纱厂；纺纱厂把棉花制成棉纱，以 20 元的价格卖给织布厂；织布厂将棉纱织成棉布，以 30 元的价格卖给制衣公司；制衣公司制成衬衫后批发给商户贾某，批发价 45 元/件；贾某通过淘宝网销售给消费者小胖，卖出价格 65 元/件。上述过程中，棉花、纺纱、织布、成衣等阶段，前三阶段的产品（棉花、棉纱、棉布、成衣）都作为生产要素投入到了下一阶段的生产（流通）中，其价值也随之转移到了下一阶段，因此都是中间产品；而最后阶段卖给消费者后，消费者消费该件衣服时该件衣服即成为最终产品。计算该件衬衣对 GDP 的贡献，只是计算最终的 65 元价值，并不计算此前阶段中间产品的价值。如果不区分中间产品与最终产品，将所有产品的价值进行加总（$10+20+30+45+65=170$（元）），就会出现重复计算，GDP 的值会被夸大，夸大了 $170-65=105$（元）！

4. GDP 只与一定时期（如本年度）的产出有关

GDP 只包括计算期内（如 2018 年度）所生产的而不是所售卖掉的最终产品的价值。例如，某企业建造了两套新房，在本年度只卖掉一套，另一套未售出。GDP 测度的是现期即本年度的产出，所以这套未售出的房屋的价值同样应计入本年度的 GDP 中。又例如，某人以 20 万元转卖掉了一套去年购入的住房，那么这 20 万元不能计入本年度的 GDP，因为它在建造的当年已经计入当时的 GDP 了。这 20 万元只是一种财富的再分配，并非生产活动带来新的财富增加。

5. GDP 按"国土原则"来核算

GDP 核算的是一国范围内生产的最终产品的市场价值，也就是说，只要在一国领土内生产的产品和劳务，无论它是否属于本国公民所生产的，都要核算，因此 GDP 是一个地域概念。

2.1.2 国民生产总值或国民总收入

除了 GDP 指标外，还有两个与 GDP 有密切联系的概念来表现一国的总产出或国民收入水平。这就是国民生产总值（gross national product，GNP）和国民总收入（gross national income，GNI）。从产生顺序来看，先有 GNP 指标，到了 1965 年才有了 GDP 指标。

国民生产总值是指在一定的时期（通常为一年）内由本国生产要素所有者所生产的最终产品（包括产品和服务）的市场价值总和。GDP 是按国土原则计算的，而 GNP 是按国民原则计算的。本国所拥有的生产要素可在国内，也可在国外进行投入，在国外生产的最终产品，不能算本国的 GDP，如我国的建筑企业在非洲建设的公路，其价值就不能算在我国

GDP 中，但是应包括在我国 GNP 中。同样，在本国国内也有归属于国外所有的生产要素生产的最终产品，这部分价值自然应该算在本国 GDP 中，但不应该算在本国 GNP 中，如大批在华的外商投资企业资本和其管理人员创造的那部分产品价值是中国 GDP 的重要组成部分，但不是中国 GNP 的组成部分。

在具体核算中，通过本国生产要素获得的国外收入与本国支付给国外生产要素所有者收入之差近似表现由上述原因引起的差额，即：

国民生产总值（GNP）= 国内生产总值（GDP）+ 本国生产要素在国外获得的要素收入 − 外国生产要素在本国获得的要素收入

用"本国生产要素在国外所获得的要素收入"减去"外国生产要素在本国所获得的要素收入"，称为"净国外要素收入"（net factor payments from abroad，NFP）。所以，有

国民生产总值（GNP）= 国内生产总值（GDP）+ 净国外要素收入（NFP）

与 GNP 数值相同但表现角度不同的另一个概念是**国民总收入**，也等于国内生产总值加上来自国外的净要素收入。

国民总收入 = 国内生产总值（GDP）+ 净国外要素收入（NFP）

国民总收入与国民生产总值（或国内生产总值）虽然数量上相同，但意义上并不相同，国民总收入是个收入概念，而国民生产总值是个生产概念。我国 2010～2017 年国民总收入与国内生产总值的数据如表 2-2 所示。从中可以看出，这一时期，除 2014 年 GNI 大于 GDP 外，其他年份我国的 GDP 都大于 GNI，说明我国这些年净国外要素收入为负值。世界经济总量排名前十位的经济体的 GDP 和 GNI 比较如表 2-3 所示。

表 2-2　我国 2010～2017 年的 GDP 和 GNI　（单位：亿元）

年份	国民总收入（GNI）	国内生产总值（GDP）	GNI − GDP
2017	825 016	827 122.0	−2 106.0
2016	740 599	743 585.5	−2 986.5
2015	686 450	689 052.1	−2 602.1
2014	644 791	643 974.0	817.0
2013	590 422	595 244.4	−4 822.4
2012	539 117	540 367.4	−1 250.4
2011	484 753	489 300.6	−4 547.6
2010	411 265	413 030.3	−1 765.3

资料来源：国家统计局网站（www.stats.gov.cn）。

表 2-3　2016 年世界前十大经济体的 GNI 和 GDP 比较　（单位：亿美元）

位次	国家	GNI	GDP	GNI − GDP
1	美国	189 687.14	186 244.75	3 442.39
2	中国	111 541.94	111 991.45	−449.51
3	日本	50 963.71	49 401.59	1 562.12
4	德国	35 365.79	34 777.96	587.83
5	英国	25 876.57	26 478.99	−602.42
6	法国	25 046.84	24 654.54	392.30
7	印度	22 355.24	22 637.92	−282.68
8	意大利	18 630.85	18 589.13	41.72
9	巴西	17 585.27	17 961.87	−376.60
10	加拿大	15 084.95	15 297.60	−212.65

资料来源：世界银行 World Development Indicators。

作为对一国经济总量进行度量的指标,国民产出和国民收入虽为两个概念,但所指其实是同一内容,所以,在本教材中,国民收入和国民产出是在完全相同的意义上来使用,尤其是在后面对两者的区分不再有特别意义的情况下,两个概念看作是完全等价的。

2.2 国内生产总值的核算

2.2.1 国内生产总值核算的思想

如何核算一个国家的 GDP 呢?描述宏观经济运行的简单收入循环图,为我们理解国内生产总值的核算提供了一种思路(见图2-1)。当把一个经济体作为一个整体来对待时,经济体总产出的价值,从收入最终分配的归属来看,应该属于该经济体所有要素所有者(假设为全体居民),即按生产产品投入的基本要素来进行分配,这些基本要素是劳动、资本、土地和企业家才能,产品价值相应可分解为工资+利息+地租+利润。这些收入自然也是该经济体的要素所有人购买商品时的总支出。从一个经济体的总体来看,所有要素所有人(可近似认为就是全体居民)的总收入应该等于他们购买时的总支出(假设没有储蓄等漏出行为)。

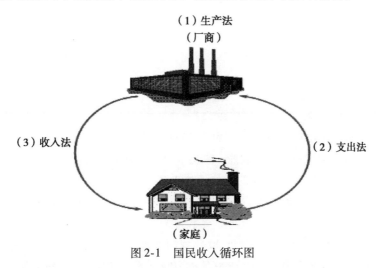

图2-1 国民收入循环图

2.2.2 核算国内生产总值的三种方法

第一种方法是把一国各行业生产的所有最终产品的价值进行加总。这种方法称为"生产法"(或产品法)。

第二种方法是计算购买本国生产的最终产品的总支出。把购买本国各种最终产品的支出加总得出 GDP 值,这种方法称为"支出法"。

第三种方法是将产品的出售价值从归属上看成居民的收入,表现为工资、利润、租金和利息。把这些收入加总起来也能得出 GDP,称为"收入法"。

在简单的社会经济中,如果生产出来的最终产品都被卖掉,那么,生产出来的最终产品的总价值等于最终产品的总销售收入,也等于购买最终产品的总支出。

所以用"生产法"计算得到的"总产出"等于用"支出法"计算得到的"总支出"。

最终产品的总销售收入被分配成工资、利润、租金和利息,形成家庭的收入,即总收入。因此,"总收入"等于"总产出",等于"总支出"。

从理论上讲,以上三种核算方法对 GDP 的衡量所得出的结果在量上是相等的。在实际统计中,当这三种方法计算的结果出现差异时,国外一般以支出法计算的结果为基准,用"统计误差"这一项目予以平衡。2012 年,我国按支出法核算的 GDP 值为 529 238.43 亿元,比生产法核算的 519 470.10 亿元多出了 9 768.33 亿元。

1. 生产法

生产法是把一国一年内各行业生产的所有最终产品的价值加总来计算国内生产总值。最终产品的价值其实等于每一生产阶段的价值增加值的和,所以也可以称为"增加值法"。每一阶段的增加值等于该阶段产品的价值减去购入的中间产品的价值。如表 2-4 所示,在衬衫的例子中,其增加值总额为 65 元,这也等于最终产品的价值 65 元。对于整个经济来说,所有的价值增加之和必定等于所有的最终产品的总价值。原因在于中间产品的价值已转移到了最终产品中,如果把中间产品价值(105 元)与最终产品价值(65 元)相加,就造成了重复计算。

表 2-4 一件衬衫在生产中的增加值 (单位:元)

生产阶段	中间产品的价值	产品售价	增加值
植棉	0	10	10
纺纱	10	20	10
织布	20	30	10
制衣	30	45	15
销售	45	65	20
总计	105	170	65

采用生产法核算 GDP 时,一般统计的是各行业的产品的增加值之和。联合国 1993 年颁布的 SNA 体系,将一国产业细分为农业、采掘业、制造业、金融保险业、公用事业、商业、服务业等行业。我国 2016 年各行业的增加值如表 2-5 所示,显然工业增加值是最大的,占 33.3%。表 2-6 给出了三产业的贡献率情况,从表中可以看出,2016 年我国三大产业对 GDP 增加贡献最大的是第三产业,第三产业的贡献为 57.5%,第二产业为 38.2%,第一产业为 4.3%。从表 2-6 我们也可以看出,最近 40 年我国经济发展中三大产业贡献率的变化情况。第三产业的贡献越来越大,例如,从 1990 年的 20% 上升到 2017 年的 58.8%。

表 2-5 2016 年我国分行业的增加值及其占 GDP 比重(生产法)

	增加值(亿元)(四舍五入)	占比(%)
国内生产总值	743 585.5	100.0
农林牧渔业增加值	65 975.7	8.9
工业增加值	247 877.7	33.3
建筑业增加值	49 702.9	6.7
批发和零售业增加值	71 290.7	9.6
交通运输、仓储和邮政业增加值	33 058.8	4.4
住宿和餐饮业增加值	13 358.1	1.8
金融业增加值	61 121.7	8.2
房地产业增加值	48 190.9	6.5
其他行业增加值	153 008.9	20.6

资料来源:国家统计局网站(www.stats.gov.cn)。

表 2-6　1980～2016 年我国三产业的贡献率

指标	2017 年	2010 年	2000 年	1990 年	1980 年
第一产业对 GDP 的贡献率（%）	**4.9**	3.6	4.2	40.2	-4.8
第二产业对 GDP 的贡献率（%）	**36.3**	57.2	59.5	39.8	85.6
第三产业对 GDP 的贡献率（%）	**58.8**	39.2	36.3	20.0	19.2

资料来源：国家统计局网站（www.stats.gov.cn）。

2. 支出法

支出法，又称最终支出法，是从社会总支出的角度核算在一定时期内，整个社会购买最终产品的总支出，也就是最终产品的总销售值。在一个社会中，最终产品的购买者是居民、企业、政府以及国外购买者。因此，用支出法核算 GDP，就是核算经济社会在一定时期内居民消费、总投资、政府购买以及净出口这几方面支出的总和。

（1）**消费支出**。它是指居民个人的各种消费支出（C），包括购买的耐用消费品（如汽车、家电）、非耐用消费（如食品、服装）和劳务/服务（如医疗、理发）的消费支出。注意：购买新建住宅的支出不包括在内。消费支出可分为居民消费支出和政府消费支出。㊀

（2）**投资支出**。投资（I）是指增加或更替资本品（包括厂房、住宅、设备及存货）的支出。总投资可分为三类：企业固定资本投资、居民住房投资以及存货投资。

企业固定资本投资是指企业购买的新厂房、新设备等投资。

居民购买新建住房属于投资。为什么它属于投资而不属于消费呢？因为住宅可以出租，和厂房、商业用房一样都可获得租金，即使自用住宅不出租，理论上也可以抵算房租。所以购买新住宅应计入投资。

请注意，对中间产品和服务的支出不是投资。例如，一项投入品（比如钢铁），会在生产过程中耗尽，转入下一环节，属于中间产品。但一台金属压模机，却不会耗尽，它可以使用很多年，能在制造汽车的过程中反复使用。对生产性实物资本的支出和对建筑物的支出，不会在当前生产中直接耗尽，因此经济学家把此类支出记为对最终产品的支出，计算为投资支出。

存货投资是指企业在某年度的存货价值的增加（或减少）。企业为了保持连续的生产和经营，必须掌握一定的存货。从这个意义上讲，存货同厂房、设备一样，是人们生产出来的用于生产其他产品的资本品，所以，存货价值的变动（增加或减少）被看作投资。如果全国企业年末的存货为 2 500 亿元而年初的存货为 1 000 亿元，那么存货价值增加，存货投资为 1 500 亿元，存货投资是正值。反之，年末存货价值小于年初存货，存货价值减少，存货投资为负值。

在理解"投资支出"时要注意，这里的支出是总支出，其中包括折旧部分。资本品在使用中由于损耗而造成的价值减少称为折旧。总投资的一部分是用于更换已被折旧的老资本，因此，总投资 = 折旧 + 净投资，即当年净增加的投资是总投资减去折旧后的部分。

在投资支出中，2017 年有一项新的调整，那就是研发支出被作为投资支出的一部分。研发支出作为固定资本形成的组成部分，被计入投资支出，或者通俗地讲，研发支出计算在 GDP 中。这是国民经济核算新的国际标准《国民经济核算体系 2008》（The System of National Accounts 2008，SNA2008）的一项重大核算方法调整。联合国等五大国际组织颁布这一标准

㊀ 我国国家统计局给出的数据是最终消费支出，指常住单位为满足物质、文化和精神生活的需要，从本国经济领土和国外购买的货物和服务的支出。它不包括非常住单位在本国经济领土内的消费支出。最终消费支出分为居民消费支出和政府消费支出。

后，美国、加拿大、澳大利亚、欧盟等发达国家和地区已经于 2008 年实施该项调整，将研发支出计入 GDP。我国国家统计局发布了《中国国民经济核算体系（2016）》（〔2017〕91号）文件，从 2017 年起研发支出不再作为中间投入，而是作为固定资本形成计入 GDP。

| 专栏 2-1 |

如何理解经济学中的投资

1. 经济学中的投资不同于日常生活中使用的投资概念

请注意，这里对投资的定义要比我们日常所用的狭窄。比如，人们经常说他们正在投资股票或稀有钱币。我们已经知道，经济学家所谓的投资就是购买机器、工厂和房产。经济学家定义的投资并不包括购买股票和稀有钱币，储蓄账户上的存款也不是投资，因为这些活动不会产生新的产品。比如，100 股阿里巴巴公司的股票代表的是对该公司的部分所有权，当你购买了这些股票，并没有什么新东西被生产出来——仅仅是该公司 100 股所有权从出让者那里转移到你手中。类似地，购买一枚稀有钱币或者在储蓄户头上存入 10 000 元也不会新增加什么产出。GDP 并不受这些活动的影响，因此它们并不包含在经济学的投资定义中。

2. 国家统计局数据中的投资

我国国家统计局公布的数据中，投资支出用资本形成总额代表，是指常住单位在一定时期内获得减去处置的固定资产和存货的净额，包括固定资本形成总额和存货变动两部分。

固定资本形成总额中包括住宅、其他建筑和构筑物、机器和设备、培育性生物资源、知识产权产品（研发支出、矿藏的勘探、计算机软件）的价值获得减处置。

存货变动指常住单位在一定时期内存货实物量变动的市场价值，即期末价值减期初价值的差额，再扣除当期由于价格变动而产生的持有收益。存货变动可以是正值，也可以是负值，正值表示存货上升，负值表示存货下降。存货包括生产单位购进的原材料、燃料和储备物资等存货，以及生产单位生产的产成品、在制品和半成品等存货。

资料来源：Glenn Hubbard, Anthony Patrick O' Brien. Macroeconomics [M]. 6th ed. New York：Pearson Education Inc., 2017：255；国家统计局网站（http://www.stats.gov.cn）。

(3) **政府购买**。政府购买（G）指各级政府购买物品和劳务的支出。如政府支出设立公共机构、组建军队、开办学校等方面的支出，也购买提供服务所需要的商品和服务。需要注意的是政府支出并不等于政府购买，后者只是政府支出的一部分，政府支出中还有其他部分，如转移支付，这是政府用于社会保障、医疗保险、失业救济等的支出，这部分不计入 GDP 中，因为这类支出没有直接用于购买当年生产的产品与服务；政府对所借债务所支付的利息也是政府支出的重要组成部分，也不计入 GDP。

(4) **净出口**。商品和服务的出口（X）是国外购买本国产品的支出。商品和服务的进口（M）不是用于购买本国产品的支出，应从本国总购买中去除。因此，计算 GDP 是出口减去进口得到的差额，即 $X-M$，也被称为净出口。

将上述项目加总，用支出法计算 GDP 的公式为

$$GDP = C + I + G + (X - M)$$

我国利用支出法计算的 GDP 构成情况如表 2-7、图 2-2 所示。我国 2017 年三大需求构成为消费占 53.62%，投资（资本形成）占 44.41%，净出口占 1.97%。如果观察一下三大需求在近 40 年对 GDP 的贡献，我们可以发现，尽管消费支出占比一直是最大的，但是投资支出在拉动 GDP 中起到了重要作用。如果对比一下其他国家的情况，可以发现，我国消费支出相对的贡献率并不高，这也就是人们经常说内需消费不足的原因。

表 2-7　2017 年用支出法核算的我国 GDP

	数额（亿元）（四舍五入）	占比（%）
支出法生产总值	812 038.1	100.00
最终消费	435 453.2	53.62
居民消费	317 509.7	39.10
政府消费	117 943.5	14.52
资本形成总额	360 626.8	44.41
固定资本形成总额	346 440.8	42.66
存货变动	14 186.0	1.75
货物和服务净出口	15 958.0	1.97

资料来源：国家统计局网站（www.stats.gov.cn）。

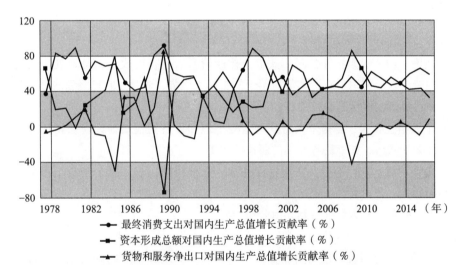

图 2-2　1978～2017 年我国三大需求对国内生产总值的贡献率

资料来源：国家统计局网站（www.stats.gov.cn）。

作为比较，我们在表 2-8 中给出了世界上一些有代表性的国家 1980 年、1990 年、2000 年、2010 年、2017 年最终消费占 GDP 的比例值。

表 2-8　一些有代表性国家 1980～2017 年最终消费占 GDP 比例　　（%）

国家	1980	1990	2000	2010	2017
美国	77.19	79.83	80.08	85.03	83.11*
日本	67.02	64.71	71.26	77.24	75.46*
德国	79.94	75.66	75.81	75.18	72.64
法国	75.79	76.37	76.18	79.34	77.64
英国	85.75	84.86	83.38	86.93	84.15
意大利	76.32	77.62	78.44	81.43	79.67
加拿大	74.84	78.36	73.61	78.46	78.58

(续)

国家	1980	1990	2000	2010	2017
韩国	74.31	60.85	65.09	64.79	63.43
印度	87.53	78.48	75.85	66.30	70.23
俄罗斯	—	69.65	61.28	70.21	70.37
南非	63.81	79.91	81.50	79.25	80.36
巴西	78.91	78.60	83.36	79.24	83.48
中国	64.67	63.59	63.49	48.18	52.65

注：标注*的为2016年数据。

资料来源：世界银行 World Development Indicators。

3. 收入法

收入法，是通过计算生产者得到的收入（包括利润和上缴税收）之和来计算 GDP 的一种方法。由于我国目前尚未公布根据收入法计算 GDP 的具体资料，下面我们以美国为例，来说明通过收入法来计算 GDP 所包括的项目。从收入方面来看，可以先计算出国民收入，然后以此为基础来计算 GDP。

国民收入是以下 8 项之和：

（1）雇员报酬：对劳动者提供服务的报酬，加上附加项目，如社会保险、养老金和其他福利费等。

（2）所有权收入：是指非公司形式的个体经营者所获得的收入，是对其作为劳动所有者所付出的劳动以及使用自有资本等所给予的报酬。例如，农场主自己经营农场，拥有农业机械；开牙科诊所的医生是医疗设备的所有人，也是劳动者。

（3）个人租金收入：是指个人将其剩余的土地和设备租借给他人所获得的收入。该项还包含其他杂项收入，如书籍等作品的版税收入等。

（4）公司利润：公司从事经营所得的利润，是公司销售收入减去工资、租金和其他成本后的剩余部分。公司利润还将被用于支付税收（如企业所得税），以及为股东分红，扣除这些项目后的剩余部分为留存盈利，由公司持有。

（5）净利息：等于个人从企业和国外所获得的利息，减去所支付利息的差额。

（6）产品税和进口税：包括企业支付给中央政府和地方政府的间接税、关税，以及家庭支付的房产税和机动车辆牌照税等。当然，如果企业获得政府补贴，要从税收中减去，即统计税收减去补贴的净额。

（7）企业的当期转移支付（净值）：是指企业对个人、企业和境外的支付，如慈善捐赠、保险费支付等。

（8）政府企业的当期盈余：是指政府所有和经营的企业，如自来水公司、电力公司、市政公司、公共交通公司所获得的盈余。

以上 8 项收入的和等于国民收入，也可以称之为狭义的国民收入定义，再加上统计误差、折旧和减去净国外要素收入，就得到 GDP。具体说来：

$$国民收入 + 统计误差 = 国民生产净值(NNP)$$
$$国民生产净值 + 折旧 = 国民生产总值(GNP)$$
$$国民生产总值 - 净国外要素收入 = GDP$$

统计误差：由于统计涉及多个部门、环节、渠道，难免出现差错。

折旧：又称为固定资本消耗，是指经济活动核算时期资本价值的磨损，在前面计算国民收入组成部分的个体经营者收入、公司利润和租金收入时，需要扣除折旧，所以在计算 GDP 时要加上。

表 2-9 给出了 2017 年美国按收入法计算的 GNP 和 GDP 的值。

表 2-9 美国按收入法计算的 GDP 及其构成项目（2017 年）

项目	金额（亿美元）	占 GDP 比例（%）
雇员报酬	105 686	53.3
所有权收入	15 261	7.7
个人租金收入	7 453	3.8
公司利润	21 507	10.8
净利息	5 801	2.9
产品税和进口税	13 058	6.6
企业的当期转移支付（净值）	1 470	0.7
政府企业的当期盈余	−82	0.0
8 项之和：国民收入	**170 154**	85.8
加：统计误差	−766	−0.4
加：折旧	31 639	16.0
等于：国民生产总值	**201 027**	101.4
减：来自国外的要素收入	10 245	5.2
加：向国外支付的要素收入	7 537	3.8
国内生产总值（GDP）	**198 319**	100.0

注：数据按年率经过季节性调整。
资料来源：U. S. Bureau of Economic Analysis（2018.9.27）。

在国民产出（国民收入）核算中，有时为了宏观经济分析需要，要区分出个人收入（personal income，PI）。从国民收入经过哪些调整可以得到个人收入呢？

个人收入：是指家庭和非公司企业获得的收入。需要进行如下四项调整：

第一，减去产品税和进口税，因为这些税不会成为任何人的收入。

第二，国民收入中要减去公司赚取但不支付给要素所有者的部分，包括留存收益、向政府缴纳的税款。具体就是减去公司利润（等于公司税、红利和留存收益的总和），再加上红利。

第三，加上政府转移支付净额（等于政府向个人的转移支付减去后者缴纳的社会保险）。

第四，加上个人利息收入，即非企业支付的个人利息收入（政府债券付息）。

即

$$个人收入 = 国民收入 - 产品税 - 进口税 - 公司利润 + 红利 + 政府转移支付 - 社会保险 + 个人利息收入$$

如果我们再减去个人缴纳的税收，可以得到个人可支配收入：

$$个人可支配收入 = 个人收入 - 个人税收$$

|专栏 2-2|

国民收入账户的创建

跟现代宏观经济学类似，国民收入账户的诞生同样源于大萧条。在经济陷入萧条的时候，政府官员发现，他们的反应能力不足不仅是因为缺乏足够的经济理论，还因为缺乏足够的信息。他们所拥有的只是散乱的统计数据：铁路货运数据、股票价格以及工业生产的不完整的指数。他们只能猜测整体经济的大致状况。

美国商务部对缺乏信息这种状况的反应是要求年轻的俄裔经济学家西蒙·库兹涅茨（Simon Kuznets），开发一套国民收入账户体系（库兹涅茨后来因这项工作而获得了诺贝尔经济学奖）。该账户体系的第1版见于名为《国民收入（1929～1935）》（*National Income, 1929-1935*）的研究报告，它于1937年被提交给国会。

库兹涅茨最初的测算针对收入而不是产量，因而还不能构成现代账户体系的全部。在第二次世界大战期间，出现了推动国民收入账户完成的压力。当时政策制定者们掌握整体经济状况的愿望比以前更为急迫。美国政府从1942年开始发布美国的国内生产总值和国民生产总值的测算数据。

2000年1月，美国商务部出版的《现代商业概览》（*Survey of Current Business*）中刊登了一篇题为《GDP：20世纪的伟大发明之一》的文章。这似乎有些言过其实，但是美国发明的国民收入账户核算体系迄今确实已经成为一个世界通用的经济分析和政策制定的工具。

资料来源：保罗·克鲁格曼，罗宾·韦尔斯. 宏观经济学：第4版[M]. 赵英军，译. 北京：中国人民大学出版社，2018：28-29.

2.3 关于国民收入核算的几点说明

1. 名义国内生产总值与实际国内生产总值

名义国内生产总值（nominal GDP）是以当年价格计算的全部最终产品和服务的市场价值。因此，引起名义国内生产总值变动的原因有二：一是一国所生产的最终产品的数量发生变动；二是最终产品的价格发生变动。数量变动引起的名义国内生产总值变动，反映了国民产品总量的实际变动，而价格变动引起的变动，只能反映国民产品价值量的变化。为了真实反映国内生产总值，我们还需要介绍第二个概念，实际国内生产总值（real GDP）。实际国内生产总值是按基准期（年）价格计算的现期全部最终产品和服务的市场价值，两者的差别，可以用图2-3来帮助理解。

a）名义GDP　　　　　　　　b）实际GDP

图2-3　名义GDP和实际GDP

例如，某国生产3种最终产品——小麦、衣服和书本，这些产品在2015年、2020年的价格如表2-10所示。

表 2-10 实际 GDP 计算

a)

产出	2015 年		2020 年	
	数量	价格	数量	价格
小麦	800	50	1 000	60
衣服	900	70	1 100	60
书本	200	80	300	90

b)

产出	2020 年产量	2015 年价格	实际 GDP 值
小麦	1 000	50	50 000
衣服	1 100	70	77 000
书本	300	80	24 000
			151 000

2015 年的名义 GDP 为 2015 年的价格×2015 年的产出,即

$$800 \times 50 + 900 \times 70 + 200 \times 80 = 119\,000$$

2020 年的名义 GDP 仿此进行计算,结果为 153 000。

2020 年的实际 GDP 则是以 2015 年确定为基期,按 2015 年价格来计算出的 GDP 值。

某年份名义 GDP 和实际 GDP 的差别,可以反映出这一时期和基期相比价格变动的程度。名义 GDP 与实际 GDP 的比值称为 GDP 缩减指数,计算公式如下

$$\text{GDP 缩减指数} = \frac{\text{名义 GDP}}{\text{实际 GDP}} \times 100$$

在表 2-10 中,基期(2015 年)的 GDP 缩减指数为 100,则 2020 年 GDP 缩减指数为:153 000/151 000 = 101.3。缩减指数的变化,反映了这一时期物价水平变化的情形。从 2015 到 2020 年,价格水平上涨了:

$$\frac{101.3 - 100}{100} \times 100\% = 1.3\%$$

这表明 2015 ~ 2020 年价格水平上升了 1.3%。因此,GDP 缩减指数可以反映社会经济物价变动的程度,一般来说,GDP 缩减指数的大幅上升意味着通货膨胀,而大幅下降则意味着通货紧缩。

表 2-11 列出了我国按 2015 年价格计算的 2016 年、2017 年的实际 GDP 和名义 GDP。我们看到,2016 年我国实际 GDP 与名义 GDP 之间的差额为 8 230.5 亿元,名义 GDP 比实际 GDP 膨胀了 1.12%;2017 年差额为 41 351.7 亿元,名义 GDP 比实际 GDP 膨胀了 5.26%。

表 2-11 我国按 2015 年价格计算的实际 GDP 和名义 GDP 比较

(金额单位:亿元)

年份	按 2015 年价格计算的 GDP	按当年价格计算的 GDP	差额	百分比
2015	689 052.1	689 052.1		
2016	735 355.0	743 585.5	8 230.5	1.12%
2017	785 770.0	827 121.7	41 351.7	5.26%

资料来源:《中国统计年鉴 2018》。

在宏观经济学中,如果不特别指出,所用的 GDP 概念一般就是指实际 GDP,尤其是与国民产出水平决定相关时,都是指实际 GDP。

2. 人均国内生产总值

GDP 反映了一国总产出、总收入的大小，考虑到人口规模，把 GDP 除以人口总数就得出人均 GDP，用人均 GDP 可以更好地衡量一国经济发展水平。例如，中国的 GDP 总量虽然较大，但人均 GDP 不高。根据第 1 章表 1-3，2017 年我国人均 GDP 在世界各国中排第 71 位，与改革开放前的第 110 多位相比，已经有了很大跃升。

3. 充分就业 GDP 和真实 GDP

充分就业 GDP（full employment GDP）是指当一个经济社会的资源（劳动、土地、资本和企业家才能）充分利用且能保证这一产出水平持续下去时所得到的国民产出水平或 GDP 水平，也被称为潜在 GDP（potential GDP）水平。真实 GDP（actual GDP）是指一个经济体在某一时间段内真实创造的 GDP 水平，就每年来看，当年的真实 GDP 其实就是当年的实际 GDP。理解这一组概念时注意如下几点。

（1）充分就业 GDP 水平更多时候表示的是一种长期来看维持产出水平持续平稳进行的能力，是一种产出水平变化的长期趋势，是真实 GDP 围绕波动变化的趋势线。

（2）充分就业 GDP 不是产出水平的物理极限。充分就业 GDP 不是一个经济体所能生产出的实际 GDP 的最高水平，如果过度使用资源在某些年份实际 GDP 会超过潜在 GDP 水平。它更多强调的是实现充分就业时产出能平稳持续下去，不会出现因为过度使用资源发生通货膨胀的现象。

（3）充分就业的产出水平代表的是一种生产效率最优的产出水平。

实现充分就业时，充分就业 GDP 与真实 GDP 相等，如果背离了充分就业状态，两者间将形成产出缺口。

4. 比较不同国家的 GDP 水平：利用购买力平价方法

不同国家人均 GDP 是用本国货币计算的，进行人均 GDP 的国际比较常用两种方法。①按照名义汇率将人均 GDP 折算成一种共同的货币（如美元），但名义汇率与购买力无关。例如，2018 年 10 月 19 日，1 美元可以兑换 6.929 1 元的人民币，然而 1 美元在美国购买的商品与 6.93 元人民币在中国购买的商品数量是不同的。②按照"购买力平价"将人均 GDP 折算成一种共同的货币，购买力平价（purchasing power parity，PPP）是以购买力计算的两种不同国家货币之间的兑换比率。一般说来，两个国家一组数量、质量相同的商品或服务的总价格之比，就是体现两国货币实际购买力的换算率，即购买力平价。如果一个汉堡包在美国 2 美元能买到，在英国 1 英镑也能买到，那么，按购买力平价计算，2 美元可以兑换 1 英镑。

通过购买力平价，美国和英国一个汉堡包可以调整为相同的价格，同样，这两个国家数量、质量相同的商品或服务也可以调整成相同的价格。以购买力平价计算 GDP，就可以修正不同国家的价格差异，使真实产出和支出水平的有效比较成为可能。

对有些国家而言，以名义汇率折算的 GDP 与以购买力平价折算的 GDP 差别非常大。表 2-12 是世界银行核算的按 PPP 汇率和按市场汇率计算的世界上部分国家的 GDP。从中可以看出，如日本、德国、英国、法国等发达国家相差不大，但中国、印度、俄罗斯和印度尼西亚等新兴经济体用 PPP 计算的 GDP 要大于按市场汇率计算的值。

表 2-12　2017 年 PPP 汇率和市场汇率（或官方汇率）计算的部分国家及全世界的 GDP

（金额单位：亿美元）

国家或地区	按 PPP 计算的 GDP	按市场汇率计算的 GDP	相差百分比（%）
世界	1 277 237.94	806 837.87	58.3
中国	233 007.82	122 377.00	90.4
美国	193 906.04	193 906.04	0.0
印度	94 486.59	25 974.91	263.8
日本	55 628.22	48 721.37	14.2
德国	41 939.22	36 774.39	14.0
俄罗斯	37 492.83	15 775.24	137.7
印度尼西亚	32 427.68	10 155.39	219.3
巴西	32 405.24	20 555.06	57.7
英国	28 968.33	26 224.34	10.5
法国	28 712.64	25 825.01	11.2
意大利	24 109.85	19 347.98	24.6
墨西哥	23 441.97	11 499.19	103.9
土耳其	22 541.14	8 511.02	164.8
韩国	19 691.06	15 307.51	28.6
西班牙	17 739.72	13 113.20	35.3

资料来源：World Bank。按市场汇率计算的 GDP 引自 World Development Indicators；按 PPP 计算的 GDP 引自 International Comparison Program database。

5. GDP 统计不足之处

GDP 主要用来衡量一国的总产出，但很多时候 GDP 被作为衡量和比较福利指标来使用。一般说来，GDP 水平高的国家，人民享受的福利水平就高。但两者并非完全等价，许多反映福利的因素没有反映在 GDP 中。以下我们仅列举其中的一些因素。

（1）**没有包括非市场的经济活动**。家务劳动：许多与人们生活改善相关的活动，可能并没有市场价值，如许多家务劳动以及 DIY 的活动。

地下经济活动：这是指那些没有上报政府机构和统计机构的经济活动，其中既有合法活动（如私下进行的一些临时性质的雇工），目的是逃避税收，也有非法活动（如黑市交易、走私等）。

| 专栏 2-3 |

为什么发展中国家的地下经济规模庞大

据最新估计，美国地下经济的规模为 GDP 的 8%，西欧国家为 13%。但在某些发展中国家，地下经济超过了 GDP 的一半。在发展中国家里，地下经济涉及的是那些非正规部门，以区别于用产品和服务衡量的正规部门。尽管产品和服务的产出是否包括在 GDP 中看上去似乎并不重要，但大规模非正规部门的存在可以看成政府政策阻碍经济成长的一种标志。

因为非正规部门的企业基本上是非法经营，它们一般比正规部门的企业规模更小，投资更少。其创办者可能会担心某天他们的企业被政府关闭或充公,因此,企业主们会限制对企业的投资。结果,这些企业的工人只有更少的机器装备可供使用,从而只能生产更少的产品和服务。非正规部门的企业主同样必须为避免政府检查支付费用。这些成本可以是以贿赂政府官员的方式存在。巴西非正规部门的建筑企业一定会雇用报信的人,当政府的监督人员靠近时能够及时通知工人们躲藏。非正规部门的规模在某些国家相当之高,是因为税赋很高且政府规制很广泛。比如,巴西的企业支付了全国总税收的 85%,而这一数据在美国则是 40%。近半数巴西工人受雇于非正规部门并不奇怪。在津巴布韦和秘鲁,非正规部门的工人占到工人总数的 60%~70%。据估计,在印度,在非正规部门工作的人数也接近工人总数的一半。

很多经济学家认为,发展中国家的税赋如此之高是因为这些国家试图保持相当于其他工业化国家的政府部门,而这样的政府部门对这些国家的经济而言,又过于庞大。比如,巴西的政府支出是 GDP 的 41%,而美国是 36%。20 世纪早期,当时美国远比今天要穷得多,政府支出只占 GDP 的 8%,因此当时美国企业税赋很低。在巴西这样的国家,把企业从非正规部门变为正规部门,需要政府缩减支出和税赋。然而,在许多发展中国家,选民又不情愿政府减少服务。

资料来源:Glenn Hubbard, Anthony O'Brien, Macroeconomics [M]. 6th ed. New York: Pearson Education Inc., 2017: 259-260。

(2) **没有包括对闲暇时间的估价**。闲暇显然是福利水平重要的组成部分。借助现代科技,人的工作时间已经大大缩短,这也是现代人福利水平提升的重要方面。发达工业国家的工作时间普遍要比发展中国家短,如图 2-4 所示。

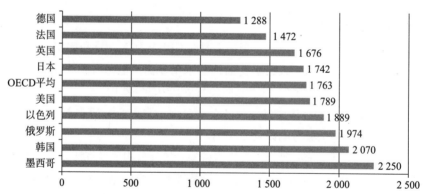

图 2-4　OECD 部分国家及 OECD 平均 1 名工人每年平均工作小时(2016 年)

注:中国公共假日及周末 115 天,平均每人每年休 10 天带薪假,1 名工作人员 1 年的工作时间为:365 - 115 - 10 = 240(天),每天按 8 小时计算,共计 240 × 8 = 1 920(小时)。

资料来源:"Average annual hours actually worked per worker". OECD. 2016。

(3) **没有对环境成本进行扣除**。对污染、生态环境破坏、交通拥挤等造成的福利损害应从 GDP 中扣除,尽管也进行绿色 GDP 的扣除,进行碳交易,但显然其中存在许多低估。

(4) **没有对犯罪等社会问题进行调整**。生活周围的环境显然会影响福利水平。

(5) **收入分配状况没有得到反映**。许多国家的情况都证明,在经济增长后,如果收入分配不公平,给居民带来的可能是福利水平的下降,因为这会引发许多社会不稳定的问题。

在发展中国家,由于传统的 GDP 指标不能如实全面地反映人类社会经济活动对自然资源的消耗和环境品质的降级,往往会导致经济发展陷入高耗能、高污染和高浪费的粗放型发展误区,从而对人类社会的可持续发展产生负面影响。为了弥补传统 GDP 在资源和环境核算方面存在的诸多缺陷，一些政府组织和国家逐步开展了绿色GDP账户体系的编制和试算工作，并取得了一定的进展。在中国，一些地方启动了绿色GDP试点工作，试图在现行GDP核算体系的基础之上，加上资源环境核算，建立绿色GDP（Green GDP）核算账户，尽管进行了多种尝试，但仍然没有一种为大家公认的核算办法。

|专栏2-4|

绿色GDP2.0版

2015年4月，环保部宣布，我国将再度重启绿色GDP研究，生态破坏成本以及污染治理成本将从GDP总值中予以扣除，以全面客观反映经济活动的"环境代价"，重启后这项工程被称为绿色GDP2.0核算体系。

绿色GDP最早由联合国统计署倡导的综合环境经济核算体系提出。推行绿色GDP核算，就是把经济活动过程中的资源环境因素反映在国民经济核算体系中，将资源耗减成本、环境退化成本、生态破坏成本以及污染治理成本从GDP总值中予以扣除。其目的是弥补传统GDP核算未能衡量自然资源消耗和生态环境破坏的缺陷。

绿色GDP2.0核算体系的构成

第一，核算环境成本，同时开展环境质量退化成本与环境改善效益核算。把环境退化成本从GDP中减掉，再把地方由于环境系统、生态系统改善而产生的效益加到GDP里，"减法""加法"综合运用，全面客观反映经济活动的"环境代价"。

第二，核算生态系统生产总值，开展生态绩效评估。以大气和水来举例，把大气按照全国31个省级行政区的特点、水按照流域的特点，按照空气和水各自的国家标准和环境功能区要求，计算出达到国家环境质量标准所允许排放的污染量，这就是环境容量。把这个容量算清楚，就可以核算出环境容量资产的负债情况。

第三，生态系统生产总值核算。比如说草地生态系统、森林生态系统，每年也提供大量的生态服务产品，把这个产品用价值、物理量算出来。

第四，经济绿色转型政策研究。结合核算结果，就促进区域经济绿色转型、建立符合环境承载能力的发展模式，提出中长期政策建议。

建立绿色GDP2.0核算体系的主要目的

第一方面，要核算经济发展的质量。目前我国很多地方依然停留在粗放型的经济发展模式上，使得资源消耗量大，环境污染重。我们做绿色GDP就是告诉你，某一地区的经济增长质量究竟怎样，带来的实质经济福利有多少，目前发展模式里究竟存在哪些问题，跟你自己得到的GDP去比是不是合算，需要一个什么样的衡量的尺度，提供一个什么样的参考的依据。

第二方面，要计算环境承载量，为政策制定提供依据。绿色GDP2.0核算体系要回答国家的环境容量有多大，环境承载力有多大，希望通过这些结果为制定一些环境经济政策提供一定的依据，比如说环境税收政策、生态补偿政策等。

第三方面，"国民经济绿色化"，希望把生态服务价值变成一种生态产品，变成一种大家可以共享的生态产品。

资料来源：王金南访谈，新华网，2015年04月14日。

6. GDP 与经济福利的相关性

GDP 存在这样和那样的问题，而且也会引起许多人的反感，尤其是当经济增长出现一些问题的时候，许多人认为是 GDP 这一指标带来的。首先，我们要理解到目前为止还没有哪个指标能比 GDP 更好地对总量经济活动进行度量；其次，GDP 作为一个经济指标与运用该指标是不同的两件事情；最后，GDP 水平高低在许多方面还是与人们生活追求的多个方面有密切关系，如更高的物质生活水平、更健康、更长寿命、更高文化水平和受教育程度。从联合国《人类发展报告》中，我们可以看出，人们生活所追求的许多东西与 GDP 还是有密切的联系的，如长寿、得到更多教育、享受更多产品等（见表 2-13）。人均国民总收入水平越高，人类发展指数、预期寿命、平均受教育年限越高。

表 2-13 人均 GDP 水平与福祉指标关系

	人类发展指数（HDI）	出生时预期寿命（年）	预期受教育年限（年）	平均受教育年限（年）	人均国民总收入（2011 年 PPP 美元）
极高人类发展水平	0.892	79.4	16.4	12.2	39 605
高人类发展水平	0.746	75.5	13.8	8.1	13 844
中等人类发展水平	0.631	68.6	11.5	6.6	6 281
低人类发展水平	0.497	59.3	9.3	4.6	2 649

资料来源：United Nations, Human Development Report 2016（http://hdr.undp.org/en）。

| 专栏 2-5 |

GDP 荒谬的那一面

以下事物能够提高 GDP

污染。如果地下水被污染，那么我们就必须购买价格昂贵的瓶装水，GDP 会随之提高。墨西哥湾的石油泄漏事件发生之后，随之而来的是巨额的清理费用和律师费，这对美国 GDP 的贡献远远大于生产汽油、柴油和其他产品。每清理价值 100 美元的原油，我们就需要花费数万美元清理沙滩，拯救野生动物。

犯罪。当人们提出财产索赔并且重新购买被盗物品时，GDP 就会增长。当人们安装警报器、栅栏，聘请保镖的时候，GDP 也会增长。建造、管理监狱以及其他的犯罪成本都是 GDP 的一部分。事实上，我们宁愿住在那些不需要"防御性"支出的安全社区。但是，犯罪需要防御性支出，而这些支出本不应算在 GDP 之内。艾奥瓦州立大学最近的研究表明，一宗谋杀案的社会成本为 1 725 万美元。

健康损害。另一项"防御性"支出包括很多医疗保健费用。比如，2006 年美国销售了 3 500 多亿支香烟，促进了 GDP 的增长；同年，美国用于治疗肺癌的费用超过 100 亿美元，这也算在了 GDP 中。我们本不应把这些费用计算在内，但是 GDP 却把它们当作正效益，就好像它们是生产小麦那样的好事。

家庭破裂。离婚对于家庭而言并非好事，对 GDP 而言却是好事。离婚一次需要 7 000 美元至 10 万美元，这些费用通常包括律师费、分家费以及心理治疗费。

债务、止赎和破产。当国民或政府借款太多,以及个人或国家债务上升时,GDP 也会随之增长。破产和止赎也能提高 GDP,因为随之而来的是法律费用、搬迁费用及更换房屋或财产的费用。2010 年,大约有 150 万美国人宣布破产,平均每次破产引起的费用是 700～4 000 美元。

纸上产品和泡沫破裂。新的"金融产品"(如衍生产品和信用违约互换)是引发 2008 年金融危机的主要原因,并导致了全球经济衰退。这些"产品"对 GDP 的增长十分有利,因为它们能够增加保险公司和投资银行的收入,但是它们的价值随时可能消失,就像 2008 年突然无人问津的次级贷款那样。随着贷款抵押和衍生产品的膨胀,金融服务成为 GDP 中增长最快的一部分。我们本来应当将这些泡沫视为灾难的预兆,可我们却把它们看作巨大的经济成就。2006 年,美国国际集团通过销售信用违约互换赚取了数亿美元,促进了 GDP 的增长。到 2009 年,美国国际集团却由于信用违约互换损失了 61 亿美元。

日益匮乏的资源。自然资源的枯竭对于我们的子孙后代是一种危害,但是资源的稀缺对于 GDP 的提高却是一件好事。比如,随着美国和全球石油资源的日渐消耗,汽油的价格也日益上涨,从而提高了 GDP,但是普通百姓的口袋却越来越空。GDP 根本不在乎最终市场销售价值的提高到底是由于资源稀缺、生产力下降还是市场操控。相比一加仑(约 3.8 升)汽油只销售 2 美元而言,一加仑汽油销售 4 美元对于 GDP 的贡献可以达到前者的两倍。GDP 得到增长,当然让人感觉良好。

风险。GDP 从不考虑风险成本。核电厂生产的电力能够提高 GDP。福岛发生的核灾难需要大量的金钱去清理和减少伤害,这也能够提高 GDP。核同位素(如钚)不仅致命,而且影响长远,因此环保局规定,核废料必须安全存放 100 万年。GDP 根本不会考虑这些相关的意外风险和成本。

接下来,让我们看看 GDP 没有计算在内的内容。

自然。自然资源是大多数生产性经济资产的基础。例如,西达(Cedar)河上游的水经过了森林的过滤,成为西雅图的饮用水来源,而且水质远远超过饮用水的标准。经过了森林的过滤,政府就不必建造过滤工厂,从而节省了 2 亿美元。大自然为我们提供了宝贵的过滤服务,但是 GDP 却没有将这些计算在内。如果政府建造了过滤工厂,提高了饮用水的价格,反而还能提高 GDP。又如,我们在新奥尔良建造了防洪堤,这是 GDP 的一部分,但是天然滨海湿地提供的飓风保护并没有被计算在内。我们买船捕鱼算在 GDP 内,但是鱼的栖息地就不算在内。大自然每年为美国人提供了许多经济产品和服务,这些都没有被计算在 GDP 内。

可持续性。GDP 不关心可持续性,也不关心经济生产活动是否可持续。500 多年来,大西洋鳕鱼渔场曾经是全球最大的食用鱼渔场。但是经过几十年的过度捕捞,如今鳕鱼的数量已经锐减。对于 GDP 而言,一年的过度捕捞远比长久的可持续捕捞更有利。GDP 根本不在乎过度捕捞带来的破坏性后果,它也无法意识到可持续渔场带来的长远利益,比如阿拉斯加的三文鱼渔场。

锻炼。我们都知道锻炼有益于身体健康,但是只有当我们花钱锻炼(比如去健身房)时,GDP 才将锻炼计算在内。其实我们可以通过散步来锻炼身体,但是这对于 GDP 而言根本就是浪费时间。

社会联系。人与人之间的联系是我们保持身心健康和幸福快乐最重要的因素。但是对于 GDP 而言,只有当人们花钱维持联系时,我们和亲朋好友的相处才不是浪费时间。父母与子女共享天伦之乐，这对 GDP 没有一点贡献，除非父母花钱买了礼物给孩子。

志愿服务。它是社区团结的凝聚力，随着社会服务预算的削减，志愿服务将会越来越重要。但是如果志愿服务完全免费，那么对 GDP 而言也只是浪费时间。

家务劳动。GDP 没有把家务劳动计算在内。如果我们聘请了保姆、女佣、园丁或木匠，我们就是在为 GDP 做贡献。但是，如果我们自己动手，那么就对 GDP 一点贡献也没有。

价格和数量效应。GDP 不会区分价格效应和数量效应。例如，一家公司将汽车的单价翻倍，那么 GDP 反映的结果就好像是这家公司以原先的价格制造并销售了两辆汽车。这就说明，GDP 无法准确地衡量生产力。

质量。人们对 GDP 批评最多的一点就是它缺乏质量调节的能力。GDP 过分重视质量低价格高的商品，却忽视了质量高性能好的商品。相比智能化、反应快又低价的电脑而言，那些非智能、反应慢又昂贵的电脑对 GDP 的贡献更大。近些年来，经济分析局实施了一些商品的质量改善计划（包括硬件和软件），2011 年还改善了通信设备。这是根据联邦储备委员会计算的质量调整物价指数来完成的。虽然提高商品和服务的质量既有利于消费者又有利于生产商，但是这样会降低 GDP。

想象一下当你遇到了严重的交通堵塞，这不仅耗费汽油，让你闻着尾气，你还不得不再去加满油。因此，交通堵塞能够提高 GDP。如果你不幸遇到了车祸，车子彻底报废了，保险费上涨了，还带来了交通堵塞，这样更能促进 GDP 的增长。如果你在车祸中受了伤，需要住院好几个星期，GDP 就会增长得更多。假如你早上办理了昂贵的离婚手续，到了晚上房子又不幸着火了，那么你不仅需要支付律师费、申请保险理赔，还要购买更多的生活用品，你今天真是为 GDP 做了重大贡献。恭喜恭喜！

资料来源：David K. Batker, John de Graaf. *What's the Economy for, Anyway?* 译文转引自《读者》2013（2）。

❖ 本章小结

1. 国内生产总值（GDP）是一定时期（通常为一年）内在一个国家或地区范围内所生产的全部最终产品（产品和服务）的市场价值总和。

2. 核算国内生产总值有三种方法：生产法、收入法、支出法。

3. 用支出法计算 GDP 的公式是：$GDP = C + I + G + (X - M)$。

4. 衡量国民收入的其他指标：国民生产总值、国民生产净值、国民收入、个人收入、个人可支配收入。

5. 名义国内生产总值是以现期价格计算的全部最终产品和服务的市场价值。实际国内生产总值是以基期价格计算的现期全部最终产品和服务的市场价值。

❖ 思考与练习

一、名词解释

国内生产总值　　国民生产总值　　折旧　　　　　　存货投资
国民总收入（GNI）　名义国内生产总值　净投资　　　　　净出口
实际国内生产总值　潜在 GDP　　　　国民生产净值　　国民收入
最终产品　　　　中间产品　　　　个人收入　　　　个人可支配收入
　　　　　　　　　　　　　　　　人均国内生产总值

二、简答题

1. 度量一国经济活动总量的三种方法是什么？为什么三种方法得出的结果相同？

2. 一个在美国纽约的中国企业的活动怎样影响中国的GDP，而在中国上海的美国企业的活动又怎样影响中国的GDP？

3. 中间产品和最终产品的区别是什么？

4. 根据收入循环图，分析国民收入、总支出和GDP之间的关系。

5. 计算GDP时怎样对待经济中的存货？

6. 为什么要区分名义GDP和实际GDP？

7. 为什么实际GDP表现人们福利水平时存在缺陷？

8. 家务劳动更多地使用钟点工怎样影响一国的GDP水平？请解释。

三、计算题

1. 某国在 T 年的经济指标数据如表2-14所示。

表 2-14

项目	金额（100万元）
工资	100
消费支出	120
税金	40
转移支付	15
公司利润	35
投资	30
政府购买	50
出口	30
进口	40

该国在 T 年的GDP水平为多少？为什么？

2. 某经济体的宏观经济数据如下：

投资 $I=40$，政府购买 $G=30$，$GNP=200$，净出口 $NX=-18$，税收 $T=60$，转移支付 $TR=25$，从其他国家获得要素收入 $=7$，对其他国家的要素支付 $=9$，试计算：

（1）消费；

（2）GDP；

（3）国外净要素支付；

（4）个人收入（私人部门收入）；

（5）个人可支配收入（私人部门收入）。

3. 某经济体只生产A、B、C三种产品，2015年时，产品产量和价格如表2-15所示。

表 2-15

产品	产量	价格
A	3 000	2
B	6 000	3
C	8 000	4

到了2020年，产量和价格变为如表2-16所示数据。

表 2-16

产品	产量	价格
A	4 000	3
B	14 000	2
C	32 000	5

（1）计算2015年和2020年的名义GDP。这期间，名义GDP增长了多少？

（2）计算2015年和2020年的实际GDP。这期间，实际GDP增长了多少？

（3）计算2015年和2020年的GDP平减指数，该指数变化了多少？

（4）解释2015年以后，名义GDP变化中，价格推动因素重要还是产量增长推动重要。

四、论述题

请举例说明：GDP是福利水平的一个良好指标，GDP并非表示福利水平的一个良好指标。

第 3 章
CHAPTER3

短期国民产出和支出

俭则伤事,侈则伤货。

——管仲

经济进步在资本主义社会意味着动荡。

——约瑟夫·熊彼特

§ 本章要点

国民产出(收入)决定模型是宏观经济学的核心理论。本章将学习在短期国民产出水平决定的理论模型。在短期假定价格不变,所以,国民产出水平由总需求(总支出)水平来决定。本章将解释总支出怎样决定国民产出水平;总支出变化怎样引起多倍的国民产出变化(乘数理论);还将学习总支出不足怎样引起失业、总支出过度怎样引起通货膨胀现象;总支出波动怎样引起国民产出水平波动的原理。

§ 学习目标

- 理解掌握总支出的构成及其决定因素;
- 掌握消费函数、储蓄函数与投资函数;
- 理解掌握两部门、三部门和四部门中总支出怎样决定国民产出水平的模型;
- 理解缺口理论及其与通货膨胀、失业的关系;
- 理解需求侧的经济周期理论。

§ 基本概念

| 消费函数 | 边际消费倾向 | 总支出 | 均衡国民产出 |
| 乘数 | 充分就业国民产出 | 经济周期 | |

通过微观部分的学习我们知道,对于企业来说,长期产出与投入要素的多少有关;在短

期，因为企业生产能力既定，在产能被充分利用之前，产出多少与产品订单数量多少有关。达到产能充分利用水平时，就达到了满负荷的运行状态。所以，我们可以将企业产出水平的多少概括为：**长期看供给，短期看需求**。

如果扩大到一个经济体、一个国家，这种说法仍然成立。一国产出的最终产品和劳务的多少由什么决定？回答仍是：**长期看供给，短期看需求**。

长期决定于供给侧的因素，主要决定于投入要素的数量和生产要素产出率的大小。长期与经济增长有关。短期，一个国家的生产能力也相对既定，所以产出水平的多少取决于总需求的大小。

本章分析**短期**国民产出水平的决定。既然为短期，我们做如下假设：①假设一般价格水平不变。这就意味着，如果增加产品供给，价格不会发生变动。对此的一种解释是，经济体中存在大量闲置资源，如果需求增加，闲置资源将会被利用，所以不会导致价格水平上涨。②假设利率水平不变，即企业投资不会受到利率变动的影响。这一假设的目的是暂不考虑货币因素对总需求的影响。基于这样的假设，本章仅仅对**产品市场**进行分析，不考虑劳动市场和货币市场，所以也被称为简单国民产出决定模型，这也是凯恩斯需求决定国民产出基本的理论观点。当对这些假定放松后，会扩展到 IS-LM 模型（投资储蓄–流动性偏好货币供给模型）（利率变化）和 AD-AS 模型（总需求–总供给模型）（价格变化）。

3.1 总支出与均衡国民产出

因为假定价格水平不变，所以我们用总支出概念替代总需求概念。本章的关键也就是讨论总支出怎样决定国民产出的问题，我们先看总支出及其构成。

3.1.1 总支出

凯恩斯认为，20 世纪 30 年大萧条发生的原因就是总支出不足造成的，所以他在《就业、利息和货币通论》中对总支出进行了较为系统的分析。总支出（AE）由四项构成，它们的和等于总产出（可以用 GDP 代表），所以，总支出也由四项构成：①消费支出（C）；②投资支出（I）；③政府购买（G）；④净出口（$NX = X - M$）。具体形式为

$$AE = C + I + G + NX \tag{3-1}$$

下面为了方便，我们用 GDP 代表国民总产出，用字母 Y 表示。

为了理解总支出水平怎样决定 GDP 水平，下面我们分别对总支出的构成项目做一下分析。

3.1.2 消费支出

从第 2 章表 2-7 我们知道，总支出各构成要素中，消费占 GDP 的比重是最高的。图 3-1 是我国居民 1978~2017 年的消费曲线变化轨迹。可以看出，改革开放之后，我国居民消费呈现快速增长趋势，1978 年为 1 759.1 亿元，到 2017 年增加为 317 509.7 亿元；

如果按不变价格的居民消费指数来看，假定1978年为100，到了2017年变为2 380.8，是前者的23倍！

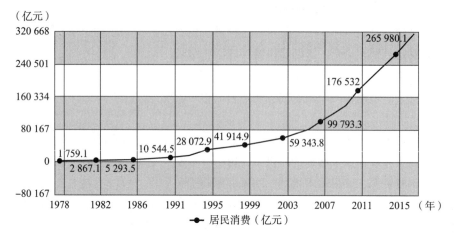

图3-1　我国1978～2017年居民消费情况
资料来源：国家统计局网站（www.stats.gov.cn）。

1. 影响消费支出的主要因素

这里的消费是指宏观经济意义上的消费，从数量上可以认为是一个经济体所有家庭消费的总和。影响人们消费的重要决定因素有：当前可支配收入、家庭财产、预期收入、价格水平，等等。

当前可支配收入：显然是最重要的因素。对普通家庭来说，可支配收入越多，消费支出也越多。从宏观经济来看，显然，这一关系也成立。我国近40年经济发展的历史也证明了这一点是成立的。

家庭财产：家庭财产是一个家庭积累下来的财富，也可以看作是收入在支付各种用途后，通过各种实物资产和金融资产保留下来的财富，资产价值的变化当然也会影响人们当前的消费支出水平。

预期收入：人们的消费水平不仅受到当前收入水平的影响，也受到人们未来收入预期的影响。如果预期收入高，人们用于当前的消费支出自然也会增加；相反，如果预期未来收入下降，人们当前的消费支出也会收紧。如果人们预期收入只是暂时偶然增加，人们可能并不会增加多少消费，只有当人们预期未来收入增加可持续下去，消费才可能会随着增加。

价格水平：在宏观经济中，一般价格水平也是影响人们消费的重要因素，其中一种机制是价格上升，造成人们财富实际价值降低，所以造成消费支出减少。

2. 消费函数

为了简化起见，我们假定，除可支配收入外，其他影响消费支出的因素固定不变。这样，我们就可以在消费与可支配收入之间建立起函数关系，所得到的函数被称为消费函数。具体形式为

$$C = \alpha + \beta Y_D \quad (\alpha > 0, \ 0 < \beta < 1) \tag{3-2}$$

式中，α表示**自发消费**，即不受收入影响的消费。如果收入为零，该项表示人们必须负债或者动用其他资产来满足的基本消费。

β 为线性消费函数的斜率，经济学意义上被称为**边际消费倾向**（marginal propensity to consume，MPC）。其表现的是，收入变化以怎样的比例来影响消费的变化，或者说，当收入改变 1 单位时消费会变化多少单位，$\beta = MPC = \Delta C / \Delta Y_D$。

Y_D 为可支配收入。$Y_D = Y -$ 税收。（Y 为国民产出或国民收入。）如果税收为零，则 $Y_D = Y$。

消费函数可表示成为消费曲线形式，如图 3-2 所示。

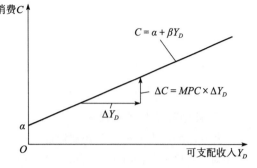

图 3-2 消费函数曲线

我们看如表 3-1 所述数字示例。假设消费函数为：

$$C = 30 + 0.6 \times Y_D$$

表 3-1 消费函数

GDP（元）	Y_D（元）	ΔY_D（元）	C（元）	ΔC（元）	$MPC = \Delta C / \Delta Y_D$	$APC = C / Y_D$
0	0		30			
50	50	50	60	30	30/50 = 0.6	1.2
100	100	50	90	30	30/50 = 0.6	0.9
150	150	50	120	30	30/50 = 0.6	0.8
200	200	50	150	30	30/50 = 0.6	0.75
250	250	50	180	30	30/50 = 0.6	0.72
300	300	50	210	30	30/50 = 0.6	0.7
350	350	50	240	30	30/50 = 0.6	0.69

还有一个概念与消费函数相关，它是**平均消费倾向**（average propensity to consume，APC），指消费支出占收入的比例，记为 C/Y_D。我们可以看出，在每一收入水平上，$APC > MPC$。

3. 储蓄函数

储蓄函数与消费函数密切相关。储蓄函数表示的是家庭储蓄与可支配收入的关系。如果是在只有家庭和厂商的两部门模型中，如下等式成立

$$Y = Y_D = C + S \tag{3-3}$$

所以，储蓄函数为

$$S = -\alpha + (1 - \beta) Y_D \tag{3-4}$$

与消费函数类似，对储蓄函数，我们也有两个新的概念：

边际储蓄倾向（marginal propensity to saving，MPS）是指每改变 1 单位收入时储蓄变化多少单位，记为

$$MPS = \frac{\Delta S}{\Delta Y_D}$$

平均储蓄倾向（average propensity to saving，APS）指储蓄在收入中所占的比例，记为

$$APS = \frac{S}{Y_D}$$

显然如下等式成立

$$边际消费倾向(MPC) + 边际储蓄倾向(MPS) = 1$$

$$\text{平均消费倾向}(APC) + \text{平均储蓄倾向}(APS) = 1$$

3.1.3 投资支出

一般说来,投资支出占 GDP 的比例小于消费占比。但是,投资是总支出中"最活跃的分子",变化频繁且幅度大,也是造成经济波动重要的原因之一。

1. 计划投资与真实投资

总支出构成中的投资是**计划投资**(planed investment),也就是企业计划进行的投资,也被称为**意愿投资**(desired investment)。与此对应的还有一个概念,**真实投资**(actual investment)支出,也就是真实发生的支出。计划投资与真实投资并不一定相等!计划投资可能大于也可能小于真实投资,两者的差额就是存货,也被称为**存货投资**(inventory investment),第 2 章我们学过,存货投资是投资需求的重要组成部分。例如一家出版社印刷一本热门小说 100 万册,销售 90 万册,10 万册就是存货。

对企业而言,如果存货是企业计划保有的水平(为了销售保有的必要的库存),也是计划投资的一部分。但如果存货水平超过和低于企业计划的水平,就形成所谓**非计划(计划外)存货投资**(unplanned inventory investment)。所以,存货投资可能为负,也就是低于应该保有的水平的情形。真实投资、计划投资与非计划投资的关系为

$$\text{真实投资} = \text{计划投资} + \text{非计划存货投资}$$

$$I_{\text{真实}} = I_{\text{计划}} + I_{\text{非计划}} \tag{3-5}$$

式中,$I_{\text{真实}}$ 为真实投资;$I_{\text{计划}}$ 为计划投资;$I_{\text{非计划}}$ 为非计划存货投资。

如果存在非计划存货投资,企业将会进行调整。非计划存货大于 0,意味着存货水平过高,企业将会减少生产,去存货;如果非计划存货小于 0,意味着存货水平过低,企业将增加生产,补存货。从宏观角度来看,经济学家们非常关注存货水平,并据此来预测经济的未来走势。如果存货水平提高,表明非计划存货投资增加,国民产出增加将放缓;如果存货水平下降,表明非计划存货投资减少,国民产出增加将加快。

2. 投资影响因素

影响投资的主要因素有:

预期的未来赢利能力:企业进行投资与企业对未来赢利能力的预计密切相关,当预期经济扩张时,企业投资信心增强,投资扩大;相反,当预期经济出现衰退时,企业一般会收缩投资。

利率:企业投资一般采用从银行借款或者在金融市场中筹资来获得资金,如居民购买新建住房多采用按揭方式。利率越高,投资的成本越大,所以投资支出,对利率变化较为敏感。当其他因素不变的情况下,投资支出与实际利率呈反向关系,利率越高,投资支出越少;利率越低,投资支出越多。在本章中,我们假定利率不变,也就不存在这种影响。

此外,税收也对投资有较大影响。

3.1.4 政府购买

政府购买包括,中央政府和地方政府购买商品和服务的支出。政府购买不同于政府支

出，因为政府转移支付，如社会保障支出、养老金支出，政府并没有因此换取任何形式的商品或服务，所以并不是政府购买的构成部分。

3.1.5 净出口

净出口等于出口减去进口，也就是国外企业和家庭从本国购买的产品和服务价值减去本国企业和家庭购买的国外产品和服务的价值。决定净出口水平的因素有：本国与外国相对价格水平；本国与外国的相对经济增长率；汇率水平等。

3.1.6 均衡国民产出

在微观经济学中，某种产品的市场供给和需求相等时，就实现了均衡。在宏观经济中，当总支出等于总产出或 GDP 时，也实现了宏观均衡，即

$$总支出 = GDP$$

实现均衡时的 GDP，被称为均衡 GDP，即**均衡国民产出水平**。实现均衡时的总支出，被称为**均衡总支出**。

宏观经济均衡会因为宏观经济中包含的部门不同会有不同的表现形式。具体说明，在宏观经济中，因为考虑不同的基本构成"单位"（被称为部门）而有不同的形式，当经济中只有两个基本部门时，即只有家庭和厂商（企业）时，被称为两部门经济，宏观经济均衡的条件为

$$Y = AE = C + I$$

当把政府作为一个部门包括进来后变成为三部门经济，均衡条件为

$$Y = AE = C + I + G$$

当把本经济体外的其他经济体包括进来后变成为四部门经济，均衡条件为

$$Y = AE = C + I + G + (X - M)$$

3.2 宏观经济均衡及其调整

经济并非经常处在均衡状态。因为计划总支出可能大于 GDP，也可能小于 GDP。为了看清楚总支出变化怎样决定国民产出水平、宏观经济均衡随着总支出变化进行调整的过程，我们从最简单的两部门开始进行分析。同时我们再次重申本章开始时所做的假定：价格水平不变；利率水平不变。

3.2.1 计划总支出与实际 GDP

在两部门经济中，总的可支配收入 Y_D 等于实际 GDP，最终产品和服务的总价值都会成为家庭的收入。依据国民产出核算原理，下面两式成立

$$Y = C + I$$
$$Y_D = Y$$

从前面分析，我们知道 $C=\alpha+\beta Y_D$。我们假定，$I_{计划}$ 不受国民产出水平的影响，只受到其他因素的影响，所以假定固定不变，但如果外在因素变化，$I_{计划}$ 也会随之变化。我们有

$$AE_{计划} = C + I_{计划} \tag{3-6}$$

我们以数字示例来说明，消费函数与表 3-1 一样，计划投资 $I_{计划}=50$ 元，这样得到了计划支出 $AE_{计划}$ 的值（见表 3-2），据此得出的计划支出曲线如图 3-3 所示。

表 3-2　两部门经济的总支出　　　　　　　　　　（单位：元）

GDP (Y)	Y_D	C	$I_{计划}$	$AE_{计划}$
0	0	30	50	80
50	50	60	50	110
100	100	90	50	140
150	150	120	50	170
200	200	150	50	200
250	250	180	50	230
300	300	210	50	260
350	350	240	50	290

3.2.2　45°线

为了表现宏观经济均衡，下面我们引入 45°线。在以实际国民产出（收入）(Y)（也可以看成为实际 GDP）为横轴，总支出 AE 为纵轴的坐标中，实现均衡时，$Y=AE_{计划}$，则所有均衡点将位于 45°线上。该线上部区域中的点表示计划支出大于国民产出 Y，$Y<AE_{计划}$，该线下部区域中的点表示计划支出小于国民产出 Y，$Y>AE_{计划}$。如图 3-4 所示，A 点、B 点在 45°线上，$Y=AE$；以 A 点为例，国民产出 Y 为 4（从 A 点到纵轴的距离）时，AE 也为 4（从 A 点到横轴的距离）。而在 C 点，$Y<AE_{计划}$，这时的国民产出为 6，而 AE 为 10；同理，在 D 点，$Y>AE_{计划}$。

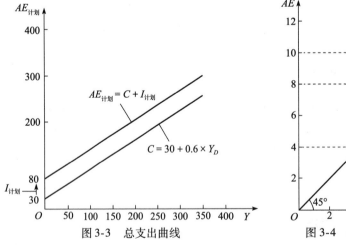

图 3-3　总支出曲线

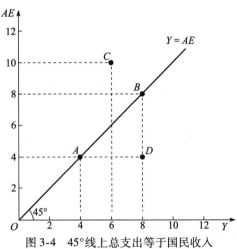

图 3-4　45°线上总支出等于国民收入

3.2.3　宏观均衡的调整

宏观经济均衡并非总能如此，事实上，更多时候宏观经济处在不均衡状况。所以，调整也就是宏观经济中的常态。

1. 总支出与宏观经济均衡

我们在图 3-4 中加入总支出函数线。为了看清楚不同部门总支出的影响，我们先在图 3-4 中加上类似图 3-3 的消费曲线 C、$C+I_{计划}$ 构成的支出曲线 AE，如图 3-5a 所示。

我们可以进行类似的操作，将政府购买与进出口加入，得出完整的 AE 曲线，如图 3-5b 所示。

既然在 45°线由宏观经济实现均衡点构成，既 $Y=AE$，因此，AE 与 45°线的交叉点，也就是宏观经济现实均衡的点，如图 3-5b 所示。与此对应的国民产出就是均衡国民产出水平。AE 曲线与 45°线交叉形成均衡，也被称为**凯恩斯交叉**（Keynesian cross），由著名经济学家保罗·萨缪尔森提出，解释凯恩斯在《通论》中提出的思想。

2. 宏观经济均衡的调整

从表 3-2，我们可以看出，只有在 200 元时，$Y=Y_D=AE$，才实现均衡状态。当 GDP 小于 200 元时，计划总支出大于 GDP，如当 GDP 等于 100 元时，计划总支出为 140 元；当 GDP 大于 200 元时，计划总支出小于 GDP，如当 GDP 等于 300 元时，计划总支出为 260 元。两者差额就是非计划存货投资。

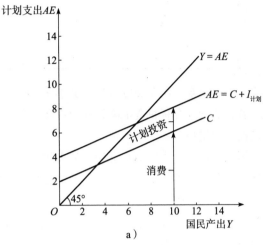

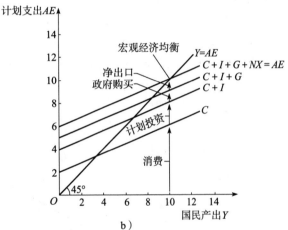

图 3-5 总支出与宏观经济均衡

GDP 始终等于真实总支出，但是真实支出并不一定等于计划支出。由于非计划支出（也就是非计划投资）的存在，所以下述等式成立

$$GDP = 真实总支出 = 计划总支出 + 非计划总支出$$
$$Y = AE_{计划} + I_{非计划} = C + I_{计划} + I_{非计划} \tag{3-7}$$

式中，$AE_{计划}$ 为计划总支出。

对表 3-2 重新计算后，得到表 3-3。

表 3-3 国民收入计划支出与非计划支出（投资）

Y	$AE_{计划}$			$I_{非计划}$	国民产出变化趋势
	C	$I_{计划}$	$AE_{计划}$		
0	30	50	80	−80	增加
50	60	50	110	−60	增加
100	90	50	140	−40	增加
150	120	50	170	−20	增加

(续)

Y	AE计划			I非计划	国民产出变化趋势
	C	I计划	AE计划		
200	150	50	**200**	0	均衡
250	180	50	230	20	减少
300	210	50	260	40	减少
350	240	50	290	60	减少

当国民产出水平小于 200 元时，Y 小于 $AE_{计划}$，所以非计划支出即非计划投资为负值，这意味着，非计划存货投资下降，低于正常水平，企业将增加生产来补存货；由此导致的结果是国民产出增加。

当国民产出水平大于 200 元时，Y 大于 $AE_{计划}$，所以非计划支出即非计划投资为正值，这意味着，非计划存货投资上升，高于正常水平，企业将减少生产来降低存货；由此导致的结果是国民产出下降。

当国民产出水平等于 200 元时，Y 等于 $AE_{计划}$，所以非计划支出即非计划投资为零。宏观经济实现均衡，产出水平保持不变。

我们用图 3-6 也可以更为形象地描述上述过程。在 Y 小于 200 时，计划支出超过 Y，如在 100 时，非计划支出为 -40，企业增加生产，国民产出水平增加。相反，Y 大于 200 时，计划支出小于 Y，如在 250 时，非计划支出为 +20，企业减少生产，国民产出水平下降。

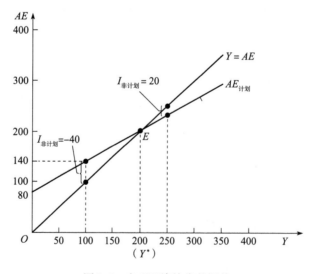

图 3-6　宏观经济均衡的调整

3.2.4　注入-漏出方法的宏观经济均衡

以上我们通过 $Y=AE$ 的方法，解释了均衡国民产出如何得出。此外，我们还可以从另一角度对宏观经济实现均衡进行解释，这就是**注入-漏出方法**，也称为 $J=W$ 方法。J 代表注入，W 代表漏出；如果是两部门，也称 $I=S$ 法。

以图 3-7 为例，家庭获得的收入中，并非全部用于购买国内产品（消费支出），而是有一部分会漏出，具体漏出因考虑的部门数量不同会有所不同。

两部门时，收入被用于消费（C）和储蓄（S），S 就是漏出；三部门时，收入被用于消费（C）、储蓄（S）外还要缴纳税收（T），$S+T$ 就是漏出；四部门时，收入被用于购买国内产品消费（C_D）、储蓄（S）、缴纳税收（T）外，还用于购买进口产品 M，所以，$S+T+M$ 就是漏出！注意，四部门时，C_D 不同于 C，两部门、三部门时，$C_D=C$，而四部门时，$C=$ 对国内产品的消费（C_D）+ 国外进口产品的消费（M）。

有漏出就有注入，因为收入漏出的部分其实通过不同渠道又回流循环：储蓄通过金融中介成为企业进行投资的资金来源；政府获得税收后被用于政府购买（假设不存在转移支付）；企业对其他国家出口产品，相当于形成回流。

从循环平衡来看，如果 $S+T+M=I+G+M$，即 $J=W$，那么这种循环也是均衡的（如果是两部门，则为 $I=S$，也称 $I=S$ 法；三部门 $I+G=S+T$）。

用注入 – 漏出方法表示的宏观经济均衡如图 3-8 所示。当 $W=J$ 时，宏观经济实现均衡。

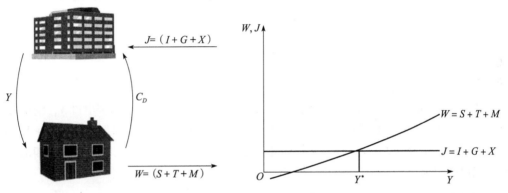

图 3-7　收入 – 产品循环图中的注入（J）与漏出（W）　　图 3-8　用注入 – 漏出描述的宏观经济均衡

3.3　宏观经济均衡及其调整：代数方法

除了利用前面的图示法来解释宏观经济均衡，我们还可以利用函数进行代数计算得出宏观经济均衡的值。

3.3.1　两部门经济

根据 $Y=AE$ 方法，实现宏观经济均衡，$Y=AE_{计划}=C+I_{计划}$。消费函数：$C=\alpha+\beta Y_D$，实现均衡时非计划投资 $I_{非计划}$ 将等于 0，投资全部是 $I_{计划}$。$I_{计划}$ 并不随 Y 的水平变化而变化，假定 $I_{计划}=I_0$。我们将消费函数和投资函数代入 $Y=C+I_{计划}$，得到均衡国民产出为

$$Y^* = \frac{\alpha + I_0}{1-\beta} \tag{3-8}$$

根据注入 – 漏出法，达到均衡国民收入时，应满足 $I=S$。投资函数 $I=I_0$，储蓄函数由 $S=-\alpha+(1-\beta)Y$ 决定。这样，把储蓄函数和投资函数代入 $I=S$ 中，同样可以得到均衡国民收入 $Y^*=(\alpha+S)/(1-\beta)$。

3.3.2 三部门经济

相对于两部门经济，当加入政府部门后，从支出方面增加了政府支出 G 和政府转移支付 T_R，从漏出方面增加了政府税收 T，$T = T_0$，T_0 表示自发税收。所以，三部门经济中，个人可支配收入 = 国民总产出（或总收入）- 税收 + 转移支付，即

$$Y_D = Y - T_0 + T_R = Y - NT$$

式中，NT 为净税收，$NT = T_0 - T_R$。

根据 $Y = AE$ 方法，均衡收入由 $Y = AE_{计划} = C + I + G$ 决定，我们分别把消费函数 $C = \alpha + \beta(Y - NT)$、投资函数 $I_{计划} = I_0$ 和政府购买函数 $G_{计划} = G_0$ 代入，得到均衡收入为

$$Y^* = \frac{\alpha + I_0 + G_0 - \beta NT}{1 - \beta} \tag{3-9}$$

根据注入 - 漏出法，达到均衡国民收入时应满足 $I + G = S + NT$，得出的结果也为

$$Y^* = \frac{\alpha + I_0 + G_0 - \beta NT}{1 - \beta}$$

3.3.3 四部门经济

相对于两部门、三部门经济，当加入国外部门后，从注入方面增加了出口 X，漏出方面增加了进口 M，所以，四部门经济中，按照 $Y = AE$，均衡条件变为：$Y = C + I + G + X - M$；按照 $J = W$ 变为：$S + T + M = I + G + X$。为简化起见，我们假定 $X = X_0$，$M = M_0$，⊖四部门的均衡国民产出为

$$Y^* = \frac{\alpha + I_0 + G_0 - \beta NT + X_0 - M_0}{1 - \beta} \tag{3-10}$$

式中，X_0、M_0 分别表示自发出口和自发进口。

3.4 乘数原理

从前面分析我们知道，在短期，总支出决定国民产出水平。当总支出变化时，均衡国民产出水平也随之变化。下面我们进一步学习，当总支出变化时，国民产出水平具体变化的规模（比率）。这就是乘数原理。

3.4.1 乘数效应

我们用一个事例来说明自发支出的变化具体怎样引致国民产出水平变化。所谓乘数是指自发支出变化引起的国民产出变化值与自发支出变化值的比率，或者说自发支出变化引起的国民产出变化的倍数。为了简化起见，我先从两部门来解释。

假设经济初始处在均衡状态，均衡国民产出水平为 200 亿元。这时自发投资增加 40 亿

⊖ X 一般由国外收入水平决定，M 则与国内的个人可支配收入（Y_D）有关，这里假设 $M = M_0$。如果考虑 M 与收入的关系，可建立进口函数 $M = F(Y_D)$，进行更多因素的计算。

元，这些支出用于购买机器设备等，所以国民产出水平将增加。如果到此为止，增加的国民收入也为 40 亿元。这些增加的国民产出随后会成为一些生产要素所有者的收入。人们的可支配收入增加后，消费支出会继续增加，这样的循环会一轮接着一轮变化。结果将是国民产出的多倍变化。

我们假设边际消费倾向 $MPC = 0.60$。那么，40 亿自发投资增加引起的后续过程如表 3-4 所示。40 亿元初始的自发支出可导致后续增加 60 亿元支出，所以总的支出为 100 亿元。初始 40 亿元投资导致国民产出（收入）增加 40 亿元，随之在第 2 轮导致消费增加 $40 \times MPC = 40 \times 0.6 = 24$ 亿元的消费，这一引致支出增加国民产出（收入）24 亿元。24 亿元国民产出（收入）继续在第 3 轮引致消费增加 $24 \times 0.60 = 14.4$ 亿元……以此类推，最终经过多轮增加后，国民产出水平达到 100 亿元，即初始 40 亿元投资，加上引致的后续支出 60 亿元。

表 3-4　40 亿元初始投资引起的乘数变化过程

轮次	初始支出（投资）	引致支出增加额	国民产出（收入）额
1	40	0	40
2	0	24	64
3	0	14.4	78.4
4	0	8.6	87
5	0	5.2	92.2
…	…	…	…
…	…	…	…
n	0	0	100

上述乘数过程如图 3-9 所示。E_1 点是初始均衡点，对应的国民产出（收入）为 200 亿元，自发支出（投资）增加 40 亿元，推动初始均衡曲线 $AE_{计划1}$ 上移 40 亿元距离，到 $AE_{计划2}$，非计划投资也就是存货投资水平出现非计划性下降，企业增加产出，引起国民产出（收入）增加，通过多轮变化，最终在 E_2 点实现新的均衡，国民产出最终增加 100 亿元，从 200 亿元增加到 300 亿元。40 亿元自发支出导致国民产出增加了 100 亿元，增加的倍数 $= 100/40 = 2.5$。

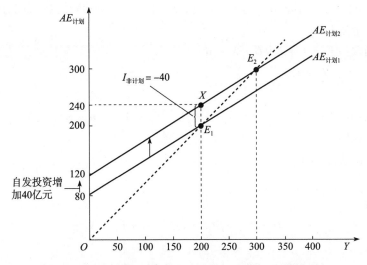

图 3-9　40 亿元自发支出（投资）引起的乘数过程

3.4.2 乘数系数

通过上述分析，我们可以具体求出自发支出变化引致的国民产出变化的倍数。这个倍数被称为**乘数**或**乘数系数**。

1. 两部门

前面所述乘数过程如下：

第1轮，40亿元初始支出（投资）增加带来的国民产出变化为40亿元；

第2轮，40亿元国民产出引致的消费支出增加额为：$40 \times MPC$；

第3轮，$40 \times MPC$亿元国民产出引致的消费支出增加额为：$40 \times MPC \times MPC = 40 \times MPC^2$；

第4轮，$40 \times MPC^2$亿元国民产出引致的消费支出增加额为：$40 \times MPC^3$；

……

加总得

$$40 \times MPC + 40 \times MPC^2 + 40 \times MPC^3 + \cdots = 40(1 + MPC^2 + MPC^3 + \cdots)$$

$$= \frac{40 \times 1}{(1 - MPC)}$$

我们用 k 表示乘数系数，则为

$$k = \frac{均衡国民产出变动额}{自发支出变动额} = \frac{\Delta Y}{\Delta AE}$$

$$= \frac{1}{1 - MPC} \tag{3-11}$$

这是两部门情况下的乘数系数。如果扩展为三部门、四部门，原理相同。具体见下面代数方法计算。

2. 两个以上部门

加入政府后，增加了政府购买、政府转移支付和政府税收；加入国外部门后，增加了出口和进口。

为了叙述方便，除了前面定义过的字母外，增加如下：t 为边际税率；m 为边际进口倾向。则相关变量如下：

总支出函数：$AE = C + I + G + X - M$

税收函数：$T = T_0 + tY$

进口函数：$M = mY$

消费函数：$C = \alpha + \beta(Y - NT) = \alpha + \beta(Y - T_0 - tY) = \alpha - \beta T_0 + \beta(1 - t)Y$

投资函数：$I = I_0$

政府购买函数：$G = G_0$

出口函数：$X = X_0$

总支出函数为

$$AE = \alpha - \beta T_0 + \beta(1 - t)Y + I_0 + G_0 + X_0 - mY$$

进一步整理得

$$AE = (\alpha - \beta T_0 + I_0 + G_0 + X_0) + [\beta(1 - t) - m]Y$$

用 A 表示自发支出,则

$$A = \alpha - \beta T_0 + I_0 + G_0 + X_0 \tag{3-12}$$
$$AE = A + [\beta(1-t) - m]Y$$

根据 $Y = AE$,则

$$Y = A + [\beta(1-t) - m]Y$$

整理后得

$$Y = A \times \frac{1}{1 - [\beta(1-t) - m]}$$

自发支出引起的国民产出变化为

$$\Delta Y = \frac{1}{1 - [\beta(1-t) - m]} \times \Delta A$$

$$乘数系数\ k = \frac{1}{1 - [\beta(1-t) - m]} \tag{3-13}$$

如果没有国外部门(进口),则乘数变为

$$乘数系数\ k = \frac{1}{1 - \beta(1-t)} \tag{3-13}'$$

很显然,乘数系数值的大小与 β、t、m 有关,β 越大,t 与 m 越小,则乘数系数值越大。

(1) 当 α、I_0、G_0、X_0 任一变量发生变化时,以初始变化量乘以式(3-13)得出引致的国民产出变化数量。或者说,**自发消费乘数**、**投资乘数**、**政府购买乘数**、**出口乘数**都可以由式(3-14)求出。

$$\frac{\Delta Y}{\Delta AE_0} = \frac{1}{1 - [\beta(1-t) - m]} \tag{3-14}$$

(2) 自发税收 T_0 与转移支付乘数。自发税收乘数是指由自发税收(如果税收不随国民产出 Y 变化,也就是定量税)变化引起国民产出变化的乘数,是指征收一定数额的税对国民产出的影响,即

$$\Delta Y = \frac{-\beta}{1 - [\beta(1-t) - m]} \times \Delta T_0$$

自发税收乘数为

$$\frac{\Delta Y}{\Delta T_0} = \frac{-\beta}{1 - [\beta(1-t) - m]} \tag{3-15}$$

与此类似,作为反向税收,转移支付(T_R)乘数为

$$\frac{\Delta Y}{\Delta T_R} = \frac{\beta}{1 - [\beta(1-t) - m]} \tag{3-15}'$$

(3) 平衡预算乘数。平衡预算顾名思义就是政府支出一定数额后(假设为政府购买),再征收同等数量的税收,收支相抵,该笔收支预算平衡。这样操作也会引起国民产出变化。其中的原理是:政府购买引起的国民产出增加,可以用式(3-14)计算,政府征税引起的国民产出减少可以用式(3-15)计算。将两种效应总和在一起,导致的国民产出变化为

$$\Delta Y = \frac{1}{1 - [\beta(1-t) - m]} \times \Delta G_0 + \frac{-\beta}{1 - [\beta(1-t) - m]} \times \Delta T_0$$

因为 $\Delta G_0 = \Delta T_0$,所以净结果为

$$\frac{\Delta Y}{\Delta G_0} = \frac{\Delta Y}{\Delta T_0} = \frac{1 - \beta}{1 - [\beta(1-t) - m]}$$

如果是封闭经济，没有进口与出口，政府只是征收定额税收，则 $m=0$，$t=0$ 时，平衡预算乘数系数 $=1$。意思是说，平衡预算时，国民产出变化额等于政府购买变化额。

各个乘数计算公式总结如表 3-5 所示。

表 3-5 乘数公式小结

乘数类型	乘数公式
自发消费乘数（α）、投资乘数 I_0、政府购买（G_0）乘数、出口乘数（M_0），（$\Delta Y/\Delta AE_0$）	$\dfrac{1}{1-[\beta(1-t)-m]}$
自发税收 T_0 乘数，（$\Delta Y/\Delta T_0$）	$\dfrac{-\beta}{1-[\beta(1-t)-m]}$
转移支付乘数，（$\Delta Y/\Delta T_R$）	$\dfrac{\beta}{1-[\beta(1-t)-m]}$
平衡预算乘数，（$\Delta Y/\Delta G_0 = \Delta Y/\Delta T_0$）	$\dfrac{1-\beta}{1-[\beta(1-t)-m]}$

|专栏3-1|

支出乘数与大萧条

自发支出增加将导致均衡国民产出增加，反向作用也成立，自发支出的减少将导致国民产出下降。乘数概念是经济学家们解释 20 世纪 30 年代大萧条的一条重要理由。当时美国实际 GDP 的下降被乘数作用放大后，导致经济步步走向深渊。

1929 年 10 月，随着美国股市崩盘，数十亿美元财富蒸发，加剧了家庭和企业的悲观情绪。消费支出和计划投资支出均下降（见表 3-6）。美国国会 1930 年 6 月又通过了《斯姆特－霍利关税法》，引发贸易战，净出口也减少。1930 年秋季开始的一连串银行倒闭，进一步限制了家庭和企业为消费和投资获得资金的能力。随着总支出下降，许多公司销售额减少，并开始裁员。产出和收入水平下降导致消费支出进一步下降，导致生产和就业进一步减少，这样形成收入进一步下降的螺旋式下降趋势。

表 3-6 消费支出和计划投资支出

年份	消费（亿美元）	投资（亿美元）	净出口（亿美元）	实际 GDP（亿美元）	失业率（%）
1929	7 810	1 240	410	10 570	2.9
1933	6 380	270	220	7 780	20.9

注：以 2009 年美元值为基准。

严重经济衰退造成数以万计企业破产，即使幸存下来的企业销售额也锐减。比较 1929 年与 1933 年周期高峰与低谷的数据，对比明显：严重的大萧条迫使数千家公司宣布破产，即使是幸存下来的公司也经历了销售额的大幅下滑。到 1933 年，美国钢铁公司的产量下降了 90%，通用汽车公司的产量下降了 75% 以上。高失业率迫使许多家庭陷入贫困，度日如年，困苦不堪。从 1933 年开始，商业周期在低谷中缓慢复苏。直到 1936 年，实际国内生产总值才恢复到 1929 年的水平；加上劳动力的增长，失业率直到 1942 年美国进入第二次世界大战才降到 10% 以下。

资料来源：Glenn Hubbard, Anthony Patrick O'Brien. Macroeconomics [M]. 6th ed. New York：Pearson Education Inc., 2017：417-418。

3.4.3 节俭悖论

根据前面分析，我们可以知道，在短期总支出水平决定着国民产出水平。因此，如果人们增加储蓄、减少消费将导致总支出减少（假设其他支出不变），导致国民产出水平 Y 减少！随着国民产出的减少，人们的储蓄也会相应减少，所以结果是国民产出和储蓄都会发生变化，这就是节俭悖论（paradox of thrift）！这其实从储蓄函数也可以得到解释，$S = -\alpha + (1-\beta)Y$，因为 α、β 都为外生变量，所以，收入减少，储蓄就会减少。

传统上，人们总是认为，节俭是美德行为，但如果观察短期，这种良好的行为却导致了人们不想看到的结果。如果从长期看，储蓄则是维持长期经济增长最基本繁荣要素——资本的来源。

3.5 对失业与通货膨胀的分析

总支出决定国民产出水平的原理还可以用来对失业与通货膨胀现象做出初步解释。

总支出与 45°线交叉点处，宏观经济达至均衡，对应的是均衡的国民产出水平。这一产出水平是否是我们所希望的，需要有一个参照点进行对比。理想的产出水平应该是充分就业的国民产出水平或者潜在产出水平，对应这一产出水平有相应的总支出水平。

3.5.1 总支出不足与失业

如果总支出水平如图 3-10 所示，充分就业的国民产出（也是潜在国民产出水平）为 Y_F，要实现这一产出水平，需要 a 点到横轴这样水平的总支出。但是如果总支出如图 3-10 中所示的 AE，在 Y_F 水平上对应的总支出是 b 点到横轴的距离，明显总支出水平不足，与充分就业要求的总支出水平 a 相比，存在 a 点到 b 点的缺口，所以导致存在**产出不足缺口** $Y_F - Y^*$。与此对应将存在失业现象。

3.5.2 总支出过度与通货膨胀

如果总支出水平如图 3-11 所示，相对于充分就业的国民产出（也是潜在国民产出水平）Y_F，由真实总支出水平决定的均衡国民产出水平为 Y^*，超过了 Y_F，形成**产出过剩缺口** $Y^* - Y_F$，这一产出缺口形成的原因是真实总支出水平超过了实现充分就业产出水平要求的总支出水平 $c - d$ 所致。与此对应将存在通货膨胀现象。

对通货膨胀与失业从需求视角来解释，只是这些宏观失衡现象出现的一方面原因，还有来自供给等方面的原因，后面将逐渐介绍。

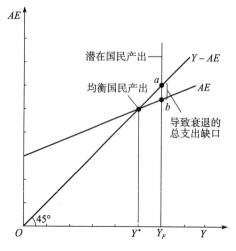

图 3-10 总支出不足造成的经济衰退

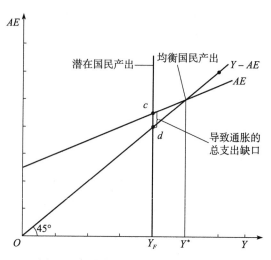

图 3-11 总支出过旺造成的经济过热

本章小结

1. 在短期国民收入决定模型中，假定总供给不变，总支出（总需求）将决定均衡的国民产出（收入）水平及其变动。

2. 总支出（AE）由四项构成，它们的和等于总产出（GDP）。构成总支出有：消费支出（C）、投资支出（I）、政府购买（G）、净出口（$NX = X - M$）。

3. 消费支出的主要因素：当前可支配收入、家庭财产、预期收入、价格水平，等等。

4. 消费与可支配收入之间建立起函数关系，所得到的函数被称为消费函数。

5. 自发消费，是不受收入变化影响的消费。

6. 线性消费函数的斜率，经济学意义上被称为边际消费倾向。

7. 投资分为：计划投资与真实投资。两者的差形成非计划投资。

8. 投资支出的影响因素有：未来赢利能力、利率等。

9. 实现均衡时的国民产出水平（GDP）被称为均衡国民产出水平（均衡 GDP）。

10. GDP = 真实总支出 = 计划总支出 + 非计划总支出。

11. 国民产出与总支出（包括消费、投资、政府购买和出口）、漏出量（包括储蓄、税收、进口）等的关系可以在 45°线图中说明。为了简便起见，投资、政府购买、出口、税收和进口等均被假设为外生变量。

12. 满足均衡国民收入的条件是：国民产出等于总支出（$Y_e = AE$），或注入量等于漏出量（$J = W$）。

13. 如果总支出发生变化，则会导致均衡国民收入的变化。国民收入变化的幅度取决于乘数，乘数表示当自发支出增加1单位时均衡收入的变化，可以记为 $k = \Delta Y / \Delta A_0$。

14. 充分就业国民产出（或潜在国民产出）是指当资源（主要指劳动力）实现充分就业时的国民产出水平。

15. 当一个国家的均衡国民产出水平小于充分就业国民产出水平时，将出现产出不足缺口。而均衡国民产出水平大于充分就业国民产出水平时，就出现了产出过剩缺口。

思考与练习

一、名词解释

均衡国民产出(收入)　消费函数
平均消费倾向　　　　边际消费倾向
储蓄函数　　　　　　平均储蓄倾向
边际储蓄倾向　　　　乘数
投资乘数　　　　　　政府支出乘数
税收乘数　　　　　　政府转移支付乘数
平衡预算乘数　　　　对外贸易乘数
充分就业　　　　　　国民收入
产出不足缺口　　　　产出过剩缺口

二、简答题

1. 根据凯恩斯的观点，减少储蓄对均衡国民收入会有什么影响？如何理解"节俭悖论"？

2. 税收、政府购买支出和转移支付这三者对总支出的影响方式有何区别？

3. 试分析存货在经济运行中的作用。

4. 简述乘数原理。

5. 试述凯恩斯的国民收入决定模型与他以前的经济学有关理论的主要区别。

三、计算题

1. 假设在两部门经济中，$C = 100 + 0.8Y$，$I = I_0 = 50$（单位：亿元）。试求：

(1) 均衡的国民收入、消费和储蓄。

(2) 若投资增加至 100，求增加的收入。

(3) 如果消费函数的斜率增大或减少，乘数将有何变化？

2. 假定某经济的消费函数为 $C = 100 + 0.8Y_D$，Y_D 为可支配收入，投资支出 $I = 50$，政府购买 $G = 200$，政府转移支付 $T_R = 62.5$，税收 $T_X = 250$。单位均为亿元。试求：

(1) 均衡的国民收入。

(2) 投资乘数、政府购买乘数、税收乘数、转移支付乘数和平衡预算乘数。

第 4 章

经济增长理论

> 生产率不等于一切,但长期看它几乎意味着一切。
>
> ——保罗·克鲁格曼

> 经济增长问题并非什么新鲜事,不过是对一个古老问题进行新的伪装,这个问题一直引起经济学关注和向往:如何处理好现在与未来的关系。
>
> ——詹姆斯·托宾

§ 本章要点

本章围绕生产要素投入量、技术进步、储蓄和投资等影响长期经济增长的因素,通过经济增长模型、经济增长因素进行分析讨论,试图揭示是什么决定一个经济社会长期的经济增长,以此为政府制定促进经济增长的政策提供理论依据。

§ 学习目标

- 熟练掌握关于经济增长源泉的相关原理;
- 掌握新古典经济增长模型,了解该模型存在的不足;
- 了解新经济增长模型。

§ 基本概念

经济增长 全部要素生产率 实际增长率 有保证的增长率 自然增长率

谈到经济增长,我们首先要回答的问题有:为什么不同国家有不同的生活水平?为什么像中国、韩国等曾经相对贫穷的国家,逐渐富裕起来?而有些国家如阿根廷等曾经拥有很高生活水平的国家,经济发展几乎停滞?怎样解释经济增长现象?

第 3 章解释了短期国民产出(收入)水平的决定问题,短期总支出(总需求)有决定性作用。短期,因为生产要素、技术水平相对稳定,所以资源利用如何取决于需求。那么从长期来看,产出水平如何决定并持续增长呢?或者说,随着时间的推移,产出如何发生变化呢?如果说短期产出像一张照片,那么经济增长则是一部长时电影。本章我们将学习经济增长理论。

4.1 经济增长与经济增长率

4.1.1 经济增长及描述

在宏观经济学中,经济增长通常被定义为国民产出的增加。产出增加既可以表示为总产出,也可以表示为人均产出。但是一次性增长并非真正意义上的经济增长,只有持续性的年复一年的增长才是经济增长。

经济增长可以用增长率来描述。我们用 Y_t 表示 t 时期的总产出,Y_{t-1} 表示 $t-1$ 时期的总产出,则总产出的增长率 G_t 可以表示为 $G_t = (Y_t - Y_{t-1})/Y_{t-1}$。如果用 y_t 表示 t 时期的人均产出,y_{t-1} 表示 $t-1$ 时期的人均产出,则人均产出的增长率 g_t 可以表示为 $g_t = (y_t - y_{t-1})/y_{t-1}$。在现实中,我们通常用一个经济体的实际 GDP 或者人均 GDP 的增长率来表示经济增长率。

表 4-1 是部分国家在 1960 年至 2017 年人均 GDP 增长率的情况,从中可以看出,以中国、日本、韩国为代表的东亚、东南亚地区的国家和地区实现了快速增长;美国和欧洲为代表的工业发达国,也保持了较快增长。但是,拉美地区国家增长相对缓慢,而非洲地区国家则增长则近乎停止。

表 4-1 部分国家或地区 1960 年、2017 年人均 GDP 及其年均增长率

国家或地区	1960 年(美元)	2017 年(美元)	年均增长率
阿根廷	5 605.19	10 398.09	1.09%
斯里兰卡	370.59	1 093.05	1.92%
智利	3 806.81	15 059.53	2.44%
中国	191.79	7 329.09	6.60%
科特迪瓦	1 205.26	1 632.68	0.53%
喀麦隆	956.46	1 503.53	0.80%
民主刚果	1 038.93	409.12	-1.62%
哥伦比亚	2 213.22	7 600.76	2.19%
埃及	631.13	2 785.37	2.64%
欧元区	10 808.76	40 088.65	2.33%
英国	13 827.45	42 514.49	1.99%
印度尼西亚	690.04	4 130.66	3.19%
印度	304.23	1 963.55	3.33%
日本	8 607.66	48 556.93	3.08%
韩国	944.29	26 152.03	6.00%
墨西哥	3 808.68	9 946.16	1.70%
OECD 成员国	11 305.31	39 077.63	2.20%
巴基斯坦	304.71	1 222.52	2.47%
菲律宾	1 059.33	2 891.36	1.78%
美国	17 036.89	53 128.54	2.02%
赞比亚	1 508.44	1 646.14	0.15%
津巴布韦	897.52	927.40	0.06%
世界平均	3 696.95	10 634.00	1.87%

注:数据按 2010 年美元值计算。
资料来源:世界银行。

4.1.2 增长率的重要性

1%的增长率差异，感觉上似乎不大。但如果延长到10、30、50年差距还是非常明显。根据表4-1，我们可以看出，中国当时人均GDP不足200美元，远低于其他亚洲地区的国家，但是57年后的2017年，中国人均GDP达到7 329美元，远远超过其他亚洲国家。

假定你有100元存款，如果年利率为10%，一年后你将拥有100元本金再加上10元的利息，即100(1+10%)=110。如果你再把110作为本金，继续按10%存款，再过1年，你将得到110(1+10%)=121，如此继续……表4-2给出了初始100的值在不同增长率条件下，按复利增长10、25、40年后的不同结果。

表4-2　100在不同增长率下不同时间段增长的结果

年	不同增长率		
	3%	5%	8%
10	134	163	213
25	209	339	685
40	326	704	2 170

计算增长率有一个经验法则，一个初始值翻一番所需要的时间（年数），可以用70除以增长率近似得出。即如果增长率1%。翻一番需要70年，如果是2%，需要35年，如图4-1所示，这被称为**70法则**。对照图中的年均增长率，可以看出，中国人均GDP翻一番需要70/6.6=10.6年，而阿根廷则需要64年！

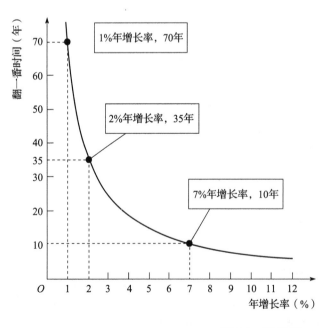

图4-1　70法则

4.2 长期经济增长的源泉

一个经济体经济增长到底由什么决定？各经济体的经济增长差异如何解释？基于经济增长模型和经济增长因素可给出一般性解释。

4.2.1 总量生产函数

微观经济学中，我们已经学过关于厂商的生产函数，表示的是厂商产出怎样受到投入影响，而且这种影响是建立在最优关系基础上。将单个厂商的生产函数扩展为一个经济体的总量生产函数（aggregate production function），原理相同。一个经济体的劳动、资本、土地和企业家才能决定着该经济体的总产出（以实际 GDP 代表）水平。

从宏观经济来看，几种生产要素中，土地是固定不变的，在给定的时点，企业家才能也是给定的，所以只有劳动、资本的数量是可变的。即产出的多少与劳动与资本的投入数量以及这两种生产要素的产出效率相关。那么，总量生产函数可以写成如下形式

$$Y = AF(K, L) \tag{4-1}$$

式中，L 为劳动；K 为资本，可分为实物资本和人力资本；A 为技术进步，是除劳动、资本投入增长外，所有其他因素影响作用的总集合。

为了表述得更加简单直观，可以将式 4-1 表示为人均形式，即

$$\frac{Y}{L} = Af\left(\frac{K}{L}, 1\right) = Af(k)$$

$$y = Af(k) \tag{4-2}$$

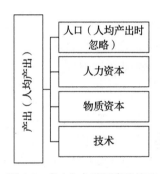

图 4-2 产出与各种因素的关系

式中，y 为人均产出；k 为人均资本。

产出与各种因素的关系图如图 4-2 所示。

人均资本与人均产出之间的关系，可以用图 4-3 来表示。图中曲线表现的就是人均产出变化的轨迹。如果人均产出以单位劳动小时产出来表示，该曲线也是劳动生产率变化的轨迹。

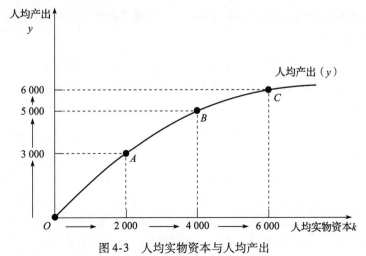

图 4-3 人均实物资本与人均产出

4.2.2 劳动生产率的重要性

经济学家们认为，从长期来看，劳动生产率是经济增长最为重要的因素，甚至是唯一推动经济增长的源泉。**劳动生产率**，也就是每名工人在单位时间生产的产品与服务的数量。

其实从直觉上，推动总产出增加的因素应该有两类：劳动投入数量的增加和劳动生产率的提高。劳动数量会随人口增长而增加，所以人口增长是劳动数量增加的一个原因；劳动参与率提高也会增加劳动时间，但因为工作日缩短，劳动小时数量可能增加得并不多。在短期，劳动数量增加是产出增加的原因。但从长期来看，就业增长率基本接近于人口增长率，要想显著提高人均产出水平，主要依靠劳动生产率的提高来实现。所以才有，从长期来看，劳动生产率的提高是长期经济增长的唯一源泉。

4.2.3 如何实现劳动生产率增长

劳动生产率的提高受到如下三种因素的影响：①实物资本；②人力资本；③技术进步。

1. 实物资本

实物资本是指机器设备、建筑物等。大机器时代的来临，带来的最大变化是劳动者使用的机器越来越多，而且资本存量水平也成为一个国家发达与否的重要标志之一。人均资本数量自然也成了影响劳动生产率的重要因素，所以一个经济体经济的快速发展总是伴随固定资本积累的增加。

作为实物资本形成来源的投资，也因此成了经济发展关键的要素。用于投资的钱，一方面来自国内储蓄，另一方面来自国外资本的流入。

2. 人力资本

人力资本是劳动者本身积累的知识与技能，主要通过教育、培训和经验来获得。正如不同国家的实物资本不同一样，各国所拥有的人力资本也不相同。从国别比较来看，经济发达国家一般总是与国民受教育时间长相一致。随着机器设备等实物资本技术含量的提高，对劳动者的受教育水平和操作能力要求也越来越高，人力资本的作用也越来越重要。

3. 技术进步

资本（实物资本、人力资本）积累推动经济增长，但技术进步的作用更为显著且持久。技术进步是劳动生产率提高的关键，也是长期经济增长的关键。**技术进步**在这里泛指生产产品和服务的技艺和方法的进步。

即使拥有同样数量的实物资本和人力资本，今天的1名工人也能比过去的1名工人产出更多，因为技术随着时间的推移在不断进步。值得注意的是，在经济意义上，重要的技术进步不一定是高精尖的科学。历史学家发现，历史上的经济增长，铁路、半导体芯片、网络这样的重大发明发挥了重要推动力，而且小如便利贴这样数以千万计的普通创新也功不可没，因为这提高了办公效率。美国有许多专家把美国20世纪末期的生产率快速增长归因于像沃尔玛那样的服务性企业所采用的新技术，而非高科技企业的新技术。

4.2.4 报酬递减及其缓解

根据生产函数，随着人均实物资本数量增多，会发生报酬递减现象。如在图4-1中，我们可以看出，同样增加2 000单位人均实物资本，带来的产出增加是呈递减趋势。这种现象在生活中常常可以观察到，没有机器时，配备一台机器可能会大大提高产出水平，但是之后如果人均资本再翻倍，产出可能并不会翻倍，原因就是报酬递减。但是请注意，递减并非负值，只是增长速度放缓！

实物资本报酬递减是在"假定其他条件不变"的情况下发生的现象。具体说来是在相同的技术水平，相同效能的劳动、机器设备情况下，增加人均资本所发生的现象。如果配置效能更高的设备（当然需要的资本数量也多），或者发生其他技术进步，这种递减出现的时间或者产出水平会大大延后，这就是技术进步的作用，即技术进步有助于延缓实物资本出现的边际产出递减的现象，如图4-4所示。

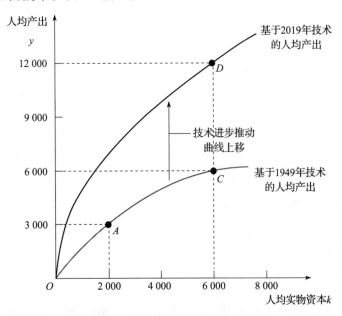

图4-4 技术进步与产出水平的增加

假设1949~2019年的70年时间内，某个经济体人均实物资本从2 000单位增加到6 000单位，如果没有技术进步，人均产出沿着产出曲线从 A 点移动到 C 点，从3 000单位增加到6 000单位，年均增加率为1%；但是，70年间，技术一定出现了进步，同样的人均资本水平，则产出增加到了12 000元，年均增长率提高到了2%。

4.2.5 增长核算

假设其他条件不变，如果劳动者能配备更多的实物资本、拥有更多的人力资本、配之以更高水平的技术，或者三者兼得，劳动生产率无疑将会提高。但是，我们能否估计出各项因素贡献的大小呢？对总量生产函数进行计算后，可以得出基本的估计。

1. 索洛对推动经济增长要素的分解

根据总量生产函数，总产出或人均产出的增加来源于劳动 L 投入的增加，资本 K 投入的增加和其他所有要素的综合作用。A 被称为技术进步，也被称为"**索洛余值**"（Solow residual），也就是生产函数中，除了投入要素（劳动、资本）增长解释的产出增加外，剩余产出归因于其他因素来解释，因为最初由美国经济学家罗伯特·索洛首次提出，故得名。

表示成函数形式如下

$$产出增长 = 技术进步的贡献 + 劳动增加的贡献 + 资本增加的贡献$$

表示成增长率形式如下

$$\frac{\Delta Y}{Y} = \frac{\Delta A}{A} + MP_L \frac{\Delta L}{L} + MP_K \frac{\Delta K}{K} \tag{4-3}$$

式中，MP_K 为资本边际产出（代表资本的产出效率）；MP_L 为劳动边际产出（代表劳动的产出效率）。

简写成如下形式

$$g_y = g_A + \alpha g_K + \beta g_L \tag{4-4}$$

式中，g_y 为产出增长率；g_A 为技术进步率；g_K 为资本增长率；g_L 为劳动增长率；α 为资本产出效率；β 为劳动产出效率。

g_A 也被称为**全要素生产率**（total factor productivity，TFP）增长率，也就是经济增长率中，除了资本投入、劳动投入外，其他所有因素推动的产出增长。**全要素生产率**越来越成为劳动生产率提高和经济增长的重要因素。

例如，假设一个经济体某一时期的就业人数增长 2%，资本存量增长 5%，那么劳动投入和资本投入增加对产出的贡献为 2.9% = 0.7×2% + 0.3×5%，假设经济增长为 4%，那么全要素生产率 = 4% - 2.9% = 1.1%。⊖

2. 经济增长核算的一些实证数据

经济增长因素核算方法应用于对经济增长的实际分析会得出什么样的结果呢？下面我们用几个具体事例来加以说明。

（1）对美国经济增长的核算。

1）丹尼森的估计。

美国经济学家爱德华·丹尼森（Edward Denison）对美国经济增长因素进行的核算最为著名，他先对 1928~1957 年美国的经济增长进行了核算；之后又对 1929~1982 年的经济增长因素进行了核算，得到的结果如表 4-3 所示。

表 4-3　1929~1982 年美国经济增长的贡献因素分解

产出年均增长率	2.9%	资本形成	19%
劳动投入增长	32%	技术变革	28%
劳动生产率增长		规模经济	9%
工人人均受教育程度	14%	其他因素	-2%

资料来源：Edward F. Denison. Trends in American Economic Growth, 1929-82 [M]. Washington, D.C.: The Brookings Institution, 1985: 30。

⊖ 在计算增长要素贡献时，也一般使用如下形式的柯布-道格拉斯函数，$Y = AK^{0.3}L^{0.7}$。也就是说，在增加的投入要素组合中，对产出的贡献，假设资本占 30% 的权重，劳动占 70% 的权重。

从表 4-3 可以看出，在 1929～1982 年期间，实际产出年均增长率为 2.9%。对增长贡献因素，可分为两组：第一组，劳动投入增长，即由于劳动量增加导致的产出增长。丹尼森估计，1929～1982 年间，美国产出增长的 32%（约 1/3）来自于劳动量增加。

第二组，劳动生产率的提高，即增加每单位劳动投入导致的产出增长，影响劳动生产率增长的因素又可以细分为：

① **工人人均受教育程度**。教育背景对每名劳动者的履职类型以及对具体职业的熟练程度有决定性影响。丹尼森估计，美国 14% 的经济增长系由于劳动者教育提高所致。

② **资本形成**。丹尼森估计，资本形成可解释 1929～1982 年美国经济增长的 19%。

③ **技术变革**。包括技术知识的变革，例如，在生产过程中机器换人、企业组织变革等。根据丹尼森的估计，技术变革可以解释经济增长的 28%，这是对劳动生产率影响最大的因素。

④ **规模经济**。丹尼森发现，即使在给定的技术状态下，投入增加也导致产出递增，原因是美国经济发展中经历了规模经济，该项因素可以解释 1929～1982 年美国增长的 9%。

⑤ **其他因素**。丹尼森还考量了刺激或阻碍经济增长的其他因素，例如，行业间资源分配的变化，天气对农业产出的影响（如停工等）。这些因素的净影响为负，相当于降低经济增长 2%。

2）威廉森的增长核算。

表 4-4 列出了斯蒂芬·威廉森（Stephen D. Williamson）对 1950～2014 年美国的经济增长进行了分阶段的估算⊖，即从 1950 年后，以每个整 10 年为一个核算期间，对增长的影响因素进行核算。

表 4-4 1950～2014 年美国的经济增长核算情况 (%)

时间	经济年均增长率	资本年均增长率	劳动年均增长率	TFP 年均增长率
1950～1960	3.6	3.7	1.1	1.7
1960～1970	4.3	3.9	1.8	1.8
1970～1980	3.2	3.0	2.4	0.6
1980～1990	3.3	2.6	1.8	1.3
1990～2000	3.5	2.4	1.4	1.7
2000～2009	1.4	2.1	0.2	0.7
2009～2014	2.1	0.9	0.9	1.1

资料来源：Williamson（2018）。

从表 4-4 可以看出，每个时期都有各自的增长特点，全要素生产率（TFP）的增长相对稳定，从对产出贡献率的分析可以看出，除了 1970～1980 年较为特殊的阶段外，其他各期基本在 40%～50% 之间。

（2）**其他国家经济增长核算**。

根据其他国家的数据，也可以看出技术进步对产出增长的重要性。表 4-5 所示为法国、日本、英国和美国在 1985～2014 年期间的技术进步与工人人均产出增长的情况。从

⊖ Stephen D. Williamson. Macroeconomics [M], 6th ed. New York：Pearson Education Inc.，2018：294。

中可以看出，这些国家的年均技术进步率（全要素生产率）与工人人均产出年均增长率几乎同步。

表4-5　法国、日本、英国和美国的人均产出与技术进步率　　　　（%）

国家	工人人均产出年增长率	技术进步率
法国	1.3	1.4
日本	1.6	1.7
英国	1.9	1.4
美国	1.7	1.4
四国平均	1.6	1.5

资料来源：Blanchard（2017）。

(3) 中国的增长核算。

据中国国家信息中心预测：1978~2015 年，我国国内生产总值年均增长 9.65%。从生产要素投入贡献的角度分析，1978~2015 年，我国固定资本形成总额实际年均增长 11.5%，实际资本存量年均增长 11.7%；就业人数从 46 299 万人（调整后劳动力数据）增加到 77 451 万人，年均增长 1.4%，表现出生产要素投入快速增长特征。模型测算结果显示，资本积累贡献率为 48.67%，劳动力总量增长的贡献率为 8.71%，全要素生产率贡献率为 42.62%，即资本积累、劳动力总量扩张和全要素生产率分别推动经济增长 4.69 个百分点、0.84 个百分点和 4.11 个百分点。①

4.3　经济增长模型

通过前面的学习，我们已经知道，实物资本和人力资本的增长以及技术进步可以提高劳动生产率。但是，什么可以导致经济增长？为什么经济增长率各国会不相同？人口增长（劳动增长），资本积累和技术变革如何相互作用来决定经济增长率？经济增长怎样才能持续下去？发达经济体和新兴经济体是否能持续保持现有的增长？增长最终会停滞下来吗？在过去 200 年里，经济学家们一直在努力解决这些问题。经济学家们一直在寻找保证经济持续、稳定增长的条件。

通过前面的分析，我们也希望能提出具有一般意义的增长模型，从而在理论上解释经济增长。

4.3.1　古典增长理论

古典增长理论认为，人均实际 GDP 的增长是暂时的，当它超过最低生活保障水平时，人口爆炸最终会迫使其恢复到维持生计的水平。这是古典经济学家亚当·斯密、托马斯·罗伯特·马尔萨斯和大卫·李嘉图关于经济增长理论的核心观点。这种观点以马尔萨斯的人口理论最为著名。即使到了现在，仍然有许多人持类似的观点，认为人类社会的增长受到自然资源和环境的约束，经济增长前景黯淡。

---

① 资料来源：http://www.sic.gov.cn/News/455/8443.htm。

4.3.2 新古典增长模型

新古典增长模型也称为索洛增长模型,该模型由索洛首次提出。新古典增长模型认为,劳动增加、资本增加和技术进步决定着经济增长。

1. 产品供给与总量生产函数

新古典模型认为,产品供给来自于总量生产函数,所以产出为

$$y = Af(k) \tag{4-5}$$

在技术不变时,变为

$$y = f(k) \tag{4-6}$$

2. 宏观经济均衡

从第 3 章我们知道,在两部门经济中,$Y = C + I$,为了与生产函数人均值相对应,我们将其改写成人均形式,人均消费用 c 表示,人均投资用 i 表示,所以,$y = c + i$。

人均收入在两部门经济中,用于消费之外的被作为储蓄。我们用 s 表示储蓄率,则人均储蓄为 sy,我们有 $y = sy + c$,$c = (1-s)y$。则

$$y = c + I = (1-s)y + i$$

整理后得到

$$i = sy \tag{4-7}$$

这其实就是 $I = S$ 的人均形式,也是宏观经济均衡实现的条件。

3. 资本存量变化

从生产函数中我们知道,人均资本水平决定人均产出水平。人均资本存量会随着时间变化发生变动。在人口相对稳定的情况下,有两种变量影响资本存量:投资与折旧。所以,任一年份的投资变化会有两方面的影响,一是替代折旧或更新磨损的资本,二是提高资本存量水平。

根据 $i = sy$,以及 $y = f(k)$,则

$$i = sf(k)$$

这样,y,i,s,c 之间的关系如图 4-5 所示。人均产出 $y = f(k)$,人均储蓄 $sf(k)$,宏观经济均衡时 $i = sf(k)$,人均消费 $c = y - sf(k)$。

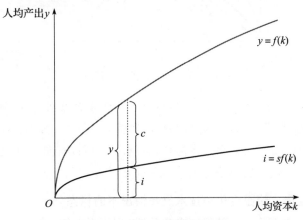

图 4-5 产出、投资与消费

考虑折旧情况下的变化。假定折旧占资本存量的比例一直为 δ，δ 也就是折旧率，则折旧额等于 δk，如图 4-6 所示。

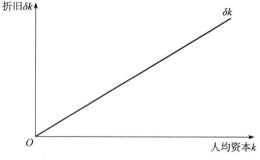

投资用于弥补折旧后剩余部分将增厚资本存量。所以，得到

$$\Delta k = i - \delta k \qquad (4\text{-}8)$$

或者

$$\Delta k = sf(k) - \delta k \qquad (4\text{-}9)$$

这就是新古典模型的基本形式。

4. 稳定状态

图 4-6　折旧与人均资本

很明显，投资（储蓄）增益存量资本，而折旧将减损资本存量水平。如果投资量等于折旧量，则 $\Delta k = 0$，即人均资本保持不变，人均产出也保持不变，自然人均消费也保持不变，这种状态被称为**稳定状态**（steady state），简称稳态。稳态实现的条件是：

$$sf(k) = \delta k \qquad (4\text{-}10)$$

这是新古典增长模型非常重要的一种状态，也就是经济长期均衡状态，而且是在动态背景下，时间推移情况下不改变的状态。这种状态下实现的经济增长就是一种状态增长，如果没有其他因素干扰，可以一直持续下去。

图 4-7 是图 4-5、图 4-6 的合图。当人均资本为 k^* 时，经济达至稳态，这时 $sy = \delta k$，也就是新增投资全部用于弥补折旧；对应的产出为 y^*。稳态作为一种均衡，也成为非稳态时，变化的趋向点。

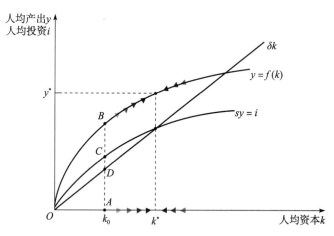

图 4-7　产出、投资与稳态

比如说，目前的人均资本处在 k_0，这时的产出 y 等于 B 点到横轴的距离，储蓄或者说投资 sy 为 C 点到横轴的距离，此时的折旧为 D 点到横轴的距离。显然，sy 大于 δk，这种情况下，投资弥补了折旧后，还有剩余，将提高 k 的水平，所以有向 k^* 变化的趋势。同理，如果人均资本超过 k^*，则会引起 k 值下降，也是向 k^* 水平回归。

5. 考虑人口变化、储蓄变化和技术进步情况下的稳态

前面的模型是在假定人口、储蓄和技术不变情况下得出的。如果考虑到这些因素后，模

型会有什么改变呢？

（1）考虑人口变化。

假设人口（以及劳动力）每年按比率 n 增加。在劳动力增长情况下，带来的影响是"稀释"了人均资本水平，对人均资本的影响作用与折旧相同，都会降低人均资本水平。考虑到人口或劳动力随时间的变化后，投资除了前面所说的作用，现在还需要来弥补劳动力增加造成的人均资本水平下降。因此有

$$\Delta k = sf(k) - (\delta + n)k \tag{4-11}$$

如果

$$sf(k) = (\delta + n)k \tag{4-12}$$

则经济实现稳态。

在图4-6中，原来的 δk 线，考虑人口因素后变为 $(n+\delta)k$。

人口因素的加入，对新古典模型施加了一个重要的约束条件：人口增长率。稳态增长条件下，人均资本、人均产出、人均消费保持不变是这些变量随时间的推移保持同样的增长速度，并非所涉及的相关变量固定不变。现在，人口增长率加入后，人口按 n 的比率增长，要保持稳态，这些变量也必须保持与人口相同的增长率！而人口增长率为外生因素，所以稳态增长将受制于人口增长率。

如果人口增长率发生变化，影响又如何呢？假设人口增长率从 n_1 提高到 n_2，经济稳态会受到怎样的影响呢？我们用图4-8来说明。

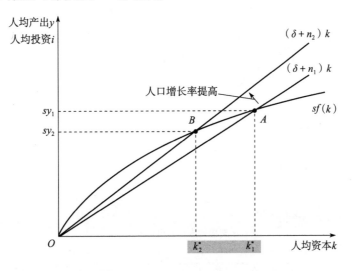

图4-8 人口增长率提高对稳态的影响

当初始的人口增长率为 n_1 时，$sf(k)$ 与 $(\delta+n_1)k$ 在 A 点相交，$sf(k)=(\delta+n_1)k$，稳态的人均资本为 k_1^*，与此对应有相应的人均产出。假定其他变量的增长保持不变，只有人口增长率上升到 n_2，这将引起人均资本、人均产出水平随之下降，新的稳态在 B 点实现，$sf(k)$ 与 $(\delta+n_2)k$ 在 B 点相交，$sf(k)=(\delta+n_2)k$，对应的人均资本存量为 k_2^*。很明显，人均资本水平下降了，从 k_1^* 下降到 k_2^*。

人口增长率的变化为理解国家间经济增长结果的差异提供了一种解释。如果在一定时间内，人口增长快于资本存量、国民产出的增长速度，将导致人均收入水平下降。但是，有

一点请注意，人口增长率变化会影响人均收入水平，但是不影响人均收入在稳态时的增长率。

（2）**考虑储蓄率变化**。

在新古典模型中，储蓄是投资的来源，所以储蓄增加，意味着投资增加，在其他变量增长率保持不变的情况下，较高的储蓄率意味着在长期较高的人均产出水平。如图4-9所示，假设初始储蓄率为 s_1，那么人均储蓄为 $s_1f(k)$。$s_1f(k)$ 与 $(\delta+n)k$ 在 C 点相交，$s_1f(k)=(\delta+n)k$，经济实现稳态，人均资本为 k_1^*，与此也有对应的人均产出水平。

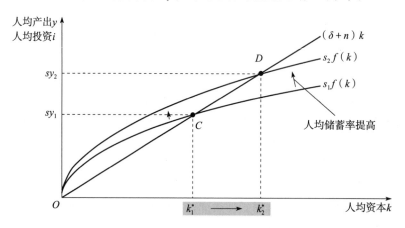

图4-9　储蓄率提高对稳态的影响

现在假设政府出台激励储蓄的政策，人们的储蓄倾向提高，储蓄率从 s_1 上升到 s_2。储蓄率提高，投资也随之增加，在图中表现为从曲线 $s_1f(k)$ 向上移动到 $s_2f(k)$。$s_2f(k)$ 与 $(\delta+n)k$ 在 D 点相交，对应新的稳态人均资本 k_2^*。显然，k_2^* 大于 k_1^*，储蓄率提高，相应提高了稳态的人均资本水平。

储蓄率提高当然会提高人均产出水平，如图4-9所示，$s_2>s_1$。所以与 s_2 对应的是更高的人均产出水平 y_2（假设技术水平不变，所以产出水平保持水平），如图4-10所示。但是请注意，这种提高只是水平提高，长期人均产出水平的**增长率**在稳态实现后并不会提高！

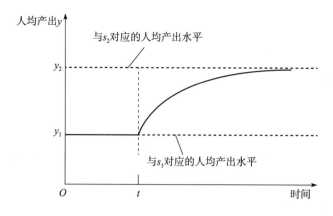

图4-10　储蓄率提高导致产出水平变化（技术水平不变）

从长期来看，储蓄率提高将导致更高的人均产出、人均消费和人均资本，因此，鼓励储蓄应该是政策目标之一。然而，请注意，虽然从长期来看，较高的储蓄率会提高人均消费水平，但从短期看，储蓄率提高最初会导致消费下降！也就是说，未来的消费水平提高是以当前短期消费下降为代价的。所以，储蓄率的选择也有当前和未来消费之间权衡选择问题。

（3）**考虑技术进步**。

在新古典模型中，如何表现技术进步的影响呢？为了表现技术进步，我们将生产函数改写为如下形式

$$Y = F(K, AL) \tag{4-13}$$

该函数表明，国民产出水平不仅与 K，L 的投入数量有关，而且与 A 表示的技术状况（state of technology）有关，同样水平的要素投入，先进技术状况下的产出水平高于落后技术状况下的。

考虑到技术进步表现为同样的产出需要更少的劳动投入，或者同样的劳动投入得到更多的产出，所以我们将 AL 称之为有效劳动（effective labor），技术状况改进，则产出水平将会提高，所以这就如同增加了劳动投入量。

为了与前面以人均量表示的生产函数一直，我们也可以将总量生产函数改写为人均形式，这里的人均是以有效劳动做分母，即 $y = Y/AL$，$k = K/AL$。我们用 g 表示技术进步率，人口或者劳动增长率仍然用 n 表示，那么有效劳动增长率为 $n + g$。根据这些假定，为维持每单位有效劳动需要的投资水平为

$$I = \delta k + nk + gk \tag{4-14}$$

式中，δk 为折旧，nk 为新增人口配备的资本，gk 为技术进步带来的"有效工人"需配置的资本。

考虑技术进步情况下的新古典模型如图 4-11 所示。这时的产出为单位有效劳动产出，资本为单位有效劳动资本。其他解释如前述。

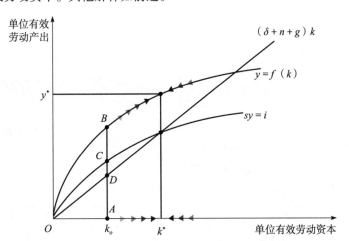

图 4-11　考虑技术进步的新古典增长模型

技术进步改变了，增长水平的路径也会发生改变。如在考虑技术进步影响情况下，储蓄率提高后的影响如图 4-12 所示。

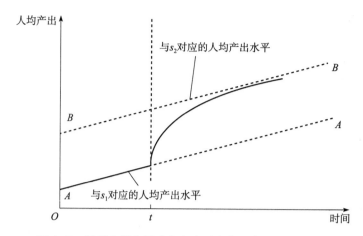

图 4-12 储蓄率提高导致产出水平变化（存在技术进步）

6. 资本的黄金率水平

经济增长最重要的目的并非是人均资本数量的多少或者人均产出水平的高低，而是人们从经济增长中所得到的福利。所以，如果一个经济体能通过确定储蓄水平（即投资水平）来确定稳态，最佳的稳态应该确定在什么样的水平上呢？消费最大化应该是合理的选择，这也被称为**资本的黄金率水平**（Golden Rule level of capital）。

在两部门经济中，$y = c + i$，所以

$$c = y - i$$

如果在稳态情况下，不考虑人口增长率、储蓄率、技术进步率等因素的变动，则 $y^* = f(k^*)$，$i = \delta k^*$，则稳态均衡等于

$$c^* = f(k^*) - \delta k^* \tag{4-15}$$

要增加产出水平，须增加投资或者资本存量，但资本存量增加意味着折旧也会增加。这种关系，如图 4-13 所示，存在一个与最优消费水平相对应的资本存量水平 $k^*_{黄金}$。

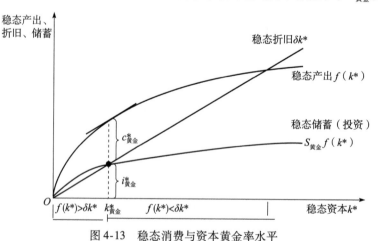

图 4-13 稳态消费与资本黄金率水平

在图 4-13 中，我们将产出和折旧分别表示为稳态资本的函数。两者之差即为稳态消费 $c^*_{黄金}$。最优消费位于图中的 $k^*_{黄金}$ 处，也就是说，稳态产出 $f(k^*)$ 与稳态折旧曲线 δk^* 之间的差额最大。采用边际方法理解就是，增加 1 单位资本存量，带来的产出增加 $\Delta f(k^*)$ 与资本

存量增加导致的折旧增加 $\Delta \delta k^*$ 相同的时候，差额最大，消费最优。在 $k^*_{黄金}$ 点左边，$f(k^*) > \delta k^*$，所以增加 1 单位稳态投资带来的产出增加额大于由此造成的资本存量增加而引致的折旧增加额，所以增加投资可以增加消费；在 $k^*_{黄金}$ 点右边，$f(k^*) < \delta k^*$，情况正好相反，这时减少投资将增加消费。

用数学语言描述就是，在资本存量为 $k^*_{黄金}$ 时，对应的生产函数曲线点上所做切线平行于 δk^* 线时，就实现了差额最大，也就是消费最优。生产函数所做切线的斜率等于资本的边际产量 $\Delta y/\Delta k^*$ 或 MP_{k^*}，而 δk^* 线的斜率为 δ，所以满足如下条件，可以达至资本的黄金率水平。

$$MP_{k^*} = \delta \tag{4-16}$$

请注意，资本的黄金率水平并非能自动实现。对于特定的黄金率水平，可以通过相应的储蓄（投资）来实现。如图 4-11 所示，只有 $s_{黄金} f(k^*) = \delta k^*$ 时，得到的资本存量为 $k*$，才能达至资本的黄金率水平。如果储蓄率不等于 $s_{黄金}$，无论高于还是低于这一储蓄率水平，都无法达至资本的黄金率水平。

4.3.3 内生增长理论

在经济现实观察中，我们会发现在世界上大部分国家和地区，人们的生活水平是持续提高的，根据新古典经济增长模型，这种结果是生产率不断提高的结果。生产率成了解释长期人均产出增长的关键因素。但是，生产率的提高从何而来？新古典模型假设，生产率提高是由外生因素决定的。

所以，需要对新古典模型进行完善。这就是内生增长理论，或者称为新增长理论。该理论由美国经济学家保罗·罗默（Paul Romer）首先提出，解释技术进步源于内生，罗默因为提出该理论获得 2018 年诺贝尔经济学奖。之后，罗伯特·卢卡斯（Robert Lucas）等人对内生增长理论进行了扩展。

内生增长理论同样认为技术进步在经济增长中发挥着关键作用，但该理论认为，技术进步是经济系统内部作用产生的。这种作用来源于人力资本、研究与开发、知识外溢、边干边学等方面。

为了与新古典增长模型一致，我们从如下生产函数开始介绍内生增长模型（AK 模型）：

$$Y = AK \tag{4-17}$$

式中，Y 为国民产出；K 为资本存量，包括实物资本和人力资本；A 是反映每单位资本所生产的产出数量的常数，代表既定的技术水平。该模型是用总量函数表示，而非人均变量形式。

我们假设储蓄率为 s，则 $S = sY = sAK$。新增储蓄（投资）如果弥补资本折旧外还有剩余，将会增益存量资本，即

$$\Delta K = sY - \delta K \tag{4-18}$$

两边除以 K 后得

$$\frac{\Delta K}{K} = sA - \delta \tag{4-19}$$

根据生产函数 $Y = AK$，当资本的边际产量不变时，产出的增长率就等于资本的增长率，于是有

$$\frac{\Delta Y}{Y} = \frac{\Delta K}{K} = sA - \delta \qquad (4\text{-}20)$$

这一方程式不同于新古典增长模型，即使没有外生技术进步的假设，只要 $sA > \delta$，$\Delta Y/Y$ 会一直增长，储蓄率 s 决定着一个经济的长期均衡增长。

该生产函数没有资本报酬递减的特性。这是内生增长模型区别于新古典模型的关键。如果 K 仅仅是实物资本，则报酬递减迟早会出现。但是，如果考虑到知识资本，则可以实现报酬不变——知识资本是把与知识相关的因素看成类似于实物资本一样的东西。

罗默认为，知识资本的积累是经济增长的关键因素，知识资本是由过往投资于研究与开发、教育和技能增强以及从其他经济体获得的知识而积累起来的知识。我们已经看到，实物资本的积累受制于收益递减的影响：增加每劳动小时的资本导致每劳动小时的国民产出也会增长，但增长率却在下降。罗默认为，在企业层面，知识资本也会如此，即随着企业知识资本存量增加，产量会增加，但增长率却在下降。然而，在整个经济层面，罗默认为知识资本存在报酬递增现象。因为，知识一旦被发现，就可供所有人使用。因为知识是公共产品，具有非竞争性和非排他性。一家公司使用知识不会排斥其他企业使用。知识的溢出效应，不仅使知识本身收益递增，而且也会提高实物资本的生产效率，抵消实物资本的报酬递减。

正因为知识资本的公共产品特性，所以企业在研发上可以搭便车。为了鼓励企业进行知识资本积累，政府制定政策来鼓励知识资本的积累，如保护知识产权、资助研究与开发、资助教育。

罗默的研究激发了许多研究，经济学家们从人力资本、边干边学等方面论述了技术进步的内生性。

4.4 经济增长实践与经济增长政策

各个经济体都希望自己富强发达，但现实是并没有实现所有国家都富裕的结果。但是，从对现实世界经济增长结果的观察，我们发现，①各国经济增长率存在差异；②赶超或趋同现象只是发生在部分国家，趋同假说（convergence hypothesis）只是对部分国家成立。根据经济增长模型，如果资本存量增加或是存在技术进步，经济就会增长。而且，因为发展中国家资本存量低，技术上可以获得更多的借鉴，总的来看，发展中国家大增长速度应该高于发达国家。根据这一理论，趋同甚至赶超现象应该会经常发生。但现实是，部分国家确实在某一阶段实现较快增长，在缩小与前面国家的差距，但仍然有许多国家并没有"赶上"。同时，我们也发现，资源、环境等因素对经济增长的约束正变得越来越重要。

4.4.1 增长率差异的原因

从本章开始给出的增长结果看，不同国家在相同的时间段会有不同的经济增长率，是什么造成这种差异呢？

根据前面的经济增长模型，实物资本、人力资本增长，或者技术进步差异可以解释。观察近几十年经济增长成效显著的一些代表性国家，如中国、日本、韩国等，都是三者兼而有之。

较高的储蓄率和投资率:这类国家一般具有较高的储蓄率,这有力地支持了这些国家的高投资支出,而高投资迅速提高了这些国家的实物资本水平。在日本、韩国、中国高速增长时期,投资支出占 GDP 的比例无一例外都高于同时代的其他国家。

提升教育水平:这类国家的国民教育水平增长也较为迅速,这就保证了经济高增长所需要的人力资本。

研究与开发:技术进步是推动经济增长的关键力量。技术进步靠什么推动呢?

科学发展能够使新技术成为可能。但是,只有科学研究是不够的:科学知识必须转化成有用的产品或生产流程才能付诸实践。所谓研究与开发(research and development,R&D)指的是投资于发明和应用新技术,通常需要投入大量的资源用于研究与开发。观察发达国家与发展中国家的差异,研究与开发形成的差距较为明显。

| 专栏 4-1 |

为什么英国落后了

这是经济史上的经典问题之一:为什么工业革命的发源地英国,19 世纪大部分时间世界上最大的经济体,最终在新世纪开始后落后于其他国家?这并非一个悲剧:英国经济继续增长,根据国际标准它仍然是一个富裕国家。然而,到了 20 世纪初,英国的工业很明显已经不再是最前沿的了。相反,美国和德国已经取代英国成为新的经济前沿国家。究竟发生了什么?

这并非一个容易回答的问题。经济增长理论的开拓者索洛曾经明确宣布,所有试图解释英国落后的说法最后以"一场业余的社会学讨论而结束"。的确,落后的原因经常归结为:地主贵族过度影响;存在阻止有才华者从错误的社会阶层上升的社会壁垒;狂热的业余人员只能够经营一些小型家族企业,而不适合成为现代大型企业的管理者。

然而,导致英国相对落后的其他因素更容易列举。教育无疑是其中最重要的因素之一。与其他工业国家(特别是美国)相比,英国建立普及的基础教育要慢得多。此外,英国的大学秉承它们所有的古代辉煌,仍然过于集中于向社会提供年轻的绅士,而且大学教育被限制在人口中一小部分人群。英国建立学术界和产业界之间的密切联系也比较晚,而这种联系在美国和德国推动第二次工业革命方面发挥了重要作用。这些教育和技能获得的障碍使得英国的人力资本处于不利地位。

对今天英国居民的好消息是,大多数这些问题都已经成为过去。目前,年轻的英国人比他们的美国同行更有可能接受大学教育。英国人均实际 GDP 仍低于美国,但已经弥补了部分差距。今天走在伦敦街头没有人会认为这是一个落后的城市。

资料来源:保罗·克鲁格曼,罗宾·韦尔斯. 宏观经济学:第 4 版 [M]. 赵英军,译. 北京:中国人民大学出版社,2018:82。

4.4.2 趋同现象

对于趋同或赶超现象,可以用图 4-14 来说明。横轴是初始的人均国民产出水平(如人均

GDP),纵轴是人均国民产出水平的增长速度。我们可以标出高收入国家与低收入国家的增长率组合,如果趋同或赶超假说(convergence hypothesis)成立,则该线形应该如图 4-14 所示。

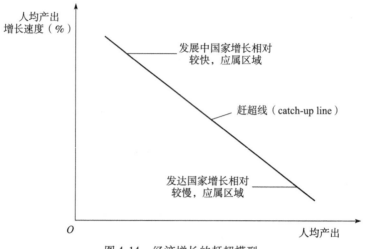

图 4-14 经济增长的赶超模型

但是,实际情况如何呢?通过对世界各国经济增长的观察,我们可以发现,部分国家确实出现追赶现象。特别是在发达国家群体中,如韩国、新加坡、爱尔兰等国,20 世纪 50 年代处在相对落后状况,此后经历了快速经济增长。在发展中国家群体中,则出现了前后对比强烈结果。以东亚地区、非洲地区为例,20 世纪 50 年代都是非常贫困的地区。接下来的 60 年增长中,东亚地区经济增长很快,符合趋同假说的预测,但是非洲地区的经济增长却非常缓慢。西欧与拉丁美洲的情况也是如此,前者在 20 世纪 50 年人均实际 GDP 显著高于后者。但是,与趋同假说的预测相反,在接下来的 60 年,西欧地区经济增长仍然快于拉丁美洲,两个地区之间的差距在不断扩大。图 4-15 给出了两类(有代表性的)不同国家或地区增长率的情形。图 4-15a 是发达国家或地区间的趋同;图 4-15b 是世界范围内国家或地区间趋同不明显。

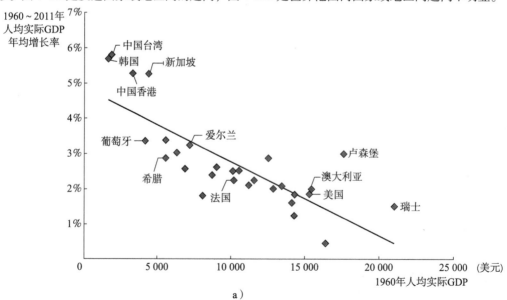

图 4-15 高收入国家或地区间的趋同与世界上大部分国家或地区的趋同不明显

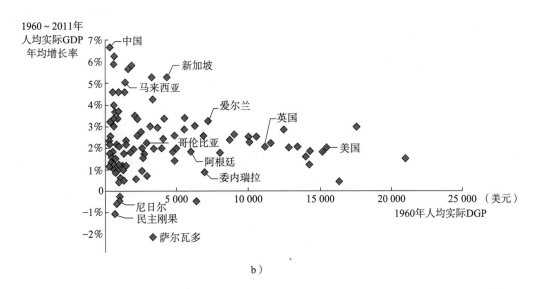

图 4-15 （续）

资料来源：Glenn Hubbard, Anthony O' Brien. Macroeconomics [M]. 6th ed. New York：Pearson Education Inc., 2017：367。

那么，趋同假说错了吗？也不是。根据经济学原理，如果其他条件相同，人均实际GDP相对较低的国家通常会比相对较高的国家有更高的增长率。但是，其他条件如教育、基础设施、法律政策等通常差异很大，这是造成该假说失灵的主要原因。

4.4.3 政府促进经济增长的政策

政府在促进经济增长中可发挥重要作用。前面其实提到的实物资本、人力资本和技术进步，政府都可以产生重要影响。许多政策将围绕这些方面实施。

（1）**实施促进基础设施的政策**。政府通过提供补贴，可在道路、电网、港口、信息网络以及其他助力经济活动的基础项目建设方面发挥重要作用。通过比较不同国家或地区的发展可以发现，良好的基础设施直接影响生产活动的开展。如道路状况、信息网络、电力供应、自来水供应、基础医疗服务等，都影响到经济增长的速度。

（2）**实施教育支持政策**。知识资本具有公共产品性质，所以为了积聚知识资本，政府需要大力支持教育。从世界范围来看，教育程度普遍较高的地区经济增长成效也显著，如东亚地区最为典型。

（3）**补贴研究与开发**。研究与开发对经济增长的作用越来越大，但因为研发具有显著的正外部性，政府支持补贴将会大大促进研发的进行。尤其是基础性的研发，更需要政府大力支持。

（4）**建立并保持一个良好运行的金融体系**。增加储蓄对长期经济增长作用显著，因此引导储蓄转化为生产性投资将影响到资本存量的积累和产出效率，鉴于金融体系的特殊性，所以政府要维护好金融体系。

|专栏 4-2|

经济增长要结束了吗

2012 年,西北大学一位有影响力的宏观经济学家和经济史学家罗伯特·戈登(Robert Gordon),在一篇引起争论的文章中指出,我们已经走过经济长期增长最好的日子。当然,技术创新还在持续,但戈登指出,新近创新的回报是有限的,尤其是与过去伟大的创新相比。

戈登指出的案例部分是通过将最近的创新——主要集中在信息技术方面,从计算机、智能手机到互联网——与发生在 19 世纪末的创新进行比较。他认为,那些经常被称为"第二次工业革命"的 19 世纪末的创新持续推动 20 世纪最主要的经济增长。戈登认为有五个大的创新:

(1)电;
(2)内燃机;
(3)自来水和暖气;
(4)现代化学;
(5)大众传播、电影和电话。

信息技术革命与这些创新相比如何呢?戈登认为,它比不上以上五种中的任何一种。正如他喜欢说的,你是宁愿放弃互联网还是室内管道(自来水、暖气、电、燃气、空调等)?戈登还认为,数据可证明他是对的。图 4-16 说明了他的论点。图中两种虚线显示了世界技术领先国家——1906 年前的英国与此后的美国——的实际 GDP 历史增长率。戈登画出一条显示这一发展史的"平滑"曲线。戈登认为,这是一个巨大的但临时的驼峰,然后推断了这种模式的未来走势。正如他所说,经济增长率越来越高,一直到 20 世纪 50 年代左右,不过从那时之后开始下降。他认为增长率将继续下降,最终增长将达到一个"事实上停止"的状态。

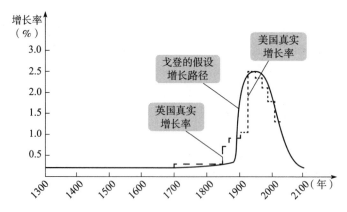

图 4-16　1300~2100 年人均实际 GDP 增长率概览

戈登正确吗?最有说服力的反驳理由是我们才刚刚开始看到现代技术的回报。麻省理工学院的埃里克·布林约尔松(Erik Brynjolfsson)和安德鲁·麦卡菲(Andrew McAfee)的《与机器赛跑》(Race Against the Machine)一书指出,过去几年的创新技术解决了一些棘手的问题，这些技术要么已经上市或正准备上市，包括用途广泛的语音识别、机器翻译、无人驾驶汽车等。所以，我们也可以说我们正处在真正的变革性技术的巅峰。谁对谁错？正如约吉·贝拉（Yogi Berra）所说："做出预测很难，尤其关于未来。"但是，很显然双方都在问正确的问题，因为技术最终是长期经济增长的主要驱动力。

资料来源：罗伯特·戈登。转引自保罗·克鲁格曼，罗宾·韦尔斯. 宏观经济学：第4版［M］. 赵英军，译. 北京：中国人民大学出版社，2018：76。

附录4A 经济增长因素的核算

根据生产函数

$$Y = AF(K, L)$$

产出 Y 的变化可以写成如下形式

$$\Delta Y = \frac{\partial Y}{\partial A} \times \Delta A + \frac{\partial Y}{\partial K} \times \Delta K + \frac{\partial Y}{\partial L} \times \Delta L$$

因为

$$\frac{\partial Y}{\partial A} = K^\alpha L^\beta = \frac{AK^\alpha L^\beta}{A} = Y/A$$

所以

$$\Delta Y = \frac{Y}{A} \times \Delta A + MPP_K \times \Delta K + MPP_L \times \Delta L$$

两边除以 Y，得到

$$\frac{\Delta Y}{Y} = \frac{\Delta A}{A} + MP_K \frac{\Delta K}{K} + MP_L \frac{\Delta L}{L}$$

附录4B 哈罗德－多马经济增长模型

哈罗德（Roy Harrod）在1939年发表《论动态理论》一文，他试图把凯恩斯采用的短期、静态均衡分析方法提出的关于国民收入决定理论进行长期化和动态化。20世纪40年代中期，美国经济学家多马（Evsey Domar）独立地提出了与哈罗德经济增长模型基本一致的模型，因而一般把他们的增长模型统称为哈罗德－多马经济增长模型。下面用哈罗德模型做简要介绍。

哈罗德模型主要研究3个变量间的相互关系：实际国民收入增长率 g，$g = \Delta Y/Y$；储蓄率 s，即储蓄（S）占收入（Y）的比例，$s = S/Y$；资本/产量比率 V，即生产1单位产量所需要的资本，$V = K/Y$，且 V 是常数。

国民收入短期均衡条件是 $I = S$。

因为

$$\Delta K = V \times \Delta Y, \text{即} I = V \times \Delta Y$$

所以

$$V \times \Delta Y = sY$$

$$\frac{\Delta Y}{Y} = g = \frac{s}{V}$$

这就是哈罗德经济增长模型的基本公式。

这个模型说明，如果 V 不变，则 g 就取决于 s。如果 g 的值能确保 $I=S$，则经济增长是稳定的，这时的 g 就是均衡增长率。哈罗德经济增长模型的含义是：经济增长率取决于社会储蓄率。

哈罗德还提出了有保证的增长率、自然增长率与实际增长率进行比较，并分析经济长期停滞和长期繁荣须具备的条件。根据哈罗德的说法，三率合一是经济稳态增长的条件。

本章小结

1. 经济增长通常被定义为国民产出的增加。产出增加既可以表示为总产量，也可以表示为人均产量。经济增长可以用增长率来描述。

2. 长期来看，增长率非常重要性。

3. 70 法则是计算增长率一个经验法则，一个初始值翻一番所需要的时间（年数），可以用 70 除以增长率近似得出。

4. 总量生产函数可以用来描述一个经济体的劳动、资本、土地和企业家才能如何决定该经济体的实际 GDP 水平。为了表述得更加简单直观，也可以表示为人均形式。

5. 劳动生产率是每名工人在单位时间生产的产品与服务的数量。

6. GDP 为代表的国民产出增加的影响因素可以分为两类：劳动、资本投入数量的增加和劳动生产率的提高。

7. 劳动生产率的提高受到如下三种因素的影响：实物资本；人力资本；技术进步。

8. 根据生产函数，随着人均实物资本数量增多，会发生报酬递减现象。这是在"假定其他条件不变"的情况下发生的现象。如果配置效能更高的设备（当然需要的资本数量也多），或者发生其他技术进步，这种递减出现的时间或者产出水平会大大延后。

9. 根据总量生产函数，索洛对推动经济增长要素进行了分解。总产出或人均产出的增加来源于劳动 L 投入的增加、资本 K 投入的增加和其他所有要素的综合作用。

产出增长 = 技术进步的贡献 + 劳动增加的贡献
+ 资本增加的贡献

10. 全要素生产率越来越成为劳动生产率提高和经济增长的重要因素。对多个国家经济增长的核算结果，支持上述结论。

11. 古典增长模型认为，人均实际 GDP 的增长是暂时的，当它超过最低生活保障水平时，人口爆炸最终会迫使其恢复到维持生计的水平。

12. 新古典增长模型（也称为索洛增长模型）认为，在长期中，一个经济的储蓄率决定其资本存量规模，从而决定其生产水平。储蓄率越高，资本存量越多，产出水平也越高。在新古典经济增长模型中，储蓄率提高引起一个迅速增长的时期，但最终当达到新稳定状态后经济增长会保持一个不变的速度。

13. 如果投资量等于折旧量，即人均资本保持不变，人均产出也保持不变，自然人均消费也保持不变，这种状态被称为稳定状态。

14. 考虑人口变化、储蓄变化和技术进步情况下的稳态会受到影响。

15. 消费最大化时的最优储蓄或投资水平被称为资本的黄金率水平。

16. 内生增长理论，或者称为新增长理论由美国经济学家保罗－罗默首先提出，解释技术进步源于内生，技术进步是经济系统内部作用产生的。这种作用来源于人力资本、研究与开发、知识外溢、边干边学等方面。

17. 经济增长的实践表明：①各国经济增长率存在差异；②赶超或趋同现象只是发

生在部分国家，趋同假说只是对部分国家成立。

18. 政府促进经济增长的政策有：①实施促进基础设施的政策；②实施教育支持政策；③补贴研究与开发；④建立并保持一个良好运行的金融体系。

思考与练习

一、名词解释

经济增长　　　　70法则
总量生产函数　　劳动生产率
人力资本　　　　全要素生产率
经济增长的核算　经济稳态
资本的黄金率水平　新经济增长理论
趋同假说

二、简答题

1. 经济增长的源泉是什么？
2. 影响经济增长的因素有哪些？关于经济增长的因素分析有什么借鉴意义？
3. 为什么说劳动生产率是长期经济增长的关键因素？
4. 什么是新古典增长模型的基本公式？经济稳态增长的条件是什么？
5. 储蓄率变化、人口增长变化、科技进步对经济稳态增长有什么影响？
6. 简述最优消费与资本的黄金率水平有什么关系？
7. 解释新古典增长模型对不发达经济体的启示。
8. 阐述内生经济增长模型的主要思想。

第 5 章
CHAPTER5

金融、货币和利率的决定

金钱好比肥料,如不撒入田中,本身并无用处。

——弗朗西斯·培根

金钱是什么?金钱是浇花的水。浇得适量,可以使花木健壮,繁花似锦,花开四季,鲜艳夺目。浇得过量,就使得花木连根腐烂。

——佚名

§ **本章要点**

前面我们从实体经济的角度解释了国民产出(收入)水平决定模型以及经济增长,对一些影响实体经济运行的重要变量(如利率水平)一直都假定由外在因素决定。迄今为止,这些讨论都是以产品市场为基础的。在宏观经济中,除了产品市场外,还有货币市场(或称资产市场)、劳动市场等。本章我们将进入货币市场,核心是讨论利率是怎样决定的。随后我们还要把产品市场和货币市场的相互影响结合起来讨论宏观经济的运行,不过这是下一章的主题。本章我们将讨论货币的职能、金融市场的作用、货币供给与需求理论、利率水平的决定等问题。

§ **学习目标**

- 理解货币的基本职能;
- 了解现代货币金融体系的基本知识;
- 掌握货币需求的基本知识;
- 掌握货币供给、货币创造的基本知识;
- 掌握利率决定的两种理论。

通过前面几章的学习,我们已经知道了在短期国民产出水平是由总需求决定的。按照宏观经济学对一个经济体的描述,讨论产出水平的高低是在产品市场中进行的;而且,在讨论中我们一直都假定产品市场之外的其他市场为既定的,如利率水平、价格水平都假定为不变的。从本章开始我将放松此前的假定,讨论如果这些因素可变时,产品市场和国民产出如何受影响。本章先分析利率及其形成的基础——货币市场。

5.1 货币与金融体系

5.1.1 货币

1. 货币的含义

如果说要举出生活在现代社会中的人每日活动必备的基本要素,相信金钱一定在内。但普通人所说的金钱和经济学意义上的金钱(货币)并不完全相同。普通公众所言金钱通常与财富(比如,巴菲特、比尔·盖茨是世界上最有钱的人)或者收入(比如,你一个月能挣多少钱)意义相同。经济学则是从货币在经济活动和经济运行中所发挥的作用来理解金钱或者货币的。这样两者对货币的定义并不完全重合。

当我们说某人很有钱时,这里的"钱"除了包括他持有的现金外,还包括他持有的各种资产,如房产、股票、汽车等。从经济学来说,现金是货币,但房产、汽车就不一定是了。那么,经济学是如何区分货币与其他资产的呢?

在经济学中,货币是从货币的职能的角度来定义的。狭义的货币是指能充当交换媒介职能的一切物品,广义的货币应该是能充当货币所有职能的物品。广泛的可接受性是其最基本的特征,任何具有这种特性的东西都有成为货币的可能。

2. 货币的职能

(1)交换媒介。

如果从有无货币作为媒介来分析,人类的交换活动可分为两类:一是物物交换,另一种是通过货币的交换。在物物交换时,只有双重巧合时,即交易双方都正好需要各自的物品时交易才能成功。货币的使用则大大节省了交易成本,便利了经济活动的进行。

可以设想如果没有货币,想要达成交易所面临的难度。一名医生想要买一件衣服,需要等到卖衣服的人生病看医生时才能成交;一名学生上学时,家长可能要给他带许多东西才能保证他在学校中生活下去等。显然,物物交换的完成面临着许多困难,而且产品越丰富难度越大。

而货币作为一般性交换媒介大大提高了交易效率。人们因此节约了用于交易的时间和精力,也就增加了其他方面的可用时间和精力。从历史发展来看,货币的产生大大推进了社会分工,提高了劳动生产率。货币也提高了交易活动带来的得益和福利。

(2)计价单位。

如同米和千克作为距离和重量的计量单位一样,货币在商品交换中充当着计价单位的作用。尽管商品之间可以互相计量,比如你可以说,一本经济学教科书的价格是20个苹果,但是如果商品种类非常多时,这种表示方法就非常不经济了,当有10种商品时,物品相互之间就有45种价格表示方法,而如果是100种就有4 950种价格,n种时就有$n(n-1)\div 2$种价格。当用货币作为共同计价单位时,这种价格数量将大大减少,100种商品只有100种价格。这显然大大便利了交易活动的开展。

（3）储存手段。

当人们试图将现在的购买力转化为未来的购买能力时，货币可以作为一种储存手段。这有助于人们解决获得收入或进行消费的时间不一致所引发的矛盾。当然，除此之外还有多种财富的储存形式，如有价证券、房屋、艺术品、金银珠宝等，相对于能带来利息收入的其他财富形式，货币本身并不能增值，但人们为什么仍然会持有它们呢？这与一个与经济生活密切相关的财富特质——流动性有关。

流动性是指一种财富转变为交易媒介的难易程度，越容易意味着流动性越高。从交易的便利性来看，货币的流动性显然是最高的。一般来看，人们会合理安排自己财富的流动性和赢利性，保持两者的合理平衡。

（4）支付手段。

这是货币作为交换价值的独立形式，用来清偿债务、支付租税、货币借贷时所发挥的职能。它是商品价值脱离使用价值单独转移或运动而产生的职能。这一职能的产生发展是和信用关系的产生和发展密切相关的，最初是由商品赊销预付而产生的。在现代经济中，货币作为支付手段发挥的作用将越来越大。货币作为流通手段克服了物物交换的种种局限性，而作为支付手段，又进一步克服了作为流通手段一手交钱、一手交货的局限性，极大地促进了商品交换。

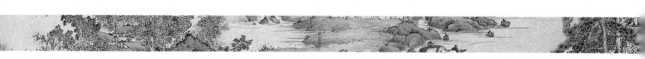

| 专栏 5-1 |

美国监狱中的"方便面"货币

新华社综合外媒报道，据一项调查发现，在美国监狱中，方便面取代烟草成为最有价值的商品，变身监狱黑市的新"货币"。

亚利桑那大学社会学学院博士迈克尔·吉布森-莱特在美国南部的一所州立监狱采访了近60名犯人和工作人员，同时分析了对全国其他监狱的相关研究。他发现这一转变的根源在于监狱削减伙食成本，此举导致犯人们的饮食质量严重下降。

据悉，在削减伙食开支之前，监狱每天提供三顿热餐，现在却变成工作日每天两顿热餐加一顿冷餐，到了周末犯人们每天就只能吃两顿饭了。吉布森-莱特将之称为"惩罚式节约"。

有犯人表示，自己会把几顿饭攒到一起再吃，这样才能吃饱；还有犯人告诉吉布森-莱特不想吃监狱的饭，因为质量实在太差，他说自己亲眼看见过大量整鸡包装上标注着"不适合人类食用"的字样。

如此一来，对许多每天要进行大量劳动和体育锻炼的犯人来说，他们完全没法从这样分量和质量的伙食中获得足够能量。

吉布森-莱特指出，由于不满监狱伙食分量少又不好吃，犯人们开始寻找新的能量来源，于是方便面以其廉价、可口、高热量、饱腹感强等优势在狱中的需求量逐渐增加，价值也顺势走高，成为新的"货币"。

犯人们把方便面称为"汤",他们说在监狱中所有东西都是要用钱买的,而"汤"就相当于这里的钱,可用来交换其他东西。

调查发现,杂货店里 6 包方便面只卖 0.59 美元(约合人民币 3.9 元),但在监狱里却能换得一套保暖内衣,要知道同样的内衣在外面可卖到 11.3 美元(约合人民币 74.9 元)。

除了能换取物品,囚犯还能用方便面换取洗衣服、床铺清洁等服务。以及将方便面作为打牌和赌球时的筹码。

吉布森-莱特表示,监狱里的"货币"并不会轻易改变,只有在极其特殊的情况下或者重大事件发生时才会有所变化。因此,从监狱"货币"由烟草变成方便面这一现象就可以看出,监狱伙食和营养标准变得有多差。

根据美国监狱管理局的报告,2010 年国家在监狱劳教体系的经费有 485 亿美元(约合人民币 3 217 亿元),比 2009 年减少 5.6%。而自 1982 年以来,这项开支就完全赶不上犯人数量的增长了。

资料来源:新华网,2016 年 08 月 23 日。

3. 货币的种类

既然货币大大便利了人类的交易活动,那么什么可以充当货币呢?要成为一种良好的金融媒介,须具有如下特征:①广泛的接受性;②每个都具有同质质量;③耐用;④易分割。货币从产生至今已经经历了多种形式,从具体的实物货币已经逐步发展成为一种虚拟的抽象的符号货币。

(1) 商品货币是货币发展的第一种形式。贝壳、金银贵重金属、香烟等都充当过,这种形式的货币一般都有内在价值。中国古代出现过多种形式的商品货币,古文献中有多处记载,如"日中为市,致天下之民,聚天下之货,交易而退,各得其所"(《易·系辞下》),"农工商交易之路通,而龟贝金钱刀布之币兴焉"(《史记·平准书》)等。金银在世界各地很长时间都被作为货币使用,即使在当代,金银在国际贸易中仍然在某些局部具有货币属性。商品货币有两个大的缺点:一是同质难以保证;二是货币供给受制于自然供给条件,如金属矿藏的分布。

(2) 商品本位货币。随着金银等商品货币的流行,纸币也开始使用。中国是最早开始使用纸币的国家,北宋时出现了"交子"即是可执行货币所有职能的纸币。其他国家和地区也出现过多种形式的纸币。但这些纸币与现代纸质货币有很大区别。当时的纸币只是作为金银等商品货币的一种代用符号来流通,发行人承诺在需要时,这些纸币可以兑换为金银等商品货币。所以,这种货币也被称为商品本位货币(commodity-backed money),是指本身没有价值,其价值由发行人承诺在需要时可兑换的有价值商品来决定的交换媒介。

(3) 法定货币(fiat money),是指没有内在价值或内在价值微不足道的货币。这种货币的特点是由政府强制发行的。由于法定货币有政府信用作为担保,人们都会接受,所以尽管本身并没有内在价值,但人们仍然接受之,所以也被称为信用货币。存在的形式有:现金(铸币、纸币)、支票、银行存款等。当今世界,各主权国家一般都有自己的货币。但因为政治和历史原因,有些国家也采用其他国家的货币作为本国的流通货币。世界上最重要的货币主要有美元、欧元、人民币、日元、英镑等。如 2018 年 10 月,流通的美元现金为 1.617 万亿美元,欧元现金为 1.152 万亿欧元(按汇率 1 欧元 = 1.16 美元折算,大约为 1.34 万亿

美元),人民币7.01万亿元。㊀

(4) 其他货币形式。现在随着计算机技术和网络技术的大量应用,货币也在朝着更为虚拟化的方向发展。如:电子货币已经在日常支付中占有越来越高的比例,人们对货币的印象也只是一些数字了㊁。在网络游戏中,一种适合网络的货币也已经产生。如果将虚拟世界也看作一个世界,那里的货币也具有了货币的基本职能,而且由于有了现实中对虚拟财产的交易来配合(如网络游戏中的各种装备的买卖),这些虚拟的货币还与现实货币建立起来了一种兑换比率。最近几年,电子货币的作用已经越来越重要,而且出现了对电子货币作为资产进行炒作的现象,如专栏5-2介绍的比特币风潮。

| 专栏5-2 |

比特币风潮

随着网络和计算机技术的进步,人们的生活越来越网络化。在这种情况下,各种基于计算机网络的虚拟电子货币应运而生。比特币(BitCoin)就是其中的代表。

2008年11月1日,一个自称中本聪的人在一个隐秘的密码学评论组上贴出了一篇研讨陈述,提出了他对电子货币的新设想。2009年,一种数字货币——比特币就此面世。比特币本质其实就是一堆复杂算法所生成的特解,是一组复杂代码。特解是指方程组所能得到无限个(其实比特币是有限个)解中的一组。而每一个特解都能解开方程并且是唯一的。做一个比喻,比特币就像货币的序列号,谁掌握了钞票上的序列号,就等于拥有了这张钞票。新比特币通过预设的程序制造,随着比特币总量的增加,新币制造的速度也会减慢,直到2140年达到2 100万个的总量上限。比特币具有如下特点:分散化,不管身处何方,任何人可以在任意一台接入互联网的电脑上进行管理,可以自行挖掘、购买、出售;网络化,是在接入网络的情况下来使用流通;专属性,操控比特币需要私钥,它可以被隔离保存在任何存储介质中;有限性,不能无限生成,上限为2 100万个。

比特币诞生后,一些商家在现实交易中开始接受比特币。还有一些比特币交易平台承担"比特币兑换现金"和"现金购买比特币"的功能,全球最大的三个兑换平台分别是Mt. Gox、Bitstamp和BTCChina。这样就大大便利了比特币的流通和使用。

比特币诞生后,除了在现实交易中使用外,迅速被作为一种投机工具在市场中进行炒作。2013年初,比特币价格仅为13美元,4月初突破100美元关口,12月最高价超过1 000美元。由于比特币本身存在许多缺陷,如安全问题、病毒破坏、被盗、无法监管等,再加上其作为货币也难以担当起真正货币的作用,反而因为数量有限易被作为投机炒作的对象,成为干扰金融市场秩序的因素,所以许多国家开始对其加

㊀ 资料来自美国联邦储备银行 www.federalreserve.gov、欧洲中央银行 http://www.ecb.europa.eu 和中国人民银行网站 http://www.pbc.gov.cn。
㊁ 巴塞尔银行监管委员会对电子货币的看法是:电子货币是在零售支付机制中,通过销售终端、不同电子设备之间以及在公开网络执行支付"储值"和预付支付机制的货币。Basle Committee on Banking Supervision (1998): Risk Management for Electronic Bank and Electronic Money Activities, March 1998 BS/97/122。

强监管。中国人民银行等 5 部委于 2013 年 12 月 3 日发布《关于防范比特币风险的通知》，要求各金融机构和支付机构不得开展与比特币相关的业务。对比特币的炒作也因此平息了许多。

| 延伸阅读 5-1 |

人民币从何而来

我国货币历史悠久，种类丰富，绚丽多彩。人民币在我国货币文化历史中占有重要地位。人民币是纯粹的法定货币，它本身没有价值，没有任何本位作为基础。中华人民共和国货币自发行以来，已发行五套人民币，形成纸币与金属币、普通纪念币与贵金属纪念币等多品种、多系列的货币体系。

第一套人民币 1948 年 12 月 1 日，在河北省石家庄市成立中国人民银行，同日开始发行统一的人民币，共 12 种面额 62 种版别。1949 年初，中国人民银行总行迁到北平（今北京）。至 1951 年底，人民币成为中国唯一合法货币，在除中国台湾、西藏以外的全国范围流通（西藏地区自 1957 年 7 月 15 日起正式流通使用人民币）。统一发行人民币清除了国民党政府发行的各种货币，结束了国民党统治下几十年通货膨胀和中国近百年外币、金银币在市场流通买卖的历史。

第二套人民币 第一套人民币的面额较大（最大为 50 000 元），而且单位价值较低，在流通中计算时，以万元为单位，不利于商品流通和经济发展，给人民生活带来很大不方便。另外，由于受当时物质条件和技术条件的限制，第一套人民币的纸张质量较差，券别种类繁多（62 种），文字说明单一，票面破损较严重。

1995 年 2 月 21 日国务院发布命令，决定由中国人民银行自 1955 年 3 月 1 日起发行第二套人民币，收回第一套人民币。第二套人民币和第一套人民币折合比率为：第二套人民币 1 元等于第一套人民币 1 万元。

第三套人民币 中国人民银行于 1962 年 4 月 20 日开始发行第三套人民币。第三套人民币和第二套人民币比价为 1∶1，即第三套人民币和第二套人民币票面额等值。第三套人民币 1962 年 4 月 15 日开始发行，到 2000 年 7 月 1 日停止流通，历时 28 年。

第四套人民币 1987 年 4 月 25 日，国务院颁布了发行第四套人民币的命令，责成中国人民银行自 1987 年 4 月 27 日起，陆续发行第四套人民币。

第五套人民币 1999 年 10 月 1 日，在中华人民共和国建国 50 周年之际，中国人民银行陆续发行第五套人民币。第五套人民币共八种面额：100 元、50 元、20 元、10 元、5 元、1 元、5 角、1 角。第五套人民币根据市场流通中低面额主币实际上大量承担找零角色的状况，增加了 20 元面额，取消了 2 元面额，使面额结构更加合理。

资料来源：中国人民银行网站，www.pbc.gov.cn。

4. 货币的度量

既然是从货币的职能来定义货币，那么一个社会到底有多少货币数量呢？对于普通公众来说，货币数量主要指流通中的现金。但如果从具有交换媒介功能的资产即可被看作货币来定义，范围就不止流通中的现金了，如购买商品时，你可以选择网上支付，也可以用信用卡来支付等，所以货币的范围就大大扩大了。在过去 20 年中，由于金融市场和金融机构创新出大量传统金融媒介的替代产品，越来越多的金融工具承担了货币的职能，度量货币变得更为复杂。所以，度量货币并不容易。

现代国家的中央银行一般根据流动性的大小对货币进行了分层次的定义。在理论上，货币一般可分成如下几个层次。

M_0：现金（包括纸币和硬币）

这是流动性最高的货币量。

M_1：M_0 + 活期存款

从流动性来分析，这部分要逊于 M_0。活期存款列入货币行列，是因为活期存款可以非常容易地变为货币或执行货币的职能。

M_2：M_1 + 定期存款

这部分的流动性相对更要差一些。当持有人想把定期存款要变成现实购买力时，会相对难一些或要承受一些损失才能使用。

随着金融市场发展的不断深化，金融工具也日益复杂，货币与银行存款、货币与一些准货币资产之间的区别越来越模糊。由于各种历史原因，在不同国家，货币的统计口径及表示方法有所不同。例如，美国将货币供应量分为 M_1、M_2 和 M_3 三个层次；欧洲中央银行将货币供应量分为 M_1、M_2、M_3 三个层次，重点监测 M_3；英国分为 M_0、M_1、M_3 和 M_3H 四个层次；日本分为 M_1、M_2 + CDs、M_3 + CDs 三个层次，重点监测 M_2 + CDs。

如美国的货币统计层次是：

M_1：通货 + 活期存款 + 旅行支票 + 其他支票存款。

M_2：M_1 + 货币市场互助基金 + 储蓄和小额定期存款 + 货币市场存款。

M_3：M_2 + 大额定期存款 + 长于隔夜的限期回购协议。

欧洲中央银行对货币统计层次的划分与美国有较大差别，它将货币分为狭义货币、中间货币和广义货币三个层次，具体划分如下。

狭义货币：M_1 = 流通中现金 + 隔夜存款。

中间货币：M_2 = M_1 + 期限为两年以下的定期存款 + 通知期限三个月以内的通知存款。

广义货币：M_3 = M_2 + 回购协议 + 货币市场基金（MMF）+ 货币市场票据 + 期限为两年以内的债券。

我国对不同层次货币的定义为：

M_0：现金。M_0 指经济中企业和居民手持现金，单独设置现金层次是我国货币度量体系的特色，它反映出我国金融业仍处于发展中，信用制度不够发达，现金在中国所占比例较高，具有特殊重要性。

M_1：M_0 + 企业活期存款 + 机关团体部队存款 + 农村存款 + 个人持有的信用卡类存款。

M_2：M_1 + 城乡居民储蓄存款 + 企业存款中具有定期性质的存款 + 外币存款 + 信托类存款。

M_1 与 M_2 之差称为准货币。

M_3：M_2 + 金融债券 + 商业票据 + 大额可转让定期存单。

M_3 指标是考虑到未来金融创新而增设的，目前尚未公布数据。到 2018 年 10 月，我国三个层次的货币供应量如图 5-1 所示，$M_0 = 7.01$ 万亿元，$M_1 = 54.01$ 万亿元，$M_2 = 179.56$ 万亿元。按中国 13.9 亿人口计算，人均持有的现金达 5 043 元！

5.1.2 银行、金融体系与货币

1. 金融体系

在现代经济社会中，货币的发行和管理主要是由中央银行来实施。要理解货币数量的差异和变化，我们必须知道现代银行体系是如何影响或者说"创造"货币的。对银行的理解可从现代金融体系开始。

所谓金融体系（financial system）是指由媒介资金需求者和供给者的金融机构和金融工具构成的一个系统，如图 5-2 所示。

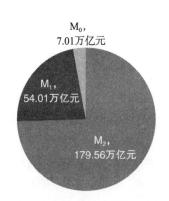

图 5-1　2018 年 10 月，我国不同货币层次 M_0、M_1、M_2 的数量

资料来源：中国人民银行网站（www.pbc.gov.cn）。

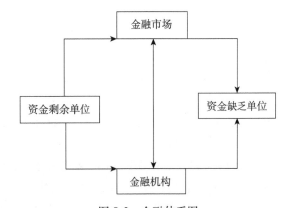

图 5-2　金融体系图

2. 金融体系的作用

我们在前面的分析中已经看到，投资和储蓄对一国经济运行发挥着重要的作用，两者的媒介正是金融体系，所以金融体系从大的方面看发挥着推进经济增长的作用。具体看来，金融体系的作用体现在如下方面。

（1）**媒介资源在时间和空间上的流动**。

金融体系的存在才使得人们可以根据自己的需要对不同时间和地点的支出计划进行规划安排，才可以将未来的收入用于现在，也能通过约束今日的消费从而在将来能更多地消费。

（2）**管理风险**。

金融体系为人们提供了长短不一、功能各不相同的许多金融工具，人们可以根据自己的情况选择金融工具组合，管理自己的财富，降低风险。比如说，你可能并不愿意直接借款给某人，担心贷款无法收回，但你可以把资金借给金融中介机构，后者可以完成同样的任务。由于金融机构同时吸收了大量存款人的资金并且将资金贷给多个借款人，风险就在其中抵消了。你也可以买入股票、不同期限的债券来丰富自己的资产组合内容，既可提高收益，也

可降低风险。

(3) **提供支付服务**。

金融体系承担着现代社会的资金支付和结算服务，从而大大提高了整个社会的资金使用效率和流动性。

(4) **资产转换**。

从实体经济看，资金需求方对资金的需求往往是长时间的，而资金的供给方则希望随时能提取资金。很显然，双方如果直接进行借贷，由于匹配问题将难以达成交易。如果通过金融中介，这种长短匹配的问题就能得到解决。因为金融中介面对的储蓄者和借款人人数众多，这些行为人在同时不可能采取同样的行为，所以金融中介机构就可以利用这种情形来"化短为长"，将众多短期资金集合成长期的资金使用。

(5) **信息服务**。

金融中介的位置也使得它们集中了大量的信息，这样它们也就可以利用这种信息来提供一些金融的咨询服务，这样做可以大大减少由于信息不对称造成的效率损失。

3. 金融中介机构、金融市场与中央银行

构成一国金融体系的主要有三大重要角色：金融中介机构、金融市场与金融监管机构。

(1) **金融中介机构包括两类：银行机构和非银行机构**。

1) 银行机构。银行是人们最熟悉的金融中介机构，也是现代社会最为重要的中介机构。一般意义上的银行是指商业银行，这类银行的主要业务是通过从想储蓄的人那里得到存款，并用这些存款向想借款的人贷款。银行向存款人支付存款利息，并向借款人收取比存款高一些的贷款利息。存贷利率的差额弥补了银行的成本，并给银行所有者带来利润。

2) 非银行机构。除了经营存款和贷款业务的商业银行外，还有许多其他种类的非银行类金融机构，如投资银行（经营证券的发行、代理证券买卖、协助企业并购等活动）、保险公司、信托投资公司、共同基金（mutual fund）等。

共同基金是近些年成长最为迅速的一种金融中介机构。它是向社会公众出售股份，然后由基金管理者在证券市场进行投资购买有价证券的一种机构。由于它为众多中小投资者提供了一种间接进行多样化投资的机会，再加上采用专家理财的管理方式，所以近年来得到迅速发展。

(2) **金融市场**。

金融市场是指进行资金直接融通的场所，是通过金融机构进行资金融通之外（被称为间接融资）另外一种媒介资金需求者与资金供给者的渠道（被称为直接融资）。

金融市场的构成要素包括：资金供给者、资金需求者、金融工具和金融中介机构等。金融市场依据交易工具时间存续时间的长短可分为货币市场和资本市场。

1) 资金供给者、资金需求者。政府、企业、个人都可以成为资金供给者，也可以成为资金需求者。从一般的情形看，个人总体上一般是作为资金供给者出现的，企业和政府是作为资金需求者出现的。但在不同时间和不同市场中，双方角色会有变化。

2) 金融工具。金融市场的金融工具有很多种，一般可分为：货币市场的金融工具和资本市场的金融工具。属于货币市场的金融工具有短期国债（一年期以内）、商业票据、回购协议、银行承兑汇票和可转让大额定期存单（CD）等，特点是期限短、流动性好、相对风

险小。这也是政府调节货币供应量的主要领域。资本市场的金融工具有股票、长期债券（由政府或企业发行），特点是期限长、流动性较差、风险较高。如果将金融衍生产品市场也包括在内，金融工具就更加复杂多样，有的甚至只是一些虚拟的交易对象，如股价指数期货合约。

金融工具对于买入方是体现所有权的凭证，代表资产，对于卖出方（发行者）代表的是负债。

| 专栏5-3 |

影子银行

随着资产证券化的发展，金融体系在20世纪末和21世纪初出现较大转变，非银行金融企业作用大大增强。投资银行与传统的商业银行不同，他们不吸收存款，也几乎不直接对居民发放贷款。他们主要集中于为企业发行股票和债券以及企业兼并提供服务。在20世纪90年代后期，投资银行大量购买抵押贷款，然后将大量这种贷款放在一起打包成债券，形成所谓的抵押贷款债券（mortgage-backed security），再转卖给其他投资者。抵押贷款债券受到投资者的欢迎，因为与其他证券相比，在风险相当的水平上该类债券提供了更高的收益率。

货币市场共同基金在金融体系中的作用也日渐加强。这些基金份额卖给投资者并用所得资金购买短期债券，如国库券和公司所发行的商业票据。商业票据是公司发行的用于日常经营的短期借款。许多需要此类资金的公司此前向银行借款，现在开始转向货币市场共同基金销售商业票据。

这样就形成了一个与传统商业银行体系并行的体系，该体系目前被称为"影子银行体系"（shadow banking system）。"影子银行"一词最早由美国太平洋投资管理公司前执行董事麦考林于2007年提出，用以指代所有具备杠杆作用的非银行投资渠道、工具和机构。美国前财长盖特纳将其称为"平行银行体系"（parallel banking system）。国际货币基金组织（IMF）在《全球金融稳定报告（2008）》中论及类似的金融机构和活动时，还使用了"准银行"的概念。

2008年国际金融危机发生后，国际组织、各国政府和学术界开始广泛使用"影子银行"这一概念。但由于各国金融体系和监管框架存在巨大差异，影子银行目前尚无统一的定义，纽约联邦储备银行和金融稳定理事会（FSB）的概念较有代表性。纽约联邦储备银行将影子银行定义为从事期限、信用及流动性转换，但不能获得中央银行流动性支持或公共部门信贷担保的信用中介，包括财务公司、资产支持商业票据发行方、有限目的的财务公司、结构化投资实体、信用对冲基金、货币市场共同基金、融券机构和政府特许机构等。FSB将"影子银行"广义地描述为"由正规银行体系之外的机构和业务构成的信用中介体系"，狭义的影子银行则是指"正规银行体系之外，可能因期限/流动性转换、杠杆和有缺陷的信用转换而引发系统性风险和存在监管套利等问题的机构和业务构成的信用中介体系，主要集中在货币市场基金、资产证券化、融资融券和回购交易等领域"。从2011年起，FSB发布《全球影子银行监测报告》。2008年国际金融危机前，全球影子银行规模由2002年的26万亿美元快速增长到 2007 年的 62 万亿美元。危机爆发后，影子银行规模下降至 2008 年的 59 万亿美元，其后很快恢复增长，2011 年底增加至 67 万亿美元，但与全球 GDP 总额之比由 2007 年的 128% 下降至 2011 年的 111%。在金融机构总资产中的占比也逐渐下降，2007 年影子银行规模在金融机构总资产的占比曾达到 27%，2009～2011 年保持在 25% 左右。全球影子银行主要集中在美国、欧盟和英国。美国影子银行规模自 2008 年大幅下降，但仍居全球首位。2011 年美国影子银行总资产达 23 万亿美元，在全球的占比由 2005 年的 44% 下降到 2011 年的 35%。欧盟影子银行规模为 22 万亿美元，在全球的占比从 2005 年的 31% 上涨至 33%。英国影子银行规模为 9 万亿美元，在全球的占比从 2005 年的 9% 上升至 13%。

2018 年 3 月，根据《2017 年全球影子银行监测报告》，2016 年末全球"非银行金融中介监测规模总额"达 160 万亿美元，约占监测经济体金融资产的 48%。狭义估算结果显示，全球影子银行规模达 45.2 万亿美元，相当于监测经济体金融资产的 13%，75% 以上集中于影子银行规模最大的 6 个经济体。其中，美国影子银行规模最大，占总规模的 31%；欧盟（报告涵盖了 8 个欧盟经济体）次之；中国位列第三，狭义口径影子银行规模达 7 万亿美元，占总规模的 16%。

在一定意义上，影子银行与传统银行发挥着相似的功能，但普遍具有高杠杆、资金来源不稳定、缺乏中央银行最终信用支持等特征。影子银行体系将不透明、具有风险的长期资产转化为具有货币性质和似乎无风险或低风险的短期负债，在丧失信心的情况下，易引发"挤兑"。在资产价格上升、担保融资的保证金比率较低的情况下，利用证券化进行融资会进一步提高杠杆率。影子银行通常与传统银行发生关联，对银行融资的依赖度较大，其风险容易溢出到正规银行体系，更长和更不透明的传导链条使得这些风险加倍放大。

资料来源：依据中国人民银行，《2013 中国金融稳定报告》和《2018 中国金融稳定报告》改编。

3）金融市场价格：现值和利率。金融市场中各种金融工具的交易也是明码标价进行的。如何确定这些价格呢？各种金融工具的价格是通过利率来进行折算（discount）的，或者说是通过对各种工具的未来收益进行贴现得到的。下面我们就讨论一下现值的概念。

假如你今天在银行中存入 100 元人民币，那么 10 年后这 100 元会变成多少呢？我们来计算一下，假定年利率为 5%，计算复利（即利滚利）。

1 年后：$100 \times (1 + 5\%) = 105$

2 年后：$100 \times (1 + 5\%) \times (1 + 5\%) = 110.25$

3 年后：$100 \times (1 + 5\%) \times (1 + 5\%) \times (1 + 5\%) = 115.7625$

……

10 年后：$100(1 + 5\%)^{10} = 163$。

如果将这一过程反过来计算，我们也可以说，10 年后的 163 元，如果用 5% 利率折算，就相当于今天的 100 元，即 $163 \div (1 + 5\%)^{10} = 100$。这种将未来的货币价值折算成为今日的货币量被称为贴现，所得到的值被称为现值（PV）。如果未来 n 年后的值为 M 元，在利率为 r 的情况下，如果换算成现值应该为：

$$PV = M \div (1 + r)^n \tag{5-1}$$

有了这样的计算办法我们就能对现在值和未来的值进行比较了。

"70 年规则"同样适用于这里。所以，一种有价证券价值的高或低依赖于利率水平。利率水平高,有价证券未来提供的价值的现值就低;利率水平低,有价证券未来提供的价值的现值就高。

(3) **中央银行**。

为了对一国的金融货币事务进行监管,各国还成立了多种监管机构。对货币和银行事务进行监管的机构是一国的中央银行。

中央银行实质上并不是真正意义的银行,因为它并不直接经营像商业银行一样的业务,不以赢利为目的。它是一国政府的管理部门,代表政府管理金融货币和金融事务,制定一国的货币政策。

中央银行制度最早产生于瑞典,瑞典银行成立于1656年,但瑞典银行并非现代意义上真正的中央银行,因为直到1897年它才获得唯一的发行货币的权力。世界上最早全面发挥中央银行职能的是英格兰银行,成立于1694年。到目前为止,除少数国家外,各国都成立了独立的中央银行。美国的中央银行是美国联邦储备银行,英国是英格兰银行,欧元区是欧洲中央银行,日本是日本银行等。我国的中央银行是中国人民银行。各国的中央银行所承担的职能大同小异。

中央银行的主要职能包括以下方面。

1) 代表政府发行货币,所以也被称为发行的银行。

2) 充当商业银行的银行。体现在两个方面:一方面从事以商业银行为服务对象的银行业务,如存款、贷款等;另一方面,管理商业银行的业务活动,具体如下。

监管商业银行的行为,如对存款准备金的管理。商业银行须按法律规定保持一定的法定准备金,即商业银行对吸收的存款必须按照一定的比率(称为法定准备金率)存于中央银行。

充当最后贷款人(lender of last resort),即当商业银行支付困难、出现流动性危机时,中央银行必须提供资金支持,以防止出现金融挤兑风潮。

组织全国性的清算,即对各银行和金融机构之间的业务往来进行最终清算。

3) 国家的银行。除了代表政府制定并贯彻执行货币金融法规和政策外,中央银行还发挥代理国库的职能、发行国债的职能、保管和管理外汇和黄金的职能以及代表政府从事对外金融活动等。

中国人民银行在2003年之前承担了全部的中央银行职能,但随着中国银行业监督委员会的成立,对银行具体监督的职能分离出来后,就只专注于货币政策的研究和制定。

4. 中国的金融体系

我国目前的金融体系是随着改革开放逐渐形成和演化而来的。目前,已经形成规模庞大的银行机构系列和非银行机构系列;金融市场也形成了长期资本市场(发行期超过1年)和短期资本市场(货币市场)。货币金融事务的监督管理业形成了所谓"一行三会"的格局。

(1) **商业银行**。

我国目前有商业银行4 000多家(含城市商业银行和农村商业银行),其中5家大型银行(中国工商银行、中国农业银行、中国银行、中国建设银行、交通银行)和12家全国性股份制商业银行(中信银行、中国光大银行、华夏银行、中国民生银行、广发银行、深圳发展银行、招商银行、兴业银行、上海浦东发展银行、恒丰银行、浙商银行、渤海银行）构成我国商业银行的主体，其他股份制银行、农村合作银行和外资银行成为重要补充。

（2）**非银行金融机构**。

非银金融机构已经成为我国金融体系中非常重要的组成部分，近年来发展迅速，包括：保险公司、信托投资公司、证券公司、融资租赁公司等。截至2017年底，我国有保险机构140多家，证券公司100多家。

此外，我国还有2家政策性银行（中国进出口银行、中国农业发展银行），1家国家开发银行（正从政策银行向商业银行转型）和1家邮政储蓄银行，这些机构体现了国家某一方面的政策需要，并非真正意义上的商业银行。

（3）**金融市场**。

近些年，我国金融市场发展较为迅速。直接融资在社会总融资中所占比例显著上升。短期资本市场和长期资本市场都得到较快发展，其中短期资本市场作为影响货币传导最重要的渠道，作用越来越大，尤其是其中形成的短期利率成为货币市场利率的风向标。

（4）**中国人民银行和金融监管**。

在金融监管方面，我国形成了有特色的"一行三会"监管体系。"一行"是指中国人民银行，也就是我国的中央银行。"三会"是：中国银行业监督管理委员会，负责对全国银行业金融机构及其业务活动进行监管；中国证券监督管理委员会，监管证券市场；中国保险监督管理委员会，对保险市场和机构进行监管。目前，中国银行业监督管理委员会与中国保险监督管理委员会合并为银保监会。

从中央银行的职能来看，中国银行业监督管理委员会和中国人民银行一起承担着我国中央银行的职能。

| 延伸阅读 5-2 |

中国人民银行的简史

1931年11月7日，在江西瑞金召开的"全国苏维埃第一次代表大会"上，通过决议成立"中共苏维埃共和国国家银行"（简称苏维埃国家银行），并发行货币。一直到中华人民共和国诞生前夕，人民政权被分割成彼此不能连接的区域。各根据地建立了相对独立、分散管理的根据地银行，并各自发行在本根据地内流通的货币。1948年12月1日，以华北银行为基础，合并北海银行、西北农民银行，在河北省石家庄市组建了中国人民银行，并发行人民币，成为中华人民共和国成立后的中央银行和法定本位币。

一、中国人民银行的创建与国家银行体系的建立（1948～1952年）

1948年12月1日，中国人民银行在河北省石家庄市宣布成立。华北人民政府当天发出布告，由中国人民银行发行的人民币在华北、华东、西北三区统一流通。1949年2月，中国人民银行由石家庄市迁入北平（今北京）。1949年9月，中国人民政治协商会议通过《中华人民共和国中央人民政府组织法》，中国人民银行纳入政务院的直属单位系列，接受财政经济委员会指导，承担发行国家货币、经理国家金库、管理国家金融、稳定金融市场、支持经济恢复和国家重建的任务,制止了国民党政府遗留下来的长达二十年之久的恶性通货膨胀。

二、计划经济体制时期的国家银行(1953~1978年)

中国人民银行作为国家金融管理和货币发行的机构,既是管理金融的国家机关又是全面经营银行业务的国家银行。

为了与高度集中的银行体制相适应,从1953年开始建立了集中统一的综合信贷计划管理体制,即全国的信贷资金,不论是资金来源还是资金运用,都由中国人民银行总行统一掌握。

中国人民银行担负着组织和调节货币流通的职能,统一经营各项信贷业务,在国家计划实施中具有综合反映和货币监督功能。形成长期资金归财政、短期资金归银行,无偿资金归财政、有偿资金归银行,定额资金归财政、超定额资金归银行的体制,并一直延续到1978年。

三、从国家银行过渡到中央银行体制(1979~1992年)

1979年1月,恢复了中国农业银行。1979年3月,适应对外开放,中国银行成为国家指定的外汇专业银行,同时设立了国家外汇管理局。此后,重新建立中国人民保险公司;各地还相继组建了信托投资公司和城市信用合作社,出现了金融机构多元化和金融业务多样化的局面。

1983年9月17日,国务院做出决定,中国人民银行专门行使中央银行的职能,并从1984年1月1日起开始行使,新设中国工商银行,经营人民银行过去承担的工商信贷和储蓄业务;设立中国人民银行理事会,建立存款准备金制度和中央银行对专业银行的贷款制度,初步确定了中央银行制度的基本框架。

四、逐步强化和完善现代中央银行制度(1993年至今)

1993年,按照国务院《关于金融体制改革的决定》,中国人民银行进一步强化金融调控、金融监管和金融服务职责,划转政策性业务和商业银行业务。

1995年3月18日,全国人民代表大会通过《中华人民共和国中国人民银行法》,首次以国家立法形式确立了中国人民银行作为中央银行的地位。1998年,撤销省级分行,设立跨省区分行。

2003年,将中国人民银行对银行、金融资产管理公司、信托投资公司及其他存款类金融机构的监管职能分离出来,成立中国银行业监督管理委员会。

资料来源:中国人民银行网站:www.pbc.gov.cn。

5.2 货币需求

货币需求是指人们愿意以货币形式或存款形式保有一部分财富,而不愿以债券等生息资产形式保有的一种行为。在存在多种选择情况下,人们为什么愿意持有现金或者存款(尤其是活期存款)呢?为了解释这种行为,我们需要从影响人们对资产选择的因素开始进行分析。

5.2.1 资产需求

财富持有人可选择持有的一组资产被称为资产组合(portfolio)。一个人怎样选择自己的财富持有形式和每种资产的持有数量显然并不容易做出抉择。理论上说，如下4种因素影响人们的决策：预期收益率、风险、流动性和到期时间。

（1）**预期收益率**。预期收益率是指在一定时间内资产价值的增值率。当然不同资产可以有不同的增值方式，例如，一种货币的银行存款收益率就是相应时间段内的利率，但是如果存在其他国家货币的选择，两种货币的汇率变化就会对货币价值和收益率形成影响；股票的收益率除了红利外，还包括资本利得等。显然，在其他条件相同时，收益率越高，资产对人们的吸引力越大，人们持有数量也就会越多。

（2）**风险**。影响人们资产选择的另一个因素是资产风险，也就是资产未来的实际收益率与预期的收益率的吻合程度。如果差异小，风险就低；如果差异大，风险就高。

（3）**流动性**。流动性是指一种资产转换为其他资产的便利程度。显然，货币是流动性最高的资产，其他资产依性质不同，流动性会逐渐降低。在人们进行资产选择时，变现的便利程度当然是人们考虑的重要因素，因为灵活性也意味着人们可选择的机会增多了！在经常面临不确定变化和存在多样选择机会时，流动性更为重要。图5-3给出了不同资产的流动性变化。

图5-3 不同资产的流动性比较

（4）**到期时间**。到期时间（maturity）是指距离资产到期或者收回投入的本金还需多长时间。一般来说，到期日越近，遭遇不测结果的概率越低，时间越长，不确定性就越大。

人们在进行资产选择时，会综合权衡四个因素，做出最佳决策，也就同时决定了人们的资产组合中各项资产所持有的比例。

5.2.2 货币需求的影响因素及货币需求函数

货币作为人们可选资产的一种，对其持有数量的多少自然也与上述分析一样会受到预期收益率、风险、流动性和到期时间的影响。而且，货币的特征也非常明显。第一，货币收益率低，风险低。持有现金得不到任何收益，也可以说名义利率为0，风险一般也较低（如果发生通货膨胀，收益还可能为负值，这也是持有货币的风险所在）；第二，货币是流动性最高的资产。如果从决策人资产选择来看，这些因素影响着人们持有的货币数量。宏观经济学所关注的是货币需求总量，以个体为基础的货币需求分析也适用于总量分析，因为个体对货币需求的加总就是总货币需求。

1. 凯恩斯货币需求理论

这种从个体货币需求分析总体需求的方法是从凯恩斯货币需求理论开始的。凯恩斯从个人持有货币的动机来讨论货币需求。他认为人们持有货币出于三种动机：交易动机、谨慎动机和投机动机。

（1）**交易动机**。交易动机是指人们为了进行交易而愿意持有货币的行为。其实货币的职能之一就是充当交易媒介，人们持有货币最基本的动机是方便买卖商品和劳务。

(2) **谨慎动机**。这是凯恩斯提出的另一个动机。在实际生活中，人们难免遇到一些意想不到的事情，以备不时之需，人们愿意持有货币。

什么因素决定着人们出于上述两种动机的货币需求数量呢？凯恩斯认为是人们的收入水平，从一个国家的整体看是一个国家的收入水平。但这不是说其他因素不起作用，如人们购物的支付频率、利率水平，甚至不同的季节等都影响着人们出于上述两种动机的持币动机。随着信用卡、在线支付越来越普及，人们出于上述两种动机的货币需求数量在减少。

(3) **投机动机**。凯恩斯在指出上述两种动机后，又创造性地提出了另外一种动机——投机动机。这是从人们的牟利动机引申出来的。凯恩斯假定，人们的财富储存方式除了货币之外，还有债券。债券的好处是能带来利息，但流动性比货币差。人们会在两者之间进行调整，当债券价格高时，人们通常会卖出债券而多持有货币；当债券价格较低时，人们又会买入债券。债券价格的变化主要受市场利率水平变化的影响。利率水平高，债券价格低，利率水平降低，债券的价格又会上涨。这也就指明了影响人们出于投机动机的货币需求的因素是利率水平。当然其他因素，如：人们的预期、汇率等也都影响着人们的投机需求。

如果我们用 $L_1(Y)$ 来表示出于交易动机、谨慎动机的货币需求量（见图 5-4），如果用 $L_2(r)$ 来表示投机动机的货币需求量，那么总货币需求 L 的公式为[⊖]

$$L = L_1(Y) + L_2(r) \tag{5-2}$$

式中，Y 是国民收入水平，r 表示利率水平。我们在这里假定，影响 L_1 的主要是 Y，而影响 L_2 的主要是 r。

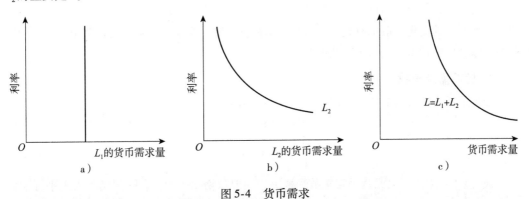

图 5-4 货币需求

2. 货币需求的一般影响因素

对货币需求从理论上还可以从一般意义上做如下分析。从宏观经济来看，影响一个社会对货币需求总量的因素主要有如下几种。

(1) **价格水平**。价格水平与货币的关系似乎不用过多解释。价格越高，需要的货币数量也就越多，1 元物品需要 1 元钱即可，但 100 元的商品就需要 100 元钱。而且根据古典学派货币数量论（quantity theory of money），货币数量的增加还会引起价格水平上升。

货币数量论可从交易方程来理解。所谓交易方程是指

⊖ 这里用字母 L 代表货币需求，是源于凯恩斯对货币需求使用的另一个概念"流动性偏好"（liquidity preference），也译为灵活偏好。

$$MV = PT \tag{5-3}$$

其中 M 是名义货币数量，V 是货币流通速度，P 是价格水平，T 是各类商品的交易量。在现代经济学中，T 也可以用实际 GDP（用 Y 代表）来代替，$PT=PY$（也就是用名义 GDP 代替）。

当把 V 看成由技术和制度因素决定（如人们的支付习惯、金融体系的清算效率等），T（或者 Y）不受价格因素影响时，货币供给与价格的关系就很清楚了。货币供给量增加，在其他因素不变时，会导致价格上涨，同样，如果价格水平上涨，也需要更多的货币供给来支撑。

（2）**实际收入水平**。实际收入水平在凯恩斯模型中是作为影响交易的因素和出于谨慎动机而发挥作用的。实际收入对货币需求的影响也可以从式（5-3）的变形来理解。式（5-3）可改写为

$$\frac{M^d}{P} = \frac{1}{V} \cdot Y \tag{5-4}$$

式中，M^d/P 是实际货币余额，M^d 相当于凯恩斯模型中的 L，表示名义货币需求。

式（5-4）其实就是一个货币需求方程，实际货币需求数量决定于实际收入水平和 $(1/V)$。如果仍然假定 $(1/V)$ 由外在因素所决定，价格水平既定，那么也可以说，实际货币需求数量是实际收入的一定比例。

（3）**利率**。利率影响各种资产的预期收益率，也就影响着人们对货币与其他资产的选择。相对于货币，当其他资产收益率高的时候，人们会选其他资产；如果相反，则人们会去选货币。

理论上说，能与货币形成替代的资产收益率会受到多种利率的影响。但从一个经济体来看，多种利率的变化一般也有趋同性特征，即同升同降。为简化起见，我们假定只有一种简单的能综合反映货币市场供求变化的利率 r。

3. 货币需求函数

分析了货币需求影响的主要因素后，我们写出货币需求函数，为

$$M^d = P \times L(Y, r) \tag{5-5}$$

$$\frac{M^d}{P} = L(Y, r) \tag{5-5}'$$

式（5-5）表明，名义货币需求数量取决于一般价格水平 P、实际国民收入水平（实际 GDP）和利率水平。式（5-5）′表明，实际货币余额是实际国民收入与利率的函数。

其实，除了上述因素外，影响货币需求的还有其他因素（见表 5-1）。

（1）**人们的财富水平**。当财富水平提高时，新增部分财富可能会以货币形式持有；当然，如果其他资产的收益率高于货币，而使用货币涉及的行为没有多大变化时，人们也可能选择其他资产。

（2）**风险水平**。可选资产间风险高低的比较显然会影响人们对资产种类的选择。在预期收益率相同、货币风险低、其他资产风险高的时候，人们自然会倾向于持有货币；当发生严重通货膨胀时，货币实际收益率会大大降低，持有货币的风险大大提高，所以人们会尽可能减少对货币的持有额，而增加反通胀资产（如黄金、耐用消费品等）的持有规模。

（3）**非货币资产的流动性**。流动性高是货币的一大特点，如果其他资产的流动性大大提速，那么持有其他资产的方便程度增加也会影响人们对货币的持有水平。

（4）**支付手段的技术水平**。技术进步已经使得"一手交钱，一手交货"的传统交易模式发生了许多改变。信用卡、在线支付已经越来越普遍，自动取款机（ATM）也使得现金的获得越来越便利。这样，人们对货币的现金的需求变得越来越少。

表 5-1 影响货币需求的因素一览表

因素	对货币需求的影响
价格水平 P	价格水平提高，导致货币需求量同比例上涨
实际收入 Y	收入提高，引起的货币需求量也随之增加
利率 r	较高的利率水平，意味着其他资产收益率更高，导致货币需求下降
财富	财富增加，引起的货币需求量也随之增加
风险	持有货币的风险增加导致货币需求减少；持有其他财产的风险增加，导致货币需求增加
其他资产的流动性	其他资产流动性越高，对货币的需求数量越小
支付手段的技术水平（及制度变革）	支付手段进步大大减少了对货币的持有数量

4. 货币需求曲线

货币需求曲线是指描述货币需求量与利率关系的曲线。因为在其他条件不变的情况下，利率水平高低直接影响人们持有货币的机会成本，影响人们对不同资产的选择。所以，当利率水平提高时，人们的货币需求将减少；当利率水平下降时，人们的货币需求将增加。如果以利率为纵轴，货币数量变化为横轴，我们就可以画出如图 5-5 的需求曲线，从形状上看这与产品的需求曲线类似，但注意这里货币的价格是利率。同理，商品需求曲线所具有的性质，即沿着需求曲线的移动和需求曲线本身的移动也需要区分清楚。

既然以利率作为影响货币需求的主要变量，所以如图 5-5 所示，当利率变化时，也就是假定其他因素不变，利率变化导致的需求量变化时沿着给定的货币需求曲线来移动。但是，当利率不变时，其他能够影响货币需求变化的因素变化就会导致货币需求曲线本身发生移动（见图 5-6）。如果这些因素导致了货币需求减少，那么货币需求曲线向左移动，从 M_0^d 移动到 M_1^d；如果引起货币需求增加，那么货币需求曲线向右移动，如从 M_0^d 移动到 M_2^d。

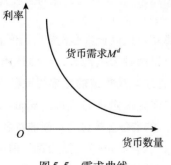

图 5-5 需求曲线

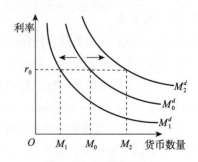

图 5-6 需求曲线移动

具体说来，有哪些因素会导致货币需求曲线移动呢？表 5-1 中除利率因素外，其他因素都会导致货币需求曲线发生移动。

5.3 货币的供给

如果没有银行，也就没有了银行存款，那么流通中的货币数量就会等于货币供应量。这种情况下，货币供给完全取决于货币发行机构。但是，在银行存在情况下，货币供给量就要受到影响了。银行通过两个方面影响货币供给，第一，一部分通货会退出流通领域，为银行所持有；第二，银行通过吸收存款和发放贷款不断创造货币，使得货币供给数量要大于流通中的现金数量。那么银行是如何进行这种"创造"工作的呢？现代商业银行是一个体系而非独立的一个银行，当银行体系的存款增加时，各商业银行间的相互支付行为，会使得初始的存款数量大大膨胀，这就是存款的创造过程。

5.3.1 货币创造（一）

理解银行创造货币的工作（存款创造），我们从银行最基本的业务：吸收存款、发放贷款说起。为了更直观地看清楚整个过程，我们先介绍一下记录银行存款、贷款的资产负债表。

1. 资产负债表

这是一种记录一个企业资产、负债变化的账簿。构造原理是在一张T形表中，分两列分别记录企业所拥有的资产和企业的负债，资产总额等于负债总额。对于银行来说，吸收存款成为银行的负债，而发放贷款则成为银行持有的资产。某银行的资产负债表如表5-2所示。

表5-2　某银行资产负债表　　　　　　　　　　　　　　（单位：元）

负　债		资　产	
存款	100	准备金存款	10
		贷款	90
总计	100	总计	100

随着银行存贷款业务的开展，其中的数字将进行相应调整。在现实中，银行的资产和负债有多种形式，资产如各类债券、建筑物等，负债如对其他机构的借款等。为简化起见，我们假设银行只有一种负债——存款，两种资产——存放在央行的存款准备金和发放的贷款。

2. 存款准备金

银行吸收存款后，如果没有特殊规定，增加的存款都可以以贷款形式贷出。但是现代银行都会留一部分作为准备金（reserve）。银行准备金可以两种形式持有，一种是持有现金，另一种是以准备金存款形式存放在货币当局。按货币管理当局规定的比率提取的准备金被称为法定准备金（required reserve），这种比率也就被称为法定准备金率（required reserve ratio）。如果是银行自己在法定准备金外还想继续多提取的准备金被称为超额准备金（excess reserve）。据说这种制度最初来源于金匠法则（goldsmith's principle），是几百年前英格兰的金匠（英国银行的雏形）根据经验发现的一条规律，在他们所管理的黄金中只需要保存一小部分作为准备金来应付提取黄金者的要求就可以了，其余部分可以对外放贷。这其实就是所谓的大数定律，具体到银行就是说所有存款人在正常情况下不可能同时来取款。发展到现代银行，存款准备金不仅仅是为了应付存款人的取款，而且成了货币金融管理当局管理和控制银行行为的一种手段。

3. 存款创造过程：简化情形

银行体系存款最初来自中央银行。我们就假设一个居民将手中持有的政府证券卖给央行后得到 100 元，然后他将这 100 元存入了 A 银行，那么 A 银行的资产负债表如表 5-3 所示（假定法定准备金率为 10%）。

表 5-3 A 银行的资产负债表 （单位：元）

负债		资产	
存款	100	在央行的准备金存款	10
总计	100	对外贷款	90
		总计	100

假定得到贷款的甲企业利用贷款向乙企业购买生产要素，90 元成了乙企业的收入，乙随后将其存放到 B 银行，B 银行的资产负债表如表 5-4 所示。

表 5-4 B 银行的资产负债表 （单位：元）

负债		资产	
存款	90	在央行的准备金存款	9
总计	90	对外贷款	81
		总计	90

当得到 B 银行贷款的丙企业向丁企业购买生产要素后，后者继续将其存入 C 银行，我们假设上述过程会继续进行下去，初始的 100 元存款到底派生出多少的存款量呢？如果每一轮银行都按 10% 提出准备金，每一次社会单位都把得到的存款全部存回银行，这样形成的系列存款如表 5-5 所示。

表 5-5 存款创造过程 （单位：元）

银行	存款增加额	准备金增加额	新增最大贷款额
银行 A	100	10	$100(1-10\%)$
银行 B	$100(1-10\%)$	$10(1-10\%)$	$100(1-10\%)^2$
银行 C	$100(1-10\%)(1-10\%)=100(1-10\%)^2$	$10(1-10\%)^2$	$100(1-10\%)^3$
银行 D	$100(1-10\%)^3$	$10(1-10\%)^3$	$100(1-10\%)^4$
……	…	…	…
E 及 E 之后银行合计	656.1	65.61	590.49
银行全部总计	1 000	100	900

即

$$100 + 100(1-10\%) + 100(1-10\%)(1-10\%) + \cdots$$
$$= 100(1-10\%)^0 + 100(1-10\%)^1 + 100(1-10\%)^2 + \cdots$$
$$= 100 \times \frac{1}{10\%}$$
$$= 1\,000$$

上述过程我们通过图 5-7 可以看得更直接，图中给出了前 19 轮每一轮新增存款的变化情形。由于法定存款准备金的存在，存款创造的增加额呈递减趋势。

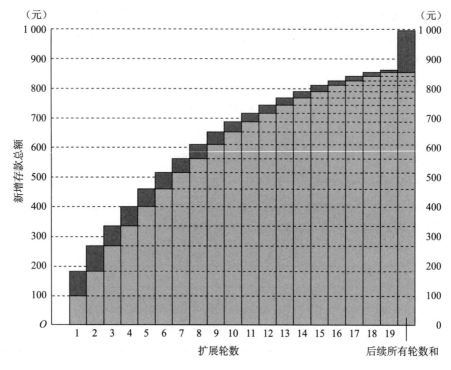

图 5-7　存款扩张过程

如果我们假定存款准备金率为 rr，初始存款为 A，那么在一个商业银行体系中，由此而生的最大存款量 D_{max} 为

$$D_{max} = A \times \frac{1}{rr} \tag{5-6}$$

其中 $1/rr$ 也被称为的存款创造乘数。

4. 存款创造过程：现实情形

上述关于存款创造的分析，我们做了最严格的假定，除了存款准备金外，每一轮没有其他漏出，银行按规定比率提取准备金后的资金全部以贷款形式放出，得到贷款企业购买支出后，得到货款企业会全部回存银行，不留现金在手边。如果放松假定，考虑得更为现实一些，那么乘数也就没有那么大了。现实生活中可能存在的漏出有以下几种。

（1）银行在吸收存款后，不可能把法定存款准备金之外的剩余资金全部贷出。如银行可能会继续多持有超额的准备金，企业也并不会正好需要那么多贷款。

（2）企业得到的销售收入并不会全部存入银行，而是留一部分在手边。

（3）存款人会按不同种类形式进行存款，各种形式存款的法定准备金并不相同。如将活期存款变为定期存款就可能会有不同的乘数值。

如果我们假定，re 为超额准备金与活期存款的比率，rc 为企业或个人现金漏出量与活期存款的比率，为简单起见，我们假定活期存款和定期存款的法定准备金率相同，都为 rr，那么存款创造的乘数（θ）就变为

$$\theta = \frac{1}{rr + re + rc} \tag{5-7}$$

很显然，在有漏出的情况下，存款创造乘数变小了。

5.3.2 货币创造（二）

上面我们从商业银行体系所具功能的角度讨论了存款创造的问题。一笔新增存款可以形成前述的创造过程。但是，这一创造过程的初始存款只能从中央银行提供的基础货币来获得。那么，从中央银行流出的货币到底能创造出多少货币呢？下面我们从中央银行的角度来分析货币创造的问题。

1. 基础货币与货币供给

我们先定义一下基础货币，一般将归属于商业银行的准备金（包括在中央银行存放的法定存款准备金和超额准备金）和居民手中持有的现金称为基础货币（monetary base）。中央银行能控制基础货币，但并不能控制货币供给。原因有：①准备金是基础货币的一部分但非货币供给的一部分，因为准备金要么在银行的金库中，要么在中央银行存款账户中；②银行存款是货币供给的组成部分但非基础货币的组成部分，因为它们可以随时被用于支付。两者之间的联系与区别如图 5-8 所示。

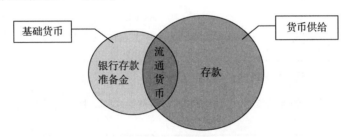

图 5-8 基础货币与货币供给

基础货币也被称为"高能货币"，因为这部分货币在经过银行体系的不断创造后可以放大为多倍的货币供给。如果我们用 H 表示基础货币，C 表示流通中的现金，R 表示银行的准备金，那么

$$H = C + R \tag{5-8}$$

从中央银行的角度看，从中央银行流出的货币（如上述居民将手中持有的政府证券卖给央行后得到 1 000 元）在进入流通后被分为两部分，一部分进入银行成为银行存款（D），另一部分成为人们手中持有的现金（C），即

$$M = D + C \tag{5-9}$$

式中，M 是货币供给量。

由式（5-8）和式（5-9）得到

$$M = \frac{H\left(1 + \dfrac{C}{D}\right)}{\dfrac{R}{D} + \dfrac{C}{D}} \tag{5-10}$$

如果我们假定 m 表示基础货币放大的系数，即货币乘数，则 $M = m \times H$，那么

$$m = \left(1 + \frac{C}{D}\right)\left(\frac{R}{D} + \frac{C}{D}\right) \tag{5-11}$$

也就是说，货币乘数 m 的大小，受到居民手持现金与存款比率（C/D）和存款准备金率（包括法定存款准备金率和超额存款准备金率之和）的影响。

从上述分析中，其实我们也解释了货币供给如何增加的问题。货币供给为什么会增加是一个较为复杂的问题，但最根本的渠道是从中央银行流出的基础货币增加，也就是说不管什么原因只要从中央银行流出货币，整个社会的货币供给就会增加（具体见货币政策分析）；当然居民的行为（如 C/D 的比率）、银行行为（如 R/D 比率中的超额准备金率的高低）以及企业的贷款行为都会影响到一个社会的货币供给量变化。我国在最近 30 年经历了一个快速的货币供给扩张过程，尤其是 M_2 的增长，速度惊人！参见表 5-6。根据上述公式，我们也可以计算一下我国的货币乘数。以 2018 年 10 月的货币供给量相关数据，计算结果见表 5-7。

表 5-6 1990 年 12 月至 2018 年 10 月我国 M0、M1、M2 的货币供给量

（单位：亿元）

年份	货币和准货币（M_2）	货币（M_1）	流通中现金（M_0）
1990	15 293.4	6 950.7	2 644.4
1995	60 750.5	23 987.1	7 885.3
2000	134 610.4	53 147.2	14 652.7
2005	298 755.7	107 278.8	24 031.7
2010	725 851.8	266 621.5	44 628.2
2015	1 392 278.1	400 953.4	63 216.6
2018	1 795 600.0	540 100.0	70 100.0

资料来源：中国人民银行网站（www.pbc.gov.cn）。

表 5-7 我国的基础货币、货币乘数及货币供给（M_1、M_2）（2018 年 9 月）

（金额单位：亿元）

储备货币	317 918.35	M_2	1 801 700.00
其中：通货 C	78 117.23	货币乘数 1 = M_1/基础货币	1.694
M_1	538 600.00	货币乘数 2 = M_2/基础货币	5.667

资料来源：中国人民银行网站（www.pbc.gov.cn）。

对货币供给量进行度量可有两种方法，第一种是本章第一节图 5-1 和表 5-6 给出的我国货币供给量数据，这是货币的存量（stock）水平，也就是在某一时点所累计的货币总量；第二种方法是计算货币的流量（flow），也就是在一定时间内货币供给增加的数量，这可以通过期初和期末的数据比较进行计算。如 2010 年 12 月我国 M_2 为 72.59 万亿元，到了 2018 年 10 月，我国 M_2 达到 179.56 万亿元，年均增长率达到 12%。

2. 货币供给的内生与外生

一般我们都假定货币供给是由一国的货币管理当局或政府来控制，与利率水平高低没有内在的联系，这被称为货币供给外生（exogenous）论。现代经济学研究已有越来越多的证据证明，货币供给不完全外生，至少有一部分货币是内生（endogenous）供给。也就是说，利率水平的提高会导致货币供给增加。如当银行有多余的准备金时，信贷需求增加导致的利率提高会导致信贷供给量增加；国内利率高于国外金融市场利率时，可能会吸引国外资本流入，导致国内货币供给数量增加。我们可用图 5-9 来表现货币供给的外生和内生。

图 5-9a 表示的是外生的货币供给，货币供给不受利率变化影响，如果货币当局增加货币供给，则 M^s 曲线向右（外）平行移动，减少货币供给；M^s 线向左（内）平行移动。图 5-9b 中向上倾斜的货币供给曲线表示的是随着利率水平上升，货币供给会随之增加，也就是货币供给部分内生特征。

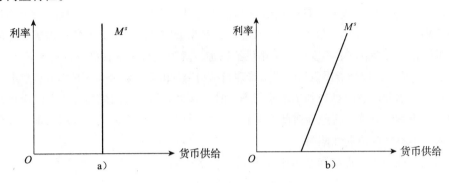

图 5-9　货币供给的内生与外生

5.4　均衡利率水平的决定

利率在现代经济运行中的作用非常巨大。但是利率到底是什么，经济学家的解释有很多。从人们消费的角度看有：忍欲说（牺牲现在消费的代价）、消费时差说（现在消费和未来消费之差，该学说认为人们更偏好现在消费）和供求说。下面我们就用供求方法来讨论利率水平的决定。

5.4.1　货币市场的均衡和利率决定

前面对货币供给和货币需求进行了讨论，现在把两者合在一起，就能分析货币市场的均衡了。

与其他市场均衡类似，货币市场的均衡也是货币需求与货币供给相等时的状态，也就是货币供给曲线与货币需求曲线相交时，对应的利率水平被称为均衡利率水平，如图 5-10 所示。这一利率决定理论被称为利率决定的流动性偏好模型，由凯恩斯提出，也被称为凯恩斯的利率决定理论模型。

在图 5-10 中，r_0 是货币市场均衡时的利率水平。在此利率水平上，人们愿意持有的货币数量（货币需求数量）与货币的供给数量正好吻合。如果偏离这一水平，市场会进行调整，恢复均衡利率水平。

当利率水平高于均衡利率水平时，如 r_1 时，货币供给数量大于需求数量，这时利率存在下调的压力。因为此时，公众对非货币的生息资产的需求要大于非货币资产的供给。这时，那些想出让非货币生息资产的人发现，他们即使降低利率水平来出售这些资产，仍然能够卖出。这样，利率水平将下降，直至均衡水平 r_0。当利率水平

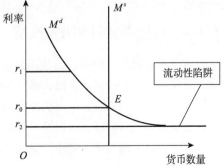

图 5-10　货币市场的均衡与利率决定

低于均衡水平时,如 r_2 时,情形正好相反,这时,货币需求大于货币供给,这时人们将愿意把非货币生息资产转成货币,这样为吸引市场购买,非货币资产持有人被迫提高利率,直至利率回到均衡水平。

当货币供给量不变,货币需求曲线发生移动时,均衡利率水平也会随着变化。如国民收入水平提高时,在其他因素不变时,对货币需求增加,货币需求曲线右移,均衡利率水平将升高;反之,当国民收入水平降低时,货币需求曲线左移,利率会降低。其他影响货币需求变化的因素变化分析仿此。当货币需求不变时,货币供给增加,货币供给曲线右移,利率将下降,左移,利率将上升;所以,控制货币供给的货币管理当局利用货币供给数量变化来影响利率水平。

这里值得引起注意的是当利率水平低到 r_2 时,这时即使货币当局增加货币供应量,利率水平也不会再继续下降。凯恩斯对此的解释是,货币需求变得无穷大,好似出现了一个填不满的陷阱,他称之为流动性陷阱。

所谓流动性陷阱是指当利率水平降低到一定水平后,不管有多大的货币供给量人们都愿意把所有货币保持在手中的一种现象。有时也被称为凯恩斯陷阱或流动偏好陷阱。凯恩斯对此的解释是,当利率水平到达一定的低位后,与货币形成竞争关系的其他金融资产(如债券)价格也将升至最高点,这时人们预期这些资产的价格只会下降,从而不愿意继续购买债券,这样无论货币供给量有多大,人们都愿意将它们保持在手中,形象化的比喻就像掉进了陷阱,这时试图通过增加货币供应来压低利率的货币政策意图就无法实现了,这也就是说,利率的下降其实是有界的,原来一直认为低至零的利率似乎认为已经到底,但 2008 年金融危机爆发后,发达经济体纷纷下调利率,甚至出现了负利率,对于利率的下界似乎需要重新定义。⊖

对于货币市场均衡也可以用货币需求和货币供给函数来解释。货币市场均衡时,货币需求等于货币供给。

$$货币需求:M^d = L(Y, r)$$

$$货币供给:M^s = \overline{M}$$

$$货币市场的均衡:M^d = M^s$$

货币市场均衡决定利率的理论模型解释了利率水平的决定,但是这仅仅是一种模型,而且这里解释的利率也只是货币市场的利率,即短期利率,这时的均衡也就是一种短期的均衡。有短期就有长期,那么长期利率水平的决定又如何解释呢?下面介绍可贷资金模型。

5.4.2 可贷资金利率决定模型

本章开始时对金融体系的作用做了简单介绍,其基本功能是作为资金剩余单位与资金缺乏单位的媒介。我们还指出,通过金融机构和金融市场资金供求双方之间建立联系。那么在这种联系中,利率是如何发挥作用的呢?因为金融市场和金融机构有多种,对此可以用一个简化模型来进行解释,这就是可贷资金市场(market for loanable funds)模型。

在可贷资金模型中,资金的需求方和资金供给方通过可贷资金市场利率变化的调整来

⊖ 2014 年 6 月 5 日,欧洲央行宣布将欧元区基准利率下调 10 个基点至 0.15%,创下历史新低。与此同时,欧洲央行将隔夜存款利率降至 -0.1%,将隔夜贷款利率从原先的 0.75% 降至 0.4%。人们认为,欧洲央行开启了负利率时代。

最终实现均衡，同时，利率变化也受到可贷资金供给和需求的影响。可贷资金供给数量与利率呈同向变化关系，可贷资金需求数量与利率呈反向变化关系，如图 5-11 所示。资金的需求方通常被投资代替，因为，在现实中，资金最重要的需求来自企业投资；而资金供给方通常以储蓄代替，因为资金供给最大最重要的源头就是居民储蓄。图中 D 代表可贷资金的需求，与利率呈反向关系，S 代表可贷资金的供给，与利率呈正向关系。$D_{资金}$ 与 $S_{资金}$ 相等时的利率为 r_0，可贷资金市场实现均衡，r_0 就是均衡利率。

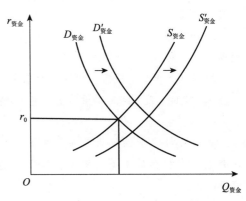

图 5-11　可贷资金市场的均衡

可贷资金市场中，凡是能导致资金供应增加的因素，除利率水平外，都能引起 $S_{资金}$ 向右移动，凡是能导致资金供应减少的因素，都能引起 $S_{资金}$ 向左移动。同理，凡是能导致资金需求增加的因素，除利率水平外，都能引起 $D_{资金}$ 向右移动，凡是能导致资金供应减少的因素，都能引起 $S_{资金}$ 向左移动。可贷资金供给或需求，或者两者同时变化，都会引起利率水平随之进行变化和调整。

能引起可贷资金需求曲线移动的因素有以下几种。

（1）对未来的商业机会预期。产业更替有繁荣，也有衰落，前途光明，自然投资就会趋之若鹜，反之，则资金他流。随着预期变化，可贷资金也就随之升升降降。

（2）政府借债数额变化。作为现代经济运行中最重要的参与人，政府借债数额变化影响市场中可贷资金的数量。当政府出现财政赤字从市场中借入资金时，会导致市场利率上升（假定在可贷资金供给数额不变），这会影响其他单位对可贷资金的需求，如企业投资会减少，个人消费会受到影响。

能引起可贷资金供给曲线移动的因素有以下几种。

（1）人们的储蓄行为发生变化。这里的储蓄行为发生变化是利率之外的其他因素引起人们储蓄行为发生变化。如人们为养老、购房等存钱；人们的财富水平因为资产价格上升而提升，人们因此减少储蓄等。

（2）国外资本流入。现代国家越来越多地与他国交往，国外资本流入增加，自然也会增加国内可用资金数量。

可贷资金市场决定的利率，理论上主要是指长期利率，当然短期也会有因为可贷资金供给和需求变化影响利率的可能，但是可贷资金的需求行为和供给行为更多是在长期形成，改变也需要时间，所以这种利率水平多用于分析长期利率水平的决定。

货币市场中资金都为短期资金，所以货币供给和货币需求决定的利率主要是短期利率，在后面我们分析货币政策时所指的利率也是短期利率而非长期利率。

❖ 本章小结

本章我们讨论的核心是利率水平的决定。为此，我们对货币的职能、金融体系的作用、货币供给与需求进行讨论。要点如下。

1. 货币是依据其职能而定义的。货币的职能有：交换媒介、计价单位、储存手段和支付手段。

2. 历史演进中，货币采取过的形式有：商品货币、商品本位货币和法定货币。

3. 货币的度量是根据流动性的大小进行分层次定义的。我国对货币供给量的定义为：

M_0 = 现金

$M_1 = M_0$ + 企业活期存款 + 机关团体部队存款 + 农村存款 + 个人持有的信用卡类存款

$M_2 = M_1$ + 城乡居民储蓄存款 + 企业存款中具有定期性质的存款 + 外币存款 + 信托类存款

4. 金融体系的作用有：媒介资源在时间和空间上的流动、管理风险、提供支付服务和资产转换。金融体系包括：金融中介机构、金融市场与金融监管机构。

5. 金融中介机构包括两类：银行机构和非银行机构。金融市场是指进行资金直接融通的场所，是通过金融机构进行融资之外另外一种媒介资金需求者与资金供给者的渠道。金融市场的金融工具有很多种，一般可分为货币市场的金融工具和资本市场的金融工具。中央银行代表政府管理金融货币和金融事务，制定一国的货币政策。

6. 货币需求是指人们愿意以货币形式或存款形式保有一部分财富，而不愿以债券等生息资产形式保有的一种行为。货币是人们可选的资产之一。资产需求的影响因素有：预期收益率、风险、流动性、到期时间。

7. 对货币需求的解释最初由凯恩斯提出，他用三种动机解释了货币需求：交易动机、谨慎动机和投机动机。

8. 货币需求的一般影响因素有：价格水平、实际收入水平、利率。其他因素还有：人们的财富水平、风险水平、非货币资产的流动性、支付手段的技术水平等。

9. 货币需求可用货币需求函数、货币需求曲线来表示。

10. 货币的供给。在现代银行体系条件下，货币具有创造功能：即在基础货币的基础上形成多倍的货币供应。基础货币也被称为"高能货币"，由表示居民所持现金和银行的准备金组成。

11. 货币市场的货币需求和货币供给均衡时决定了均衡利率水平。货币市场决定的利率是短期利率。

12. 可贷资金市场模型给出了利率决定的另一种解释，可贷资金供给和可贷资金需求均衡时也可以决定出利率水平，这一利率多种情况下是指长期利率。

◆ 思考与练习

一、简答题

1. 怎样理解货币？货币的职能有哪些？

2. 信用卡、校园卡是货币吗？为什么？

3. 商品货币与法定货币的区别是什么？根据本章介绍的"美国监狱中的'方便面'货币"资料，你认为资料中的"方便面"是商品货币还是法定货币？

4. 请查资料说明，北宋时期的出现的"交子"具备货币的基本职能。

5. 货币供给中的 M_0、M_1、M_2 的区别是什么？

6. 请说明下述各项哪些是 M_1 的组成部分，哪些是 M_2 的组成部分，哪些两者都不是。

（1）你校园卡中的 100 元；

（2）你储钱罐中的 50 元；

（3）你活期账户中的 1 000 元；

（4）你定期账户中的 2 000 元；

（5）你拥有的 100 股股票价值 2 500 元；

（6）你信用卡中的存款 1 000 元。

7. 金融体系有哪些作用？

8. 假定市场利率在未来 2 年会一直保

持在10%,2年后的500元现在值多少钱?

9. 中央银行在现代经济中能发挥哪些作用?

10. 人们持有货币的多少是由什么决定的?凯恩斯如何解释人们对货币的需求动机?一般货币需求的影响因素有哪些?

11. 解释"货币创造"和"存款创造"是什么意思?

二、论述题

1. 路人甲把他卖掉今年新收获小麦得到的5 000元存进了在当地银行的活期账户。

(1) 这笔存款最初怎样改变了当地银行的T形账户?这对货币供给有影响吗?

(2) 如果银行存款准备金率为10%,这笔新的存款银行如何做?

(3) 如果每次银行发出贷款后,这笔贷款将以同样数量存入另一家不同的银行,当这样扩张时,经济中的货币总供给总共会增加多少?

(4) 如果存款准备金率为10%,第(3)问的结果会有什么变化?

2. 基础货币是什么意思?基础货币等于货币供给吗?基础货币为什么也被称为高能货币?

3. 货币市场利率水平是怎样决定的?为什么说,居民的行为可以影响货币市场利率?中央银行是否也可以影响货币市场利率?两者的影响机制有什么不同吗?

4. 某经济体采用与中国一样的方法计算货币量,该国中央银行规定的法定准备金率为10%。以下是有关该经济体的更多数据:

商业银行在中央银行的存款 = 20亿元

公众持有现金 = 15亿元

银行钱库中的现金 = 10亿元

企业在银行活期存款 = 50亿元

居民信用卡存款 = 1亿元

请回答下述问题:

(1) M_1 为多少?

(2) 基础货币为多少?

(3) 商业银行有超额准备金吗?

(4) 商业银行能增加活期存款吗?如果可以,能增加多少?

5. 可贷资金市场理论是如何解释利率决定的?

第 6 章
CHAPTER 6

IS-LM 模型：宏观经济分析的一般框架

　　经济学是一门按照模式进行思维的科学，而模式本身又夹杂着艺术，这种艺术就是能选出适合当前世界的模型。

——约翰·梅纳德·凯恩斯

　　我认为，传统经济学的捍卫者们大大低估了货币经济状态下的结论和简单得多的实物交换经济状态下的结论之间存在的差异，这些差异影响深远，在某些方面，已成为本质上的不同。

——约翰·梅纳德·凯恩斯

§ **本章要点**

　　宏观经济运行是一个整体，各部分间除了各自运行外，还相互影响。在分别对产品市场和货币市场进行分析后，如何分析两个市场间的相互影响，也具有重要意义。本章我们将学习把两个市场连在一起的 IS-LM 模型，这也是进行短期宏观经济分析的框架；这一框架既可以进行理论分析，也可以用于宏观经济政策分析。

§ **学习目标**

- 能熟练推导 IS 曲线和 LM 曲线；
- 掌握影响 IS 和 LM 曲线的斜率和使其发生移动的主要因素；
- 运用 IS-LM 模型进行相应的政策分析。

§ **基本概念**

　　IS 曲线　　产品市场的均衡　　LM 曲线　　古典区域　　凯恩斯区域

　　在第 3 章，我们讨论了国民收入（国民产出）水平如何决定，这是在产品市场中讨论问题；在第 5 章，我们讨论了利率水平如何决定，这是在货币市场中讨论问题。从经济学分析方法看，这都属于局部均衡分析，即局限于讨论特定领域的变量关系，领域外的其他因素假定为不变。在现实中，这种理论上可以区分开来的局部市场，一定会受到相关市场和变量的影响，或者说各市场间是相互作用、相互影响的。本章我们将介绍把产品市场和货币市场连接起来的 IS-LM 模型，具体将分析国民收入和利率间的相互影响，核心在于两个市场如何实现同时均衡。该模型最初由英国经济学家约翰·希克斯在 1937 年提出，他对凯恩斯《通论》中的理论进行了图形化阐释。之后经过其他经济学家的不断完善，包含的意义更为完整，不仅可以解释凯恩斯理论而且也能解释古典学派的观点。

6.1　产品市场：IS 曲线

我们先总结一下第 3 章讨论的产品市场中国民收入决定的基本内容。

（1）产品市场均衡时国民收入水平 Y 等于对产品的总支出（需求）水平 AE。这也是 IS 关系建立的基础条件。

（2）总支出也就是总需求由如下四项组成：消费、投资、政府购买和净出口。$AE = C + I + G + X - M$。消费是可支配收入（Y_D）的函数，投资、政府购买由外生给定，X 出口由国外国民收入水平决定，可视为外生，M 由本国收入决定，可假定为常数。

（3）均衡条件为：$Y = AE$。对这一条件的另一种变形：漏出（W）= 注入（J）。

在第 3 章，我们有一个重要假定，即假定利率和价格不变。这一假定也就意味着投资变化不受利率影响。本章我们将放松这一假定，利率将作为影响投资的变量。

6.1.1　投资函数

我们在前面已经指出，宏观经济学中的投资，由三部分组成：企业的固定资产投资、存货投资和居民的新建住房投资。这里我们一般以企业固定资产投资作为投资的代表，假定存货投资为 0，居民的新建住房投资在基本意义上可以与企业固定资本投资相似，所以对企业固定资产投资的分析也适用于居民。

第 3 章介绍过的加速模型假定，企业投资规模与企业对经济增长前景的预期有关，或者也可以说与企业产品的销售状况有关，因此国民收入增长率影响投资的大小。在本章，我们假定这些影响投资的因素相对稳定，不影响投资变化，因为在短期这些因素不会发生显著变化。这样，影响投资的因素就主要是利率了。因为，企业投资资金多来自信贷，所以利率水平高低会影响到企业投资决策（即使是用自有资金进行投资，利率水平高低也代表了自有资金使用的机会成本）。投资利率之间呈反向关系，利率水平高，企业的投资会减少，因为投资的成本上升了。注意，这里的投资指的是计划投资，而非实际完成的投资。这样投资函数为

$$I = I(r) \qquad (6-1)$$

投资函数可以表示成图 6-1。当利率从 r_1 上升到 r_2 后，在其他因素不变的情况下，投资将会从 $I(r_1)$ 减少到 $I(r_2)$。

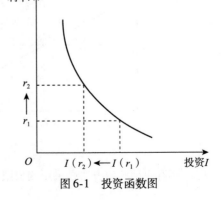

图 6-1　投资函数图

6.1.2 IS 曲线推导

下面以最简化的两部门经济为例，介绍 IS 曲线的两种推导方法：几何方法和代数方法。在两部门经济中，总支出 $AE=C+I$，所以产品市场均衡条件变为：$Y=AE=C+I$。相应的注入和漏出的均衡条件变为 $J=I$，$W=S$，$J=W$ 变为 $I=S$。

1. 几何方法

当利率水平可变时，投资将受其影响发生调整，这将直接影响总支出水平的变化，均衡国民收入水平也就随之发生变化和调整，这是第3章国民收入模型考虑到利率变化后应该发生的情形。这一过程我们通过45°线模型进行过描述。现在，我们想在利率和国民收入之间建立直接联系，从而推出反映两者关系的 IS 曲线。我们把45°线模型和投资函数模型结合起来就能完成这一任务。

图6-2演示了 IS 曲线的推导过程。假设开始时利率为 r_1，对应的计划投资水平为 I_1（见图6-2a）。由投资水平 I_1 与消费 C 组成的总支出 AE 在45°线模型中，决定的均衡国民收入为 Y_1（见图6-2b）。也就是说，当利率水平为 r_1 时，产品市场均衡后得到的国民收入水平为 Y_1，把两者放在利率为纵轴，国民收入为横轴的坐标系中能得出相应的点为 A（见图6-2c）。假设利率水平从 r_1 下降至 r_2，依次对应的投资水平和均衡收入水平为 I_2 和 Y_2，由 r_2 和 Y_2 得到第二点 B，将 A 点与 B 点连接在一起就得到了 IS 线。在 IS 曲线上每一点都表示对应于每一利率水平，在产品市场实现均衡时得到的国民收入水平。因为利率水平提高会引起投资水平和总支出水平下降，所以国民收入水平也会下降，这样 IS 就呈向右下方倾斜的形状。

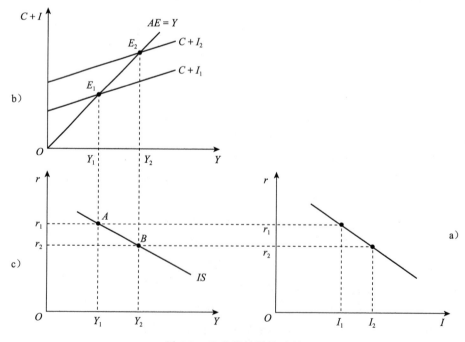

图6-2 IS 曲线的推导过程

还有一种几何方法是采用四象限方法推导 IS 曲线，参见本章附录。

2. 代数方法

首先我们要构造一个投资函数。

影响投资的因素有多种,但我们主要关注利率对投资的影响,所以简化起见,假定投资与利率之间存在线性关系,投资函数为

$$I = e - dr \tag{6-2}$$

式中,I 是计划投资;r 是利率;e 和 d 都是取正值的参数,e 也被称为自发投资,是非利率因素影响下的投资水平,在这里假设为常数,d 是投资对利率的反应系数,表现投资对利率变化的敏感程度。

假设消费函数为 $C = \alpha + \beta Y$(其中,α 为自发消费,β 为边际消费倾向,因为没有政府税收和转移支付影响,所以 $Y = Y_d$)。依据产品市场均衡条件,$AE = Y$,可得

$$Y = I + C$$
$$\Rightarrow Y = e - dr + \alpha + \beta Y$$
$$\Rightarrow Y = \frac{\alpha + e}{1 - \beta} - \frac{d}{1 - \beta} r \tag{6-3}$$
$$\Rightarrow r = \frac{\alpha + e}{d} - \frac{1 - \beta}{d} Y \tag{6-4}$$

式(6-3)更符合模型的逻辑意义,即利率作为产品市场外的影响因素变化,扰动了产品市场,使之调整,实现均衡后得到国民收入为 Y。式(6-4)对画出的 IS 曲线图进行解释更方便。图 6-2 已经描述了两者关系。以 r 为纵轴,Y 为横轴,IS 曲线由左向右倾斜,线上每一点都满足产品市场均衡的条件,或者说该曲线代表了满足产品市场均衡条件的所有利率和收入组合的轨迹。如果把式(6-4)看成一个方程,$-\frac{1-\beta}{d} < 0$,斜率即为负,Y 与 r 存在反向关系,符合理论原理给出的结论。

上述推导 IS 曲线的方法都是基于两部门来进行的。我们可将这一推导扩展到三部门经济和四部门经济。

在三部门经济中,增加了政府税收收入和政府购买支出,假设

$$\text{税收函数}: T_x = T_0 + tY$$

$$\text{政府支出}: G = G_0$$

式中,T_0 是不受收入影响的定额税收,t 为税率;G_0 为政府购买支出,假设为定量;没有转移支付。

消费函数中,因为政府部门加入,影响消费的可支配收入 Y_d 现在不同于总收入水平 Y。$Y_d = Y - T_x$。

投资函数同上。根据产品市场均衡条件,我们有

$$Y = C + I + G$$
$$\Rightarrow Y = \alpha + \beta Y_d + e - dr + G_0$$
$$\Rightarrow Y = \alpha + \beta(Y - T_x) + e - dr + G_0$$
$$\Rightarrow Y = \alpha + \beta[Y - (T_0 + tY)] + e - dr + G_0$$
$$\Rightarrow Y = \frac{\alpha + e + G_0 - \beta T_0}{1 - \beta(1 - t)} - \frac{d}{1 - \beta(1 - t)} r \tag{6-5}$$

$$\Rightarrow r = \frac{\alpha + e + G_0 - \beta T_0}{d} - \frac{1-\beta(1-t)}{d}Y \tag{6-6}$$

式（6-5）和式（6-6）即为三部门经济中 IS 曲线的函数式，意义分别同式（6-3）和式（6-4）类似。由于 $0 < t < 1$，因而 $-\frac{1-\beta(1-t)}{d} < 0$，$Y$ 与 r 之间仍然呈现出反向变动关系。

从几何图形来看，随着政府部门的加入，IS 曲线的斜率和位置会发生一些变动，但是由左上到右下的形状不会发生改变。这从式（6-5）及式（6-6）与式（6-3）及式（6-4）的比较可以看出具体位置和斜率会发生变动，具体参见下面的分析。

四部门经济中，根据出口函数和进口函数设置的不同，所得出的结论也会有所不同。第 10 章之前，我们以封闭经济为主，对四部门经济我们在此不多做介绍。

6.1.3 IS 曲线的斜率

前面我们基于两部门和三部门经济对 IS 曲线使用两种方法进行了推导。下面我们就以三部门经济为基础来讨论 IS 曲线的斜率，三部门经济理解了，两部门就自然清楚了。

从式（6-6）可以看出，IS 曲线的斜率为负值，曲线斜率的大小取决于下列因素。

（1）计划投资对于利率变动的反应程度 d。在其他条件不变的情况下，d 值越大，$\frac{1-\beta(1-t)}{d}$ 越小，即 IS 曲线的斜率越小，则 IS 曲线越平缓，也就是说，国民收入变化对利率变化越敏感。其中的原理是：计划投资对利率变化越敏感，国民收入对利率变化也越敏感，小幅的利率变化，就会引起较大幅度的国民收入变化；反之，d 值越小，IS 曲线相对越陡峭，计划投资和国民收入对利率变化越不敏感。

（2）边际消费倾向 β。在其他条件不变的情况下，边际消费倾向越大，$\frac{1-\beta(1-t)}{d}$ 值越小，则 IS 曲线越平缓，利率变化时，国民收入变化越敏感。其中的原理是：β 越大，支出乘数系数也越大，任何引起支出构成因素如（自发）消费、计划投资或政府支出等的变化对国民收入的影响也就越大；反之，则越小。

（3）税率 t。在三部门经济中，在其他条件不变的情况下，税率 t 越大，$\frac{1-\beta(1-t)}{d}$ 值越大，则 IS 曲线越陡峭，利率变化引起的相应国民收入变化相对越小。其中的原理是：政府提高税率 t，意味着人们的可支配收入减少，所以支出变化也小，自然所引起的国民收入变化也越小；或者也可以说，t 值越大，对应的乘数会越小。反之，税率 t 越小，则 IS 曲线越平缓。

6.1.4 IS 曲线的移动

从式（6-6）可以看出，引起 IS 曲线发生移动的主要因素如下。

（1）投资对利率水平的敏感系数 d 和边际消费倾向 β。当 d、β 增大时，一方面会影响 IS 曲线的斜率，另一方面会影响 IS 曲线的位置。

（2）自主变量的变化，即各种支出中不受收入和利率影响的部分，包括：自发消费支出 α、自发性投资支出 e、政府购买支出 G_0 和自主性税收 T_0。当 α、e、G_0 增加和 T_0 减少时，

IS 曲线向右上方平移，平移距离等于上述变量的改变量乘以各自相应的乘数系数。反之，IS 曲线则向左下方平移，移动距离同上。

其中的原理较为简单明了，凡是引起总支出增加的变量变化，都会引起 IS 曲线向右上平移；反之，会引起 IS 曲线向左下平移。因此政府改变支出和税收政策会通过 IS 曲线的变化进行分析。至于效果如何，我们在第 9 章会进行详细分析。

从上面分析，我们可以看出，当把政府的角色考虑进来后，所引起的变化为：政府购买支出的加入，可引起 IS 曲线的平行移动，政府支出增加，IS 向外平移；如果政府支出减少，IS 向内平移。定额税的作用方向正好与政府开支的变化方向相反。增税，IS 内移；减税，IS 外移。如果税收函数考虑税率变化，会改变 IS 曲线的斜率：提高税率，导致 IS 向内偏转；减税，IS 向外偏转。

6.1.5 产品市场的失衡

在 IS 曲线上的任何一点都是使产品市场实现均衡的 Y 与 r 的组合。换言之，在这条线上的任何一点，利率和收入的组合都能使产品市场出清。在这条线外的任意一点，产品市场都处于失衡状态。下面通过图 6-3 来说明产品市场失衡的情况。

以图 6-3 中的四个点 A、B、E_1 和 E_2 为例。我们已经知道，在 IS 曲线上的 A 点和 B 点是产品市场达到均衡的点，现在考察在 IS 曲线外的 E_1 点和 E_2 点的情况。我们先看 E_1 点，也就是 IS 曲线右边的区域。

E_1 点组合为：国民收入水平 Y_1，利率 r_1。如果产品市场是均衡的，Y_1 对应的利率水平应为 r_2，即在 B 点处。在 E_1 点处，产品市场处在失衡状态。这种失衡的具体表现是什么呢？可以通过两种角度来理解。

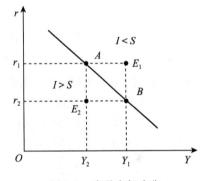

图 6-3　产品市场失衡

（1）给定国民收入水平：在 E_1 点位置，与 Y_1 对应的利率 r_1 高于维持均衡时要求的利率水平 r_2。当处在 IS 曲线上时，由 Y_1 得出的储蓄水平 S 与由 r_2 决定的投资水平 I 相等。在 E_1 点，因为 $r_1 > r_2$，所以，储蓄 S 将大于由 r_1 决定的投资水平 I，即 $S > I$。这一结论可以推广到 IS 右边区域的所有点，也可以说，该区域是储蓄大于投资区域。

（2）给定利率水平：与 E_1 点的利率水平 r_1 对应的维持产品市场均衡的国民收入水平应为 Y_2，即 A 点的组合。在 A 点时，r_1 决定的 I 与 Y_2 决定的储蓄 S 应相等。但现在 E_1 点处的国民收入水平为 Y_1，显然 $Y_1 > Y_2$。所以，由 Y_1 决定的储蓄水平要高于 Y_2 决定的储蓄水平，也就意味着 $S > I$。与上述分析类似，$S > I$ 的结论可以推广到 IS 曲线右边的整个区域。

对于 IS 曲线左边的区域，如 E_2 点，按照上述推理思路，可以得出是 $I > S$ 的区域，三部门也可以扩展为 $(I + G) > (S + T)$。

6.2　货币市场：LM 曲线

IS 曲线是产品市场均衡时，利率与均衡国民收入组合变动的轨迹。同理，当产品市场的均衡国民收入发生变化时,这种影响也会波及货币市场,通过货币需求影响到利率水平的决定。下面,我们来看基于货币市场均衡背景下国民收入与利率的关系,也就是 LM 曲线的推导。

6.2.1　LM 曲线的推导

下面我们也以两种方法来推导 LM 曲线:几何方法和代数方法。

1. 几何方法

通过第 5 章学习我们知道,在货币供给给定情况下,货币需求与之相等后将实现货币市场均衡。现在我们要考虑,当国民收入发生变动时,怎样影响这种均衡。我们知道,货币供给由货币当局外生控制,不受国民收入水平影响(我们假定货币供给是外生的),那么收入水平变化对利率的影响就只有从影响货币需求来入手分析。第 5 章已经得出结论,国民收入是影响货币需求最重要的因素之一。根据需求函数 $M^d = L(Y, r)$,国民收入水平增加,导致对实际货币余额(M^d/P)需求也随之提高。

根据利率决定的流动偏好模型,当货币供给 M^s 与货币需求 M^d 相等时将决定出均衡利率,如图 6-4a 所示。每一个货币需求函数对应一个国民收入水平,具体说来,$L(Y_1, r)$ 与 $L(Y_2, r)$ 是不同收入水平下的需求函数,所以,当国民收入水平从 Y_1 增加为 Y_2 后,货币需求函数将从 $L(Y_1, r)$ 上移到 $L(Y_2, r)$,如果货币供给量不变,则货币市场的均衡利率也将从 r_1 上升到 r_2。

我们可以将国民收入与利率这种关系通过图 6-4b 描述出来。当国民收入水平为 Y_1 时,由此形成的货币需求 $L(Y_1, r)$ 与 M^s 决定的利率水平为 r_1,由 Y_1 与 r_1 组合为点 A;当国民收入水平为 Y_2 时,由此形成的货币需求 $L(Y_2, r)$ 与 M^s 决定的利率水平为 r_2,由 Y_2 与 r_2 组合为点 B。连接 A、B 两点,就得到了在货币市场均衡时国民收入与利率对应关系的 LM 曲线,线上的每一点都满足货币市场均衡的条件。从图形中我们可以看出,随着国民收入水平的提高,货币市场利率(短期利率)也逐步上升。所以,LM 曲线是一条向右上方倾斜的曲线。

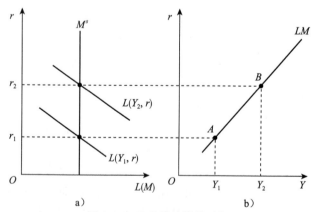

图 6-4　LM 曲线的推导过程

2. 代数方法

根据流动偏好模型,货币供给等于货币需求时,货币市场均衡:

$$货币需求:M^d = L(Y, r)$$

$$货币供给:M^s = \frac{M_0}{P}$$

均衡条件：$M^s = M^d$

简化起见，我们假设货币需求函数为线性函数：$M^d = kY - hr$，其中 k 和 h 分别表示货币需求对收入和利率的敏感程度，P 表示一般价格水平。根据货币市场均衡条件，我们有

$$\frac{M_0}{P} = kY - hr$$

$$\Rightarrow Y = \frac{M_0}{kP} + \frac{h}{k}r \tag{6-7}$$

$$\Rightarrow r = -\frac{M_0}{Ph} + \frac{k}{h}Y \tag{6-8}$$

式（6-7）和式（6-8）反映了当货币市场达到均衡时 Y 和 r 的关系。式（6-8）无论从货币关系还是从方程意义上都反映了国民收入 Y 的变化如何影响 r。

与 IS 曲线一样，也有一种四象限推导 LM 曲线的方法，参见本章附录。

6.2.2　LM 曲线的斜率

从式（6-8）可以看出，LM 曲线的斜率取决于以下两个因素。

（1）货币需求对国民收入变化的敏感程度 k。假设受利率影响的货币需求敏感系数 h 给定，那么，k 值越大，LM 曲线越陡峭，国民收入水平变化引起的利率变化幅度越大，也就是说，货币需求对国民收入变化越敏感，后者变化对货币需求从而对利率的影响就较大。

货币需求中受国民收入变化影响的部分，凯恩斯认为是出于交易需求和谨慎需求形成的。而且，经济学家通过实证检验后认为，k 值相对稳定，尤其在短期来看。

（2）货币需求对利率变化的敏感程度 h。当 k 值给定时，货币需求对利率变化越敏感，h 值越大，LM 曲线越平缓。

按照凯恩斯货币需求理论，受利率影响的货币需求被称为投机需求，所以在国民收入对货币需求影响保持稳定的情况下，影响利率的主要是货币的投机需求。这样，h 就成了影响货币需求以及 LM 曲线斜率最重要的变量。

在 LM 曲线上，有两种特例需要注意。一是利率水平极低时会发生什么？二是利率水平极高时又会发生什么？这就涉及 LM 曲线上不同区域具有不同意义的问题。

（1）当利率极低时，会出现我们第 5 章讨论过的流动性陷阱（凯恩斯陷阱）现象。当预期利率难以进一步下降时，人们对货币需求变得无穷大，LM 线斜率就变得很小甚至无穷小，接近于一条水平线。LM 曲线上的这一区域被称为"凯恩斯区域"。

（2）当利率很高时，人们对受利率影响的货币需求变得很低，接近于 0。因预期利率必然下降，货币需求对利率变化完全不敏感，h 值趋向于无穷小，LM 线接近于一条垂直线。LM 曲线上的这一区域被称为"古典区域"。

这两个区域中间的部分被称为"中间区域"，即正常的向上倾斜的 LM 曲线（见图6-5）。

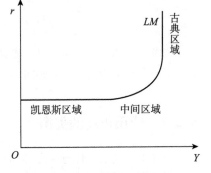

图 6-5　LM 曲线的凯恩斯区域、古典区域和中间区域

6.2.3 LM 曲线的移动

从式（6-8）可以看出，截距项 $\dfrac{M_0}{Ph}$ 就是引起 LM 曲线移动的因素。其中，货币供给量的变化和价格变化是影响 LM 曲线发生移动最为重要的因素。

（1）名义货币供给量的变化。假设价格水平不变，M 的变化将导致 $\dfrac{M_0}{Ph}$ 中分子发生变化，在其他因素不变的情况下，这将导致 LM 曲线的位置发生移动。具体说来，当增加名义货币供给时，LM 曲线会向外移动，而减少货币供给时，LM 会向内移动。

（2）一般价格水平变动。当一般价格水平发生变动时，实际货币余额（M/P）也会随之发生变动。价格上涨，LM 曲线向内移动，因为实际货币余额减少；价格下降，LM 曲线向外移动。

上述关于实际货币余额变化导致 LM 曲线移动的现象，可通过图 6-6 来解释。假设名义货币供给减少，实际货币余额从（M_1/P）降低到（M_2/P）。在任一给定的国民收入水平上，如图 6-6b 中的 Y^*，由 Y 决定的货币需求数量不变（即在凯恩斯模型中用于交易需求和谨慎需求的数量不变），减少的实际货币余额只影响利率决定的货币需求（即在凯恩斯模型中的投机需求），因此导致市场利率水平从 r_1 上升到 r_2，即从 A（Y^*，r_1）上涨到 B（Y^*，r_2）。在每一给定的国民收入水平上，实际货币余额减少都会引致这样的移动。因此，LM_1 将向上移动到 LM_2。

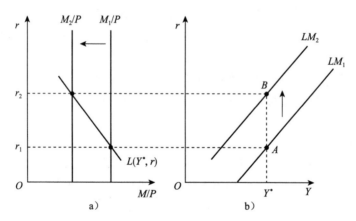

图 6-6 实际货币余额变动导致 LM 发生移动

如果是一般价格水平上升，也会导致（M/P）减少，即从（M/P_1）变为（M/P_2），$P_2 > P_1$，其导致的后续分析与上相同。

6.2.4 货币市场的失衡

在 LM 曲线上，任意一点都是货币市场实现均衡时收入与利率的组合点。换言之，离开这条线上的组合点，货币市场都处于失衡状态。我们通过图 6-7 来看货币市场失衡的情形。我们已经知道，LM 曲线上的点 A 和 B 是货币市场实现均衡的点。E_1 和 E_2 在 LM 线外，所以处在失衡状态。那么，两点失衡的具体表现到底是什么呢？

在 E_1 点上，其组合点为 (Y_1, r_1)。如果货币市场是均衡的，Y_1 对应的利率水平应为 r_2，即 A 点处。但此时，利率为 r_1，所以货币市场失衡。对这种失衡可以通过两种角度来理解。

（1）给定国民收入水平：在 E_1 点，与 Y_1 对应的利率 r_1 显然高于维持货币市场均衡时要求的利率水平 r_2。因为，在 LM 曲线上，与 Y_1 对应实现货币市场均衡的利率水平为 r_2。因为 $r_1 > r_2$，所以，与 r_1 对应的货币需求要小于在 LM 曲线上货币供给与货币需求相等时（即与 r_2 对应的）的货币需求水平，即 $L < M$。这一结论可以推广到 LM 左边区域的所有点，该区域是货币需求大于货币供给区域。

（2）给定利率水平：在 E_1 点，与利率水平 r_1 对应，可使货币市场均衡的国民收入水平应为 Y_2，即 B 点的组合。但现在 E_1 点处的国民收入水平为 Y_1，显然 $Y_1 < Y_2$。所以，由 Y_1 决定的货币需求规模要小于 Y_2 决定的水平，也就意味着 $L < M$。与上述分析类似，$L < M$ 的结论可以推广到 LM 线左边的整个区域。

对于 LM 右边的区域，如图 6-7 中的 E_2 点，我们同样可以按照上述思路得出 $L > M$ 的结论。

6.3 IS-LM 模型

完成了两个市场各自的分析，下面我们把它们合在一起，寻找能同时满足两个市场均衡的 Y 和 r 的组合点。这为理解完整凯恩斯模型与分析财政政策、货币政策提供了良好的基础。

6.3.1 产品市场和货币市场同时均衡的实现：IS-LM 模型

1. 均衡的形成

如前所述，IS 曲线是在产品市场均衡时，利率变化怎样影响国民收入水平变化；LM 曲线则是在货币市场均衡时，国民收入水平变化怎样影响利率变化。现在，我们把 IS 曲线和 LM 曲线放在同一个图形中，得到图 6-8，这就是 IS-LM 模型的几何图形。显然能够满足产品市场和货币市场都处在均衡状态的点，既在 IS 线上，也在 LM 线上。在图 6-8 中，只有在两线交点 E 点可满足该条件。也就是说，利率为 r^*，收入水平为 Y^*，是能使两个市场同时实现均衡的利率水平和收入水平。

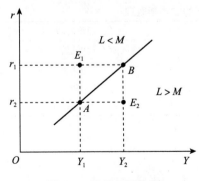

图 6-7 货币市场失衡

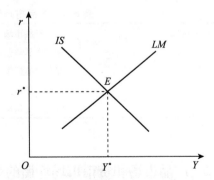

图 6-8 产品市场与货币市场同时均衡的 IS-LM 模型

如果采用函数来计算，我们可以通过联立 IS 方程和 LM 方程，计算出均衡条件的利率和收入水平的具体值。

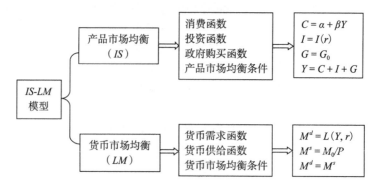

2. 从非均衡到均衡的调整

在 IS 曲线与 LM 曲线的交点处，两个市场同时实现了均衡。在该点之外，至少有一个市场处在失衡状态。失衡存在必然会进行调整，产品市场不均衡会导致国民收入变动，货币市场不均衡会导致利率变动。在图 6-9 中，IS 曲线和 LM 曲线相交时将坐标平面分割成四个区域。显然，这四个区域中的每个点都代表产品市场和货币市场处于非均衡状态，非均衡具体状态如图 6-9 所示。表 6-1 总结了四个象限的失衡情况。

在 IS 曲线和 LM 曲线不变的情况下，如果出现偏离两线的情形，如在图 6-9 中的 A 点，会进行怎样的调整，

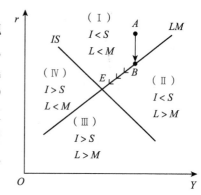

图 6-9　产品市场与货币市场的失衡

回到均衡点 E 点呢？A 点，既非在 IS 线上，也偏离了 LM 线。其状态具体表现为：货币需求小于货币供给，总收入超过总支出。因此，向均衡点运动实属必然。具体过程会因不同的假设而不同。但最为常见的假设是利率可灵活调整。如果这一假设成立，调整模式为：从 A 点先调整到 B 点，货币市场先实现均衡，然后逐渐向 E 点进行靠拢，最后在 E 点实现两个市场的同时均衡。这样调整背后的逻辑是，货币市场中的资源流动比产品市场迅速，所以调整会迅速完成，货币市场的失衡很快会被消除，而产品市场的调整则缓慢得多，在短期这种调整模式更为典型。

表 6-1　产品市场和货币市场的非均衡表现

区域	产品市场	货币市场
Ⅰ	存在产品超额供给	存在货币超额供给
Ⅱ	存在产品超额供给	存在货币超额需求
Ⅲ	存在产品超额需求	存在货币超额需求
Ⅳ	存在产品超额需求	存在货币超额供给

6.3.2　产品市场和货币市场均衡的变动

IS 曲线和 LM 曲线的交点所决定的利率和国民收入的均衡组合并非恒定不变。当 IS 曲

线和 LM 曲线中的一条或两条同时发生移动时，均衡也会随之变动。

1. IS 曲线的移动

前述会造成 IS 曲线移动的因素中任何一项发生变动，都会导致 IS 曲线发生移动，如：自发消费、自发投资、政府购买支出、定量税收等。如果导致总支出增加，则 IS 曲线向右移动；如果导致总支出减少，则 IS 曲线向内移动。

在图 6-10 中，假设 LM 曲线不动，IS 曲线的初始状态为 IS_1，它与 LM 曲线相交于 E_1 点，形成的初始均衡组合为 (Y_1, r_1)。当出现引起总支出增加的变化时，IS_1 曲线将向右移动，如果利率仍保持为 r_1，IS_2 曲线与 LM 交于 E_3 点，对应的国民收入将增加到 Y_3。然而，收入增加将引起货币需求增加，推动利率从 r_1 上升至 r_2。这一过程中，利率上涨将对总支出形成缩减影响，由此减少了国民收入的增加规模，真实的国民收入实际上会变为 Y_2，这是由 IS 移动后的 IS_2 线与 LM 所决定的新均衡点 E_2 所决定的。从图中可以看出，$Y_2 < Y_3$。当然，如果总支出减少，那么 IS 曲线将从初始位置左移，也会形成新的均衡点，对应新的利率和国民收入水平。

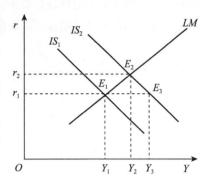

图 6-10　IS 曲线移动与新的均衡

我们看到，考虑到货币市场的回波影响后，总支出变化后国民收入的移动距离要比不考虑这一影响时相对小一些，这一影响被称为"挤出效应"（在第 9 章讨论宏观经济政策时将做详细解释）。

2. LM 曲线的移动

引起 LM 曲线移动的主要原因是实际货币余额的变化，可能是货币当局采取紧缩或者扩张的货币政策，也可能是一般价格水平上涨或下降引起。当实际货币余额增加时，央行采用扩张货币政策增加货币供给或者价格水平下降，LM 曲线因此向右方移动；反之，央行采用紧缩货币政策减少货币供给或者价格水平上涨，LM 曲线因此向左方移动。假设 IS 曲线固定不变。

在图 6-11 中，LM_1 是初始状态的 LM 曲线，它与 IS 曲线相交于 E_1 点，初始均衡的利率和国民收入组合为 (Y_1, r_1)。假设货币当局采用紧缩的货币政策，减少货币供给。受此影响，LM 曲线将从 LM_1 向左移动到 LM_2。如果利率保持不变，仍为 r_1，则 LM_2 与 IS 曲线将相交于 E_3 点，国民收入则为 Y_3。但随着货币供给的减少，利率由 r_1 上升至 r_2，随着利率上升，与利率相关的货币需求（凯恩斯模型中的投机需求）将相对减少，相对增加了与收入相关的货币需求（凯恩斯模型中的交易需求或谨慎需求），这对国民收入的减少形成缓冲，所以，真实的均衡点在 E_2，对应的国民收入为 Y_2，利率为 r_2。

如果货币当局采用扩张的货币政策，其作用方向与上相反。

3. IS 曲线与 LM 曲线移动对产品市场和货币市场均衡的影响

前面分析的是假定一条线不变，而另一条线发生移动时 IS-LM 均衡点变化的情形。但是两条线也可能同时发生变动，变动方向可能相同也可能相反；移动距离可能相同也可能不同，这样形成的均衡也会有多种可能。下面我们分两种情形进行讨论。

(1) LM 正常区域（中间区域）内。以图 6-12 所示为例。假设计划投资支出增加，IS 曲线右移，从 IS_1 移至 IS_2，此时如 LM 曲线不变，利率保持不变，则投资通过乘数作用会推动收入增加至 Y_3，如果利率可变，将从 r_1 上升至 r_2。也就是说，如果仅仅是 IS 曲线右移，利率会上升，投资将受到抑制，国民收入的增加会受到影响。此时，如果要将国民收入增加到 Y_3，可配以 LM 曲线的移动，如在计划投资增加的同时，扩大货币供给，这将推动 LM_1 外移至 LM_2，这样利率保持在 r_1，收入水平扩大到 Y_3。这仅仅为其中的一种情形。其他情形，可参考微观经济学中对供给与需求分析时，供给曲线和需求曲线同时变化时会出现的情形。这样的分析对后续分析宏观经济政策非常有帮助。

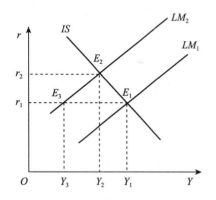

图 6-11 LM 曲线移动与新的均衡

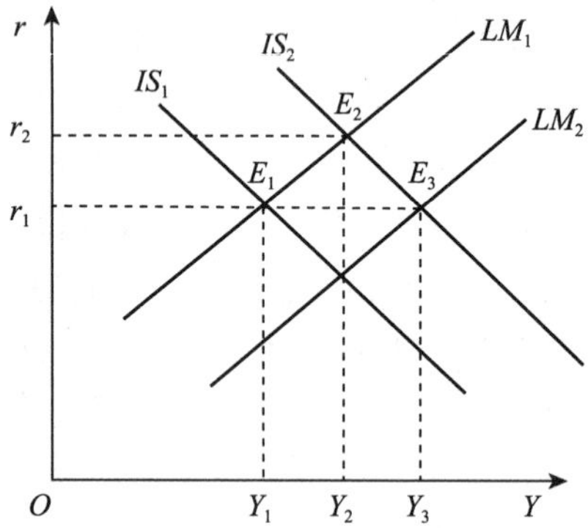

图 6-12 在 LM 正常形状区域内 IS 和 LM 的同时移动

(2) LM 的特殊区域。前面已经对 LM 曲线的两个特殊情形进行过分析，那么当 IS 在这些区域与 LM 线相交时，如果出现变化，会如何呢？

① 在凯恩斯区域。此时利率已至最低，当 IS 曲线与 LM 的这一区域相交时，即使 IS 曲线发生移动，利率也不会变化，但国民收入会随着支出的增加或减少而同向变化，如图 6-13 中 IS_1 向右移动至 IS_2，利率没有变化，但收入增加了，而且是按支出规模与乘数系数的乘积增加，没有挤出效应。

② 在古典区域。如果没有实际货币余额变化，IS 曲线的移动不会引起国民收入水平变化，因为这时已经实现充分就业，IS 曲线的变化只会引起利率水平上升或下降。当然，如果充分就业的产出水平发生变化，也会导致 LM 曲线发生移动（并非由引起 LM 变化的因素引起），如果图 6-13 所示，由 LM_1 到 LM_2 的移动是潜在产出能力提升造成的，与货币供给与需求无关。

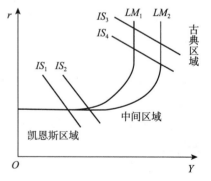

图 6-13 在 LM 特殊区域内 IS 和 LM 的同时移动

6.3.3 IS-LM 模型的理论意义简析

1. IS-LM 模型是凯恩斯需求决定国民收入理论的进一步细化

在第 3 章，我们介绍了简单的总支出（总需求）决定国民产出（国民收入）模型，但当时有两个非常重要的假定：价格不变（黏性价格）和利率不变。所以，除了消费外，其他构成总支出的重要变量：计划投资、政府购买都被假定为外生因素。IS-LM 模型中，放松了利率不变的假定，而且对利率如何决定和变化进行了分析。最重要的是，把国民收入和利率相互影响通过 IS-LM 模型联系起来，对认识国民收入决定的理论有了更进一步的认识。

2. 有助于更全面地认识短期经济波动

按照凯恩斯主义的观点，短期经济波动由需求波动而引起。引起需求波动的因素，可来自产品市场（实体经济），也可以来自货币市场。来自货币市场的冲击怎样影响需求波动，IS-LM 模型对此提供了更为全面的认识。

3. 为进行宏观经济运行短期分析提供了一个一般性框架

IS-LM 模型通过对利率与国民收入相互影响的分析，在产品市场和货币市场之间建立起联系，这就为进行宏观经济分析和宏观经济政策分析提供了一个一般性框架。不仅可以更好地理解运行机制，而且对宏观经济政策的作用效果也能进行全面的分析。

4. 为总供给－总需求模型做了必要的前期准备

现代宏观经济学以总供给－总需求作为最基础的经济理论模型。IS-LM 模型从理论上为推导总需求函数和总需求曲线提供了准备。

附录 6A IS 曲线和 LM 曲线推导的四象限方法

1. IS 曲线的推导

四象限方法试图将实现均衡法的全过程描述出来，如图 6-14 所示，象限 a 描述的是投资函数。纵坐标表示利率 r，横坐标表示投资 I，形状向右下方倾斜，原因如正文所分析。

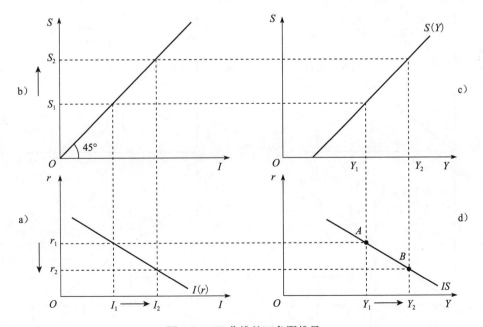

图 6-14　IS 曲线的四象限推导

象限 b 表示的是计划投资等于计划储蓄。纵坐标和横坐标分别表示计划储蓄 S 和计划投

资 I。45°线上的点表示计划投资等于计划储蓄,即满足这一条件的点都能保证产品市场均衡的实现。

象限 c 描述的是储蓄函数。纵坐标和横坐标分别表示储蓄 S 和国民收入水平 Y。从第 3 章已知,储蓄是国民收入的增函数,故储蓄曲线呈向右上方倾斜形状。

象限 d 是得出的 IS 线,描述了每一个利率水平上,在产品市场均衡时所得到的国民收入水平。

推理过程可从利率变化开始。初始时利率水平为 r_1,对应的计划投资水平为 I_1(象限 a);实现产品市场均衡所需的储蓄水平 S_1 应等于 I_1,$S_1 = I_1$(象限 b);要得到这样的 S_1,根据储蓄函数曲线,相应的国民收入水平应该为 Y_1(象限 c);这意味着,在利率水平为 r_1 时,实现产品市场均衡时的国民收入水平应为 Y_1,在象限 d 中,我们以利率为纵轴、国民收入为横轴标出两者组合点 $A(Y_1, r_1)$。现在假设利率水平下降,从 r_1 降息到 r_2,后续引起的调整如前述,投资到 I_2,储蓄到 S_2,收入到 Y_2,这样得出第二个收入利率组合点 $B(Y_2, r_2)$。连接 A 点和 B 点,就得到了 IS 曲线。

2. LM 曲线的推导

四象限推导 LM 曲线的方法,主要是基于凯恩斯的货币需求和货币供给理论。根据凯恩斯货币理论,货币需求可分为出于交易动机和谨慎动机的需求 L_1(影响因素主要是收入 Y),出于投机动机的需求 L_2(影响因素主要是利率 r)。所以,总的货币需求函数为:

$$L = L_1(Y) + L_2(r)$$

货币供求均衡时,货币供给满足这两部分需求,L_1 满足后的剩余部分满足 L_2。我们把货币需求分为受国民收入变化影响部分 L_1 和受利率变化影响部分 L_2,与凯恩斯模型保持一致。下面我们来看如何通过四象限推导 LM 曲线(见图 6-15)。

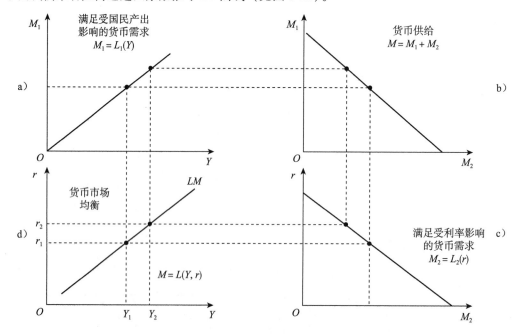

图 6-15　LM 曲线的四象限推导

象限 a 是由国民收入水平决定的货币需求量，即 kY 部分。

象限 b 是给定货币供给总量后，如何在满足 L_1 和 L_2 之间进行分配。

象限 c 是货币需求中受利率变化影响的部分，即 hr 部分。

象限 d 是 LM 曲线。

初始的国民收入水平为 Y_1，由此会在象限 a 决定出相应的货币需求量 L_1，用于满足这部分需求的货币供给量为 M_1；满足 L_1 的货币剩余部分，即是用于满足 M_2，$M = M_1 + M_2$。M_2 的数量确定后，也就能在象限 c 得到与此相应的利率 r_1；Y_1 和 r_1 的第一个组合就得到了。当国民收入水平变为 Y_2 后，继续上述过程，也会相应得到 r_2，第二个组合点就得到了。连接两点就得到了 LM 曲线。

本章小结

本章引入 IS-LM 模型，介绍了货币市场和产品市场同时实现均衡的条件，主要内容如下：

1. IS 模型表示在产品市场达到均衡时，利率与国民收入的关系。其经济含义为：在其他条件不变的情况下，当利率上升，投资将减少，总需求将减少，从而导致国民收入减少；反之亦然。

2. LM 模型表示在货币市场达到均衡时，利率与国民收入的关系。其经济含义为：在其他条件不变的情况下，当国民收入上升，货币需求将增加，为使货币市场保持均衡，市场利率必须相应上升；反之亦然。

3. IS 曲线和 LM 曲线结合在一起，就可得到产品市场和货币市场同时均衡时，利率和国民收入的关系。IS-LM 模型经常被用于宏观经济失衡的分析，以及宏观经济政策的解释。

思考与练习

一、名词解释

IS 曲线　　　　　　LM 曲线

产品市场的均衡　　货币市场均衡

古典区域　　　　　凯恩斯区域

二、简答题

1. 使用两种方法推导 IS 曲线和 LM 曲线。

2. IS 曲线的斜率和移动受哪些因素影响？

3. LM 曲线的斜率和移动受哪些因素影响？

4. 如果政府降低税率，会怎样影响 IS 曲线、均衡的收入水平以及均衡利率？

三、计算题

某个经济体宏观方程如下。

消费函数：$C = 200 + 0.75(Y - T)$；投资函数：$I = 200 - 25r$；政府购买和税收都为 100；

货币需求方程为：$(M/P)^D = Y - 100r$；货币供给 $M = 1\,000$；价格 $P = 2$。

回答下列问题：

（1）列出 IS 方程表达式。

（2）列出 LM 方程表达式。

（3）求出均衡收入和均衡利率。

（4）如果政府购买从 100 增加到 150，IS 方程怎样变化？均衡收入和均衡利率怎样变化？

（5）货币供给从 1 000 增加到 1 200，LM 方程怎样变化？均衡收入和均衡利率怎样变化？

（6）价格水平从 2 变为 4，会引起什么变化？均衡收入和均衡利率怎样变化？

第7章
CHAPTER7

AD-AS 模型：总需求与总供给分析

§ 本章要点

在前面分析中，我们假定总供给可以适应总需求的增加而增加，但假定一般价格水平固定不变。本章将放松价格水平固定不变的假定，要说明产出水平决定和价格水平的关系。因此，本章其实是把商品市场和货币市场相互影响考虑的情况下来说明产出水平和价格水平之间的关系。

§ 学习目标

- 掌握构建宏观经济学思维的基本工具的 AD-AS 模型；
- 理解经济波动，使用总需求和总供给的分析方法来学习经济受到冲击时如何进行调整。

§ 基本概念

总需求曲线　　总供给曲线　　长期总供给曲线　　短期总供给曲线

经济运行不断受到来自不同方向的冲击，使得真实国民产出偏离充分就业的产出水平（潜在产出水平）。这些冲击，有些来自自然界（地震、台风等），有些来自社会因素（爆炸、恐怖袭击等），这些负向冲击都会降低国民产出水平。当然，也有正向冲击，如技术进步等。这些是对供给的冲击，还有一些是对需求的冲击，如收入变化、预期变化等。为了分析这些冲击的影响，我们将建立总量基础上的供给和需求模型。

供求模型是经济学的基本模型，在微观经济学中，我们分析了单个商品的情形。总量基础上的供给-需求模型与单个商品形式上类似，但实质上完全不同。如何构建出总量基础上的供给与需求模型，也是我们完善宏观经济思维的重要内容。上一章我们放松了利率不变的假设，本章我们继续放松价格不变的假定，允许价格变化。这里的价格是指总量水平上的价格或者说一般价格水平。

7.1 总需求

总需求（aggregate demand，AD）是指在其他条件不变的情况下，在给定一个价格水平时对一国产品和劳务需求的总价值，其中包括：消费支出、投资支出、政府购买支出以及净出口支出。总需求受到多种因素影响，主要的有价格水平、预期、宏观经济政策和世界经济状况。

我们先主要讨论价格与总需求的关系。为简便起见，我们假定其他因素不变，总需求中，政府购买不受价格变化影响，只是由政府的政策取向来决定，那么总需求与价格的关系如何呢？

7.1.1 总需求曲线

其他因素不变的情况下，价格水平越高，对真实国民产出（可以用实际 GDP 表示）的需求越少。所以，总需求曲线是一条向右下方倾斜的曲线，价格越高，总需求越少，价格越低，总需求越高，总需求曲线如图 7-1 所示。横轴代表国民产出（Y），纵轴代表价格水平（P），AD 表示总需求曲线。

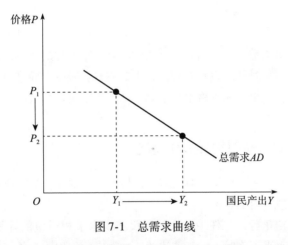

图 7-1　总需求曲线

AD 曲线形状与单个商品的需求曲线看上去相似，但原因解释并不相同。

7.1.2 AD 曲线为什么向右下方倾斜

如图 7-1 所示，总需求曲线 AD 是向右下方倾斜的曲线。在微观经济学中，向右下倾斜的原因是两种效应决定的：收入效应与替代效应。

对一种产品而言，当其价格变化后，人们对其需求如何做出反应，一般有一个重要假设：其他产品和服务的价格不变。该产品价格上涨后人们对其需求减少，是因为人们会用价格不变的产品替代之。但是，当我们讨论总需求时，所有最终产品和服务的价格可能同时在改变。而且，如果消费者决定少购买小麦，多购买衣物，最终产品和服务的总需求数量不一定会变。

当一个经济体的一般价格水平变化后，对该经济体所有最终产品和服务的需求会怎样变化呢？结论与单个商品时相同，即价格水平下降，对最终产品的总需求增加；而当价格上涨后，对最终产品的需求会减少。如何解释其中的原因呢？可归结为如下主要原因：总体价格水平变化的财富效应、利率效应和国际替代效应。

1. 财富效应

人们的收入水平会影响人们的消费支出。人们所拥有的财富水平也影响人们的消费水平，因为财富将影响人们的支出能力。当一般价格水平上涨后，人们所拥有财富的实际购买力将会相对下降，这会导致人们减少实际支出，总需求因此减少。相反，当一般价格水平下降后，人们财富的实际购买力将提高，会导致总需求增加。

2. 利率效应

当一般价格水平上涨后，家庭与企业需要更多的货币来进行交易，因为人们持有的既定数量货币的购买力降低了。为了购买与以前同样数量的产品和服务，人们现在需要持有更多的货币。因此，为了购买与以前同样数量的产品和服务，家庭和企业会从金融机构增加借款或出售债券，这都会提高利率。利率升高，将增加人们借款成本，家庭将减少消费支出，企业将减少投资。这些无疑都会导致总需求减少。相反，如果一般价格水平下降，对产品和服务的总需求会增加。

3. 国际替代效应

作为总需求重要组成部分的净出口，会受到价格水平变化的影响。如果本国一般价格水平升高，本国产品价格相对外国也相对较高，出口相对会减少，而进口会增加，结果是净出口下降，总需求减少。如果一般价格水平下降，结果是净出口相对会增加，总需求增加。

7.1.3 从收入-支出模型推导 AD 曲线

第 3 章我们介绍收入-支出模型时，假定价格不变。现在，如果我们放松这一假定，转而讨论价格变化时对总支出的影响。

当一般价格水平变化后，与任一给定的国民产出水平相适应的计划总支出水平也会发生变化。当一般价格水平下降时，由于前述的三种效应的作用，与任一给定的国民产出水平相适应的计划总支出将上升，总支出线将上移。均衡国民产出水平将随之提高。

如图 7-2a 所示，实际国民产出位于横轴，实际计划总支出位于纵轴。从第 3 章学习我们知道，当其他条件不变时，计划总支出会随着国民产出水平的提高而增加。计划总支出线与 45°线的交叉点，决定均衡国民产出，如图 7-2a 中的 E_1 点和 E_2 点，对应的国民产出为 Y_1 和 Y_2。

假设一般价格水平从 P_1 下降到 P_2，与任一给定的实际国民产出对应的总支出将上升，图中表示为从 $AE_{计划1}$ 上升为 $AE_{计划2}$，均衡国民产出水平从 Y_1 上升到 Y_2。

基于上述过程，我们还可以推导出总需求曲线。在图 7-2b 中，我们将一般价格水平表示在纵轴上，而将国民产出表示在横轴上，当一般价格水平为 P_1 时，对应的均衡国民产出水平为 Y_1，A 点表示两者的组合；当价格下降到 P_2 后，新的均衡国民产出水平为 Y_2，B 点表示新的组合，连接 A 点与 B 点，就得到了总需求曲线 AD。

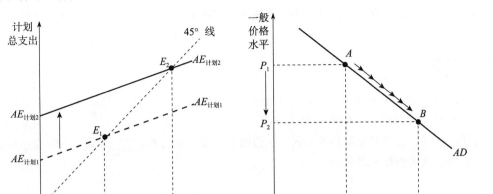

图 7-2　推导总需求曲线

7.1.4　沿着 AD 曲线移动和 AD 曲线移动

与微观经济学中对个体需求曲线的讨论类似，对于 AD 曲线，也有沿着 AD 曲线的移动与 AD 曲线本身的移动。前面推导 AD 曲线时的情形就是沿着 AD 曲线的移动，系由价格变化引起。

AD 曲线也会发生移动，总需求增加，AD 曲线右移；总需求减少，AD 曲线左移，如图 7-3 所示。引起 AD 曲线移动的原因有：

（1）**家庭与企业预期改变**。消费支出与投资支出受到人们预期的影响。消费者预期乐观，人们消费会增加；企业预期乐观，投资会增加。所以，对经济前景乐观，则总需求曲线右移；反之，如果悲观，则总需求曲线左移。财富水平变化对家庭预期的影响较为显著，而企业资本存量变化

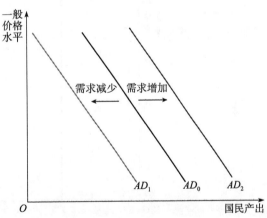

图 7-3　总需求曲线的移动

也会影响企业的投资选择。为了预测未来经济走势，现在各国都有机构定期发布当时的信心指数，用来表现人们的预期，为经济行为人决策提供参考。

（2）**政府政策变动**。政府政策对总需求有较大影响。因为政府政策不仅影响政府支出，而且通过税收、利率等政策，影响家庭的可支配收入水平和企业支出数量。所产生的影响也会一样，增加总需求的政策，会导致 AD 右移；减少总需求的政策，会导致 AD 左移。

（3）**国外因素变动**。国外因素变化会影响与总需求有关的两个重要变量，进口与出口（或者说净出口）。当国外经济扩张时，外国的国民产出水平会增加，进口需求也会增加，这有利于本国产品的出口。作用的结果是净出口增加，总需求曲线会因此向右移动。同样，

如果本国货币相对于国外货币贬值，也有利于净出口的增加，也会推动总需求向右移动。当然，如果出现相反的情况，也会导致需求曲线向左移动。

7.2 总供给

总供给（aggregate supply，AS），是指在一定的价格水平上，一个经济体愿意提供的产品和劳务总量（可以用实际 GDP 来代表）。

总供给曲线，长期与短期并不相同。我们用 LAS 线表示长期总供给曲线，SAS 表示短期总供给曲线。两者为什么不同呢？

7.2.1 长期总供给曲线

长期总供给曲线，反映长期价格水平和长期实际国民产出数量之间关系的曲线。

长期国民产出由劳动数量、资本存量和可供使用的技术来决定。价格水平变化不影响这些决定因素，所以不影响实际国民产出水平。也就是说，长期国民产出会处在充分就业水平（或称潜在国民产出水平）。如图 7-4 中的几条 LAS 线分别表示不同水平的长期供给曲线。价格不论上涨还是下降都不影响长期供给水平。长期供给能处在潜在产出水平，一个重要的条件就是价格水平可以灵活调整，保证资源得到充分利用。

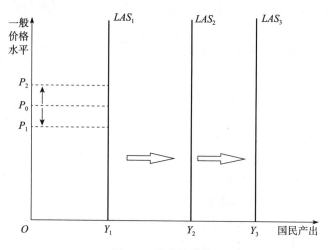

图 7-4　总供给曲线

当影响长期供给的几种要素发生变动后，长期供给曲线 LAS 将发生移动。这些因素也就是决定长期国民产出变化的因素，包括①劳动数量变化，②资本数量变化，③技术进步或退步。LAS 发生移动，如图 7-4 所示，从 LAS_1 到 LAS_2，再到 LAS_3，表示的是总供给增加的情形。

7.2.2 短期供给曲线

短期总供给曲线 SAS，根据假设条件不同，有两种情形：

1. 极端凯恩斯主义学派的短期总供给

这种观点认为,短期内如果一个经济体资源闲置严重,那么对资源增加利用(可能由需求增加引起)将不会造成价格上涨,所以 SAS 为平行于产出轴的一条直线,一直到实现充分就业,成为一条垂直线,如图 7-5 所示。这种情形下的 SAS 在既定价格上处在水平状态,实现充分就业时,国民产出为 Y_F,所以成为一条垂直线。

2. 普通情形的短期总供给曲线

普通凯恩斯主义者认为的短期总供给曲线 SAS 则是向右上倾斜的。意思是说,随着一般价格水平的上升,总产出水平的供给量也会随之增加。

(1) 短期供给曲线向右上方倾斜的原因。

短期供给曲线向右上方倾斜,是指随着产品价格上升,生产者愿意提供更多的产品或服务,如图 7-6 所示。造成这一结果的主要原因是:

第一,产品价格上升要快于成本的上升。 生产者因为获利更多,所以愿意增加产品或服务的数量。简单可认为,产品价格上涨的速度要快于投入要素价格上升的速度。企业获得更多,自然愿意增加产品和服务数量。

第二,当最终产品或服务价格上涨或下降时,有些厂商的价格调整迟缓。 一般价格水平上升时,调价迟缓者发现产品好销,所以增加生产。而当一般价格水平下降时,部分企业的降价也比较慢,当发现销售下降时才减少生产。工资黏性与价格黏性在讨论短期供给曲线时,扮演着重要角色。

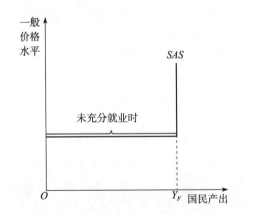

图 7-5 短期总供给曲线:极端凯恩斯主义

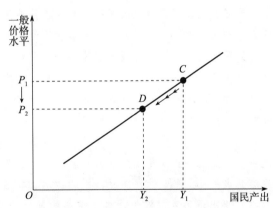

图 7-6 普通的短期总供给曲线

(2) 怎样理解价格上涨迟缓现象?

为什么会出现投入品价格上涨迟缓的现象?为什么有的厂商调价慢?原因是他们无法准确预测价格变化。为什么工人和厂商不能准确预测价格水平变化,从而会导致 SAS 曲线向右上方倾斜呢?经济学家对这一点有三种最常见的解释:

第一,工资和价格的"黏性"。

工资和价格的"黏性"是指工资和价格对供给与需求的变化不能及时做出反应的现象。工资合约并非随时签订,但经济形势总在变化。当工资或交易合约签订后,经济或扩张或收缩,产出随之出现或扩大或减少,但工资或交易受制于合约并不能及时进行调整。

对价格来说也是这样,购销合同签订后,经济形势变化,不能马上进行价格调整。这都源于预测不准。如果人们都能准确预测,都能及时反映在工资与价格变化中,则产出就不会扩大了。

第二,工资调整通常较慢。

工资合约签署后,一般会保持一段时间,调整通常都有时间滞后性。如果工资调整慢,产品价格上涨后,企业将会使用更多的劳动来提高盈利水平。

对于降低工资,企业执行更慢。工资下降,会带来员工离职。研究发现,衰退发生时,厂商通常不加薪,而是冻结工资,并非减薪。

第三,菜单成本使一些价格具有黏性。

企业一般都有产品目录,其中会列出产品价格等相关信息。如果产品的市场需求比企业预期水平高或低,他们理应按新的供求状况来调整价格。但是,产品价目单的调整并不容易,企业改变产品价目单所涉及的成本为菜单成本。即使产品价格应该随着供求变化进行调整,有企业考虑到菜单成本后,可能不会进行调整。也有些企业不进行调整,是因为这样做自己的产品价格相对便宜,更有利于在市场中扩大份额。

| 专栏 7-1 |

什么是真正的弹性,什么是真正的黏性

大多数宏观经济学家同意:当其他条件不变时,总体价格水平与总产出供给数量之间在短期存在正相关关系。不过,许多学者认为其中的细节要复杂得多。

到现在为止,我们强调了总体价格水平和名义工资之间的差异。那就是,在短期内,总体价格水平是有弹性的,但是名义工资是黏性的。虽然这样一个假定是解释总供给曲线为什么在短期向右上倾斜的一个好方法,但是工资和价格的经验数据并不完全支持这种泾渭分明的区别:最终产品和服务的价格有弹性,而工资是黏性的。

一方面,一些名义工资即使是在短期事实上也是有弹性的,因为一些工人没有与他们的雇主签订正式合约或非正式合约。因此一些名义工资是黏性的,而其他则是有弹性的。我们观察到当失业水平迅速提高时,平均的名义工资(一个经济体中所有工人名义工资的平均水平)将出现下跌。例如,在大萧条的早期阶段,名义工资实质上是下跌的。另一方面,一些最终产品和服务的价格是黏性的,并非有弹性的。例如,一些企业,特别是奢侈品或一些名牌产品的生产者,即使需求下滑,它们宁愿减少产量,也不愿降低价格,另外它们每单位产品的利润并没有下跌。

我们已经说过,这些复杂的情形不会改变图形的基本含义。当总体价格水平下降的时候,因为名义工资是黏性的,所以一些生产者会减少产量。而另一些生产者在面对总体价格水平降低时并不降价,而宁愿减少产量。在这两种情形下,总体价格水平和总产出供给数量之间的正相关关系都是成立的。因此,短期总供给曲线终究是向右上倾斜的。

(3) SAS 发生移动的原因是什么?

短期总供给曲线同样也有沿着曲线的移动与供给曲线本身的移动。供给曲线是在假定其他因素不变情况下，表现一般价格水平变化与总产出量关系的曲线。如果其他因素发生变化，那么 SAS 也会发生变化，这一点与个体供给曲线类似，如图 7-7 所示，凡是引起总供给增加的因素变化，推动 SAS 向右移动；凡是引起总供给减少的因素变化，推动 SAS 向左移动。

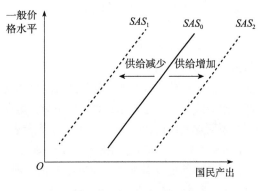

图 7-7　总供给曲线移动

引起 SAS 移动的因素有：

1）投入要素数量和要素价格的变化。

既然企业根据获利多寡决定产出，那么生产成本的变化会影响到生产者增加产出还是减少产出。影响成本的是要素数量和要素价格。

如果劳动数量、资本（实物资本、人力）数量增加，意味着产出增加，SAS 向右移动；如果投入要素数量减少，则 SAS 向左移动。

如果投入要素价格发生变动，如劳动工资上升，会引起供给曲线上移（左移）；如果投入要素的价格下降，则会引起供给曲线下移（右移）。

2）生产率变化。

在保持同样数量资本与劳动的情况下，如果劳动生产率提高，则可以生产更多的产品；这其实等于单位产品的生产成本下降了。当然，引起劳动生产率提高的因素很多，技术进步显然是最突出的，也可以说，技术进步将推动 SAS 向左移动。

3）未来价格变化的预期。

如果企业和家庭都预期未来价格将会上涨，他们将会调整产品价格和所要求的工资水平。比如，当工人预期未来一年通货膨胀率为 3%，那么他们将会要求工资也至少增加 3%，这样 SAS 也就向左移动相当于成本 3% 的距离。

4）供给冲击。

经济运行中，会发生一些未预期到的事件造成产出水平变化，这被称为**供给冲击**（supply shock）。如石油等大宗商品价格的波动，会造成生产者成本变化。石油价格下跌，成本下降，推动 SAS 向右移动；石油价格上涨，抬高成本，推动 SAS 向左移动。

为什么大宗商品价格变化的影响不是反映为沿着短期总供给曲线移动呢？原因是大宗商品非最终产品，它们的价格没有被包含在总体价格水平的计算之中。更进一步讲，对大多数生产供应商来说，大宗商品像名义工资一样，是构成生产成本的重要部分。所以大宗商品价格变化对生产成本有重要影响。

同时自然灾害、突发战争、需求突然增加等也会有类似的影响。

7.3　长期与短期的宏观经济均衡

介绍了总需求、总供给后，我们将把两者结合在一起来讨论宏观经济均衡。均衡有两种：短期均衡与长期均衡。**长期均衡**是经济朝着一种特定方向的状态。**短期均衡**是经济围绕潜在国民产出波动的状态。

7.3.1 短期宏观经济均衡

总需求曲线表示每种价格水平与总需求之间的关系,而短期总供给曲线表示每种价格与国民产出供给的关系。当国民产出需求与国民产出供给相等时,就实现了宏观经济均衡。如果是总需求曲线 AD 与短期总供给曲线相交就达至短期宏观经济均衡,如图 7-8 所示,短期供给曲线 SAS 与总需求曲线 AD 相交,短期均衡价格为 P_E,均衡产出水平为 Y_E。

短期均衡国民产出 Y_E,可能高于充分就业(潜在)的国民产出,也可能低于,如同第 3 章短期情形下总支出决定的国民产出水平一样。

如果短期出现需求变化或供给变化,则短期均衡也会发生变化。比如,当短期需求增加时,AD 线会向右移动,如果 SAS 不变,则会导致短期国民产出增加,均衡价格水平上升;如果 AD 线会向左移动,则会导致短期国民产出减少,均衡价格水平下降。同样的原理也可以用于分析 SAS 的移动,其情形与分析个体供给与需求时相似。

这仅仅是就短期而言的。如果考虑到长期供给曲线,情形可能会有所不同。

7.3.2 长期宏观经济均衡

经济在充分就业状态,或在潜在 GDP 水平上实现均衡,这是长期宏观均衡,表现为需求曲线 AD 与长期供给曲线 LAS 相交形成均衡。如图 7-9 所示,AD 与 LAS 在 E_{LR} 点相交,形成的均衡是长期均衡,因为这时的国民产出位于充分就业水平。而且,在长期因为工资可以灵活调整,所以 SAS 也与 LAS 相交。

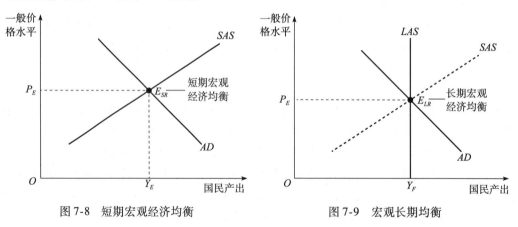

图 7-8 短期宏观经济均衡　　　　图 7-9 宏观长期均衡

7.3.3 短期调整:需求冲击与供给冲击

为了分析方便,我们假设两种情形进行分析,一种是在潜在产出水平给定的情况下,发生短期的需求冲击或者供给冲击;另一种是在潜在产出水平发生移动情况下,发生需求冲击或者供给冲击。我们先分析前面的一种情形。

1. 负向需求冲击

能引起需求曲线移动的事件都可称为需求冲击。我们先看负向需求冲击即需求下降的情形（见图7-10）。

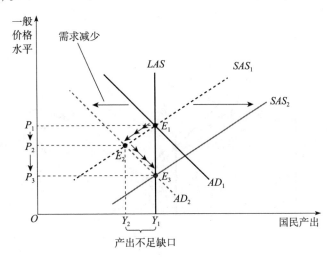

图 7-10　需求减少造成的短期与长期影响

产出不足缺口　比如说，某经济体目前处在充分就业状态，国民产出为 Y_1（$Y_1 = F_F$），总需求 AD_1 与 SAS_1 相交于 E_1，而 E_1 也在长期供给曲线 LAS 上。因为最近世界经济增长放缓，该经济体的出口增长不振，人们预期未来该国经济增长将放缓，家庭的消费支出和企业的投资支出开始变得谨慎，对未来预期不佳。这将导致需求曲线 AD 向左移动，从 AD_1 向左移到 AD_2，新的均衡在 E_2 点实现，一般价格水平下降到 P_2，国民产出下降到 Y_2。与 Y_1 点充分就业国民产出相比，Y_2 相对较低，所以存在产出不足缺口。这种情形其实就是经济衰退，失业率在短期也会上升。

缺口回补　在长期，存在多种力量推动经济回到潜在水平。当失业率处在高位时，工人与企业开始调整价格预期，因为价格低于他们此前预期的水平。工人愿意接受低工资，企业也降低产品价格。工资下降推动 SAS 右移逐步回到与 LAS 对应的水平，即从 SAS_1 移动到 SAS_2，与 AD_2 在 E_3 点相交，E_3 在长期供给曲线上，经济恢复到长期均衡（E_3 点），价格水平也随之下降了。这种调整并非短期完成，有时可能需要几年。经济可以自身完成调整，当然时间会延长。当然，政府也可以通过政策进行主动调整，助力经济加快回到长期均衡状态。

2. 正向需求冲击

如果发生正向的需求冲击，需求增加导致的结果又如何呢？假设初始经济处在充分就业水平，$Y_1 = Y_F$，总需求 AD_1 与长期供给曲线 LAS 相交于 E_1 点。正向需求冲击将导致需求曲线向右移，如图7-11所示，从 AD_1 向左移到 AD_2，新的均衡在 E_2 点实现，一般价格水平上升到 P_2，国民产出增加到 Y_2。与充分就业国民产出 Y_1 相比，Y_2 超过部分，形成**产出过剩缺口**。这种情形下，经济繁荣，出现通货膨胀现象。

缺口回补　与负向需求冲击类似，在长期，也有多种力量会推动经济回到潜在产出水平。当失业率长期处在低位时，工人与企业开始调整价格预期，工资总会上涨，这将推动存在产出过剩缺口的短期供给曲线 SAS 向左移动，工资上涨将推动 SAS 向左移，逐步回到与 LAS 对应的水平，即从 SAS_1 移动到 SAS_2，与 AD_2 在 E_3 点相交，E_3 在长期供给曲线上，经济恢复到长期均衡（E_3 点），价格水平也随之上涨到 P_3。这种调整同样并非短期完成，有时可能需要几年。经济可以自身完成调整,政府也可以通过政策进行主动调整,助力经济加快回到长期均衡状态。

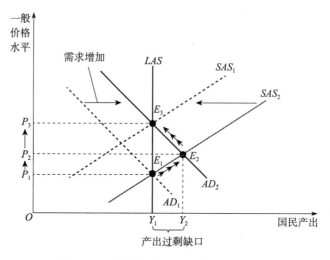

图 7-11 需求增加造成的短期与长期影响

无论是产出不足缺口,还是产出过剩缺口,都可以表示为对潜在产出(充分就业产出)水平的偏离,表示为:

产出缺口 = [(真实总产出 − 潜在产出)/ 潜在产出] × 100%

产出缺口又具体表现为产出不足缺口与产出过剩缺口。在充分就业水平上,产出缺口为0。

3. 供给冲击

与需求冲击类似,供给冲击也有负向与正向,我们以负向为例来说明。对供给正向冲击可参考负向冲击。

(1)**短期影响**。假设大宗商品价格,如石油价格大幅上涨,企业生产成本提高,这一影响造成短期供给曲线向左移,如图 7-12 所示,SAS_1 向左移到 SAS_2,均衡点也从 E_1(处在充分就业状态)变为 E_2,均衡价格从 P_1 上升到 P_2。产出下降,价格上涨,形成滞涨(stagflation)。

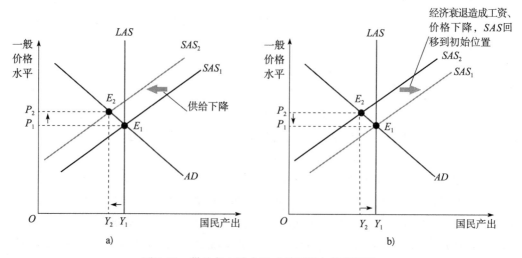

图 7-12 供给负向冲击造成的短期与长期调整

（2）**长期回补**。供给冲击导致经济衰退、失业增加，从长期来看，工人将最终接受低工资，企业也接受低价格，成本下降将推动供给曲线回调，SAS_2 右移到 SAS_1，均衡点也从 E_2 逐步回到 E_1（即充分就业状态），也回到了充分就业状态。这种调整，既可以是自动完成，也可以因政府政策主导回调。

7.3.4 长期调整

前面的介绍都是在短期背景下，尤其是在充分就业国民产出水平不变的情况下，面临供给冲击与需求冲击时的宏观经济均衡变化。如果考虑到长期供给曲线 LAS 移动，情形又如何呢？

如果允许 LAS 移动，情况可能复杂一些，这通常是发生了永久性供给冲击造成的情形。

1. 永久性供给冲击：需求不变

假设发生对充分就业产出水平具有永久冲击的事件，如资源枯竭、政策变动等，永久损害长期供给。为简单起见，我们假设总需求不变（可能是影响总需求的政策没有随之进行调整），情形如图 7-13 所示。

假设初始位于 E_1 点，LAS_1、SAS_1 与 AD 相交，对应的充分就业产出水平为 Y_1。发生永久性负向供给冲击后，LAS_1 向左移动到 LAS_2，在总需求不变的情况下，价格水平将上升；这也会造成短期供给曲线 SAS 向左移，从 SAS_1 移动到 SAS_2，调整不会停止，因为仍然高于新的充分就业产出水平（Y_3）。最终会移动到 SAS_3，与 AD 和 LAS_2 相交，形成新的均衡点 E_3，充分就业的国民产出水平下降到 Y_3。

永久性负向供给冲击，最初阶段会导致产出下降和价格上升。与暂时冲击相比，永久性负向供给冲击导致充分就业产出下降和价格（通货膨胀）永久性上升。

2. 永久性供给冲击：需求可变

如果发生永久性供给冲击，需求也随之变化时，那么情形又如何呢？

比如说，情形如下：①发生永久性正向供给冲击，充分就业产出水平持续提高（见图 7-14）；②总需求持续增加。

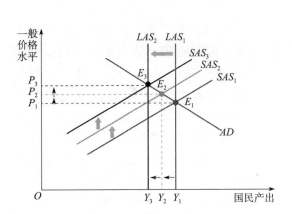

图 7-13 永久性供给冲击的影响（AD 不变）

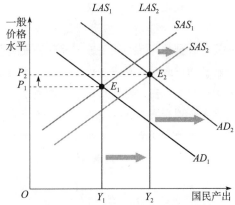

图 7-14 永久性供给冲击的影响（AD 可变）

经济初始均衡，SAS_1 与 AD_1 在 LAS_1 相较于 E_1 点。假设发生了永久影响长期供给的事件，如劳动、实物资本等生产要素增加了，或者出现技术进步，等等，这些变化推动 LAS 向右移动，从 LAS_1 移动到 LAS_2。因为 LAS 移动也推动 SAS 曲线向右移动，从 SAS_1 移动到 SAS_2。因为国民产出增加，消费、投资或政府购买也会随着增加，导致 AD 曲线移动，从 AD_1 移动到 AD_2，最终经济在经济 E_2 点形成新的均衡，这也是新的充分就业国民产出水平。

结果是长期产出增加，价格水平上涨，因为需求增加幅度大于产出增长幅度。

以上只是两种 LAS 移动的两种情形，其他情形原理类似，在此不再赘述。

本章我们介绍了总供给–总需求模型，是在考虑到利率变化后，价格变化的情形。该模型对理解宏观经济中经济增长、短期产出、失业、通货膨胀等现象具有较强的解释能力。

本章小结

1. 总量基础上的供给–需求模型可用来解释价格变化条件下，产出与价格水平的决定。

2. 总需求是在给定一个价格水平时，对一国产品和劳务需求的总价值，其中包括：消费支出、投资支出、政府购买支出以及出口支出。总需求受到多种因素影响，主要有：价格水平、预期、宏观经济政策和世界经济状况等。

3. 总需求曲线是一条向右下方倾斜的曲线，价格越高，总需求越少，价格越低，总需求越高，向右下方倾斜的原因有：一般价格水平变化的财富效应、利率效应和国际替代效应。

4. 财富效应，当一般价格水平上涨后，人们所拥有财富的实际购买力将会相对下降，这导致人们减少实际支出。

5. 利率效应是价格上涨后，购买与以前同样数量的产品和服务，家庭和企业会从金融机构增加借款或出售债券，这都会提高利率。利率升高，将增加人们借款成本，家庭将减少消费支出，企业将减少投资。

6. 引起 AD 曲线移动的原因有：家庭与企业预期改变、政府政策变动、国外因素变动。

7. 总供给，是指在一定的价格水平上，一个经济体愿意提供的产品和劳务总量（可以用实际 GDP 来代表）。

8. 长期总供给曲线，反映长期价格水平和长期实际国民产出数量之间关系的曲线。

9. 长期供给曲线 LAS 发生移动的因素有：①劳动数量变化，②资本数量变化，③技术进步或退步。

10. 短期供给曲线，有两种情形：

① 极端凯恩斯主义学派的 SAS，为平行于产出轴的一条直线，一直到实现充分就业，成为一条垂直线。

② 一般情形的短期 SAS，普通情形的 SAS 向右上倾斜。意思是说，随着一般价格水平的上升，总产出水平的供给量也会随之增加。

11. 短期供给曲线向右上方倾斜的原因有：①产品价格上升要快于成本的上升；②当最终产品或服务价格上涨或下降时，有些厂商的价格调整迟缓。

12. 工人和厂商不能准确预测价格水平变化，从而导致了 SAS 曲线向上倾斜，三种最常见的解释是：第一，工资和价格的"黏性"；第二，工资调整通常较慢；第三，菜单成本使一些价格具有黏性。

13. SAS 发生移动的原因有：①投入要素数量和要素价格的变化，②生产率变化，③未来价格变化的预期，④供给冲击。

14. 宏观经济均衡有长期与短期之分。总需求曲线 AD 与短期总供给曲线相交就达到短期宏观经济均衡；需求曲线 AD 与长期供给曲线 LAS 相交形成长期均衡。

15. 需求冲击与供给冲击形成短期调整：产出不足缺口与产出过剩缺口。

16. 供给冲击也有长期调整，推动 LAS 曲线发生移动。

思考与练习

一、简答题

1. 总需求曲线反映了什么样的经济关系？总供给曲线反映了什么样的经济关系？

2. 总需求曲线为什么向右下方倾斜？总需求曲线与个体需求曲线的区别是什么？

3. 什么因素会导致总需求曲线移动？

4. 短期总供给曲线与长期总供给曲线有什么区别？

5. 极端凯恩斯主义短期总供给曲线为什么是平行于产出轴的一条直线？而普通需求曲线为什么向右上方倾斜？

6. 什么因素会导致长期总供给曲线发生移动？

二、论述题

1. 请利用总供给总需求曲线来描述：

① 消费者和企业对未来经济前景预期乐观；

② 发生了技术变革。

2. 请解释，当经济处在长期宏观经济均衡时，AD 曲线、SAS 曲线与 LAS 曲线之间的关系。

3. 请解释需求冲击和供给冲击这短期对宏观经济均衡的影响。

4. 请说明永久性供给冲击对宏观经济均衡的影响。

第8章

失业与通货膨胀

> 颠覆一个社会的现有基础,损毁其货币是最巧妙也是最可靠的方法。损害过程完全利用了隐藏于经济规律之下的力量,且采用不会为百万众生中有一人能觉察的方式进行。[注]
>
> ——约翰·梅纳德·凯恩斯

> 一个人想要工作,而又找不到工作,这也许是太阳底下财富不平等所表现出来的最惨淡的景观了。
>
> ——托马斯·卡莱尔

§ 本章要点

失业与通货膨胀是当代经济社会关注的两大重要议题,无论是发达国家,还是发展中国家,都不同程度受到失业与通货膨胀问题的困扰。两者或交替发生,或同时出现。因而,失业和通货膨胀就成了宏观经济失衡最突出的现象。两种现象是理论研究的重点,也是宏观经济政策在短期要解决的主要问题。本章将介绍失业与通货膨胀的含义、成因及分类等基本知识,为读者从理论上认识这两种现象提供基本理论框架,之后将围绕菲利普斯曲线研究失业与通货膨胀之间的关系,并介绍围绕这条著名曲线进行的争论。

§ 学习目标

- 理解失业与通货膨胀的定义;
- 掌握引起失业与通货膨胀的成因和理论解释;
- 了解失业与通货膨胀造成的经济影响;
- 理解描述失业与通货膨胀之间长期和短期关系的菲利普斯曲线;
- 理解自然失业率概念的意义。

[注] John Maynard Keynes, *The Economic Consequences of the Peace*, 1919:235-248。

§ **基本概念**

| 失业 | 摩擦性失业 | 结构性失业 | 周期性失业 | 充分就业 |
| 自然失业率 | 通货膨胀 | 菲利普斯曲线 | 无加速通胀失业率 |

在宏观经济学研究的四个主要议题中，我们已较为完整地分析了国民收入水平的决定、经济周期以及国民收入水平的长期变化（经济增长）的理论。本章我们将转向对另外两个议题：失业和通货膨胀的研究。

失业和通货膨胀是现实经济中宏观经济出现不良运行最常见的两种情形。现代宏观经济政策在短期的主要操作也为解决这两个问题而设计。但如何从理论上对它们做出解释，对我们认识发生这些现象的原因以及制定政策非常重要。

第3章我们已经使用凯恩斯主义简单的总需求决定产出模型对失业和通货膨胀现象做过分析。但现实经济中，引发失业和通货膨胀的原因不仅来自需求方面，所以只用需求来解释相对于潜在国民产出水平所形成的两个缺口是不够的，我们还需要使用其他理论来进行解释。本章我们就介绍这些理论。

8.1 失业

8.1.1 失业与失业率

1. 失业

失业（unemployment）是指具有劳动能力、在现行工资水平下，想要工作而没有工作的人所处的状况，处于此种状况的劳动者被称为失业者。理解这一概念时，要注意并非无工作之人都可以称为失业者，要成为统计范围内的失业者，须注意如下几点。

首先，失业者不包含非劳动力人员。非劳动力指那些不包括在法定就业年龄范围内的人员，具体如全日制在校学生、家务劳动者、退休人员等。各国对就业年龄有不同的规定。在美国，就业年龄是 16~65 岁；英国女性是 16~59 岁，男性是 16~64 岁；在中国，一般规定年满 16 周岁为法定就业年龄。

其次，失业者必须是非自愿的，即在一定工资水平上愿意工作但无法找到工作的人，才能计算为失业者。

最后，失业者必须具有劳动能力，这样应排除掉那些"无法雇用的人"，如身体或精神有严重问题而不能工作的人。

2. 失业率

失业状况有两种衡量方法，一种用人数表示，如失业人数达 100 万人；另一种用百分比表示，即失业率，如当前的失业率为 5%。失业率是衡量一个经济中失业状态的最基本指标，所以通常情况用它来衡量失业状况。失业率是失业人数占劳动力总数的百分比，用公式表示为

$$失业率 = \frac{失业者人数}{失业者人数 + 就业者人数} \times 100\% = \frac{失业者人数}{劳动力总数} \times 100\% \tag{8-1}$$

与失业者相对的一个概念是就业者。就业者是指处于受雇或自我雇用状态的劳动力。就业者人数和失业者人数之和称为劳动力总数。

失业率也并不能完全准确反映一个国家的失业状况,因为一方面官方统计数据很可能把未登记的失业者排除在外;另一方面,可能因有些登记的失业者并没有认真寻找工作,数据夸大了真实情况。尽管失业率是一个不完善的指标,但仍然是一个重要的宏观经济指标,它不仅能在一定程度上反映一国的失业状况,也可以反映出失业的一些重要特征。

在不同的人口统计群体中,失业率会有不同的表现,如不同性别、不同种族、不同地域等(见表 8-1)。

表 8-1 2017 年年底 OECD 部分国家和地区的失业率   (%)

国家和地区	总失业率	青年失业率	其中:男性青年失业率
加拿大	6.34	11.63	13.25
法国	9.43	22.63	23.21
德国	3.76	6.78	7.63
意大利	11.23	34.75	33.02
日本	2.81	4.65	4.83
英国	4.36	12.07	13.47
美国	4.36	9.22	10.32
希腊	21.53	45.38	39.38
葡萄牙	9.02	23.88	22.45
西班牙	17.23	38.67	39.60
欧元区 19 国	9.07	18.8	19.40
欧盟 28 国	7.64	16.85	17.45

资料来源:OECD statistic data。

此外,还有一个间接表示失业、直接表示就业的指标——劳动参与率,公式为

$$劳动参与率 = \frac{劳动力}{适龄工作年龄人口} \times 100\% \tag{8-2}$$

3. 我国就业与失业情况

我国目前在描述失业和就业时,使用了一些具有我国经济特色的概念,如下[⊖]:

就业人员指在 16 周岁及以上,从事一定社会劳动并取得劳动报酬或经营收入的人员。

城镇登记失业人员指有非农业户口,在一定的劳动年龄内(16 周岁至退休年龄),有劳动能力,无业而要求就业,并在当地劳动保障部门进行失业登记的人员。

城镇登记失业率。城镇登记失业人员与城镇单位就业人员(扣除使用的农村劳动力、聘用的离退休人员、中国港澳台及外方人员)、城镇单位中的不在岗职工、城镇私营业主、个体户主、城镇私营企业和个体就业人员、城镇登记失业人员之和的比。

2008~2012 年我国具体的就业和失业情况,参见表 8-2。我们可以看出,我国目前给出的是城镇登记失业率。

⊖ 以下概念解释引自中国国家统计局网站(www.stats.gov.cn)。

表 8-2　我国的就业和失业情况

项目	2012	2013	2014	2015	2016	2017
劳动力（万人）	78 894	79 300	79 690	80 091	80 694	—
就业人员合计（万人）	76 704	76 977	77 253	77 451	77 603	77 640
其中：城镇就业人员（万人）	37 102	38 240	39 310	40 410	41 428	42 462
城镇登记失业人数（万人）	917	926	952	966	982	—
城镇登记失业率（%）	4.10	4.05	4.09	4.05	4.02	3.90

资料来源：国家统计局网站（www.stats.gov.cn）。

城镇调查失业率。自 1996 年开始，中国国家统计局开始进行有关劳动力的抽样调查，该调查每年进行三次。（其中，第二季度和第四季度的调查只在城镇进行，而第三季度的调查则在全国范围（不包括香港、澳门和台湾）内进行。调查采用分层、多阶段、整群概率比例抽样的方法，样本包括 16 岁以上人口，大约 90 万人。国家统计局自从 2005 年开始尝试建立城镇调查失业率的统计。）2011 年正式实施调查失业率统计。2018 年政府工作报告首次提出要将这一失业率控制在 5.5% 以内。

8.1.2　失业的类型

失业虽然都表现为无业可就，但是为什么会失业则有各种不同的原因。经济学家通常将失业分为三种：摩擦性失业、结构性失业和周期性失业，以对不同类型的失业进行区分。

1. 摩擦性失业

摩擦性失业（frictional unemployment）是指正在劳动力市场搜寻过程中由于工人和工作岗位匹配过程中形成的短期失业现象，如转换工作产生的暂时失业，初次或再次进入劳动力市场，一时找不到合适的工作，均属于此类。摩擦性失业被看作一种求职性失业，即一方面存在职位空缺，另一方面存在着与此数量相对应的寻找工作的失业人员。造成摩擦性失业的原因是劳动力市场信息不完备、不对称，厂商找到所需要的雇员和失业人员找到合适的工作都需要花费一定时间。处在一个变化着的经济中，劳动力的流动是正常的，平时总会有一些工人不满意现有的工作，希望换一个职业或寻找更理想的工作或者是雇主对工人不满而解雇了工人。在工人找到另一个工作之前，常常需要一星期、一个月甚至更长时间。无论工人是被解雇还是自身原因放弃现有工作，都会进入再寻找工作的过程中。显然这样的劳动流动是经济良性运行所需要的。在一定人群基数中总有一部分人员处在失业状态，而且这一比例在一定时期会保持在相对稳定的水平上。

有些失业可以由季节性因素引起。季节性失业（seasonal unemployment）是指由于某些行业生产的季节性变动所引起的失业。有些行业如农业、旅游业和农产品加工业对劳动力的需求有季节性，在需求淡季，就会存在失业。季节性失业属于摩擦性失业。

摩擦性失业在任何国家、任何时期都存在，而且此类失业人员的失业期间通常较为短暂，所以对社会影响不大，甚至有时还有利。工人通过搜寻找到自己满意的工作职位可以更好地发挥自己的工作能力，也有利于工人提高工作积极性。

2. 结构性失业

结构性失业（structural unemployment）是指由于技术变革、市场需求的长期性变化而引起的工作技能或工人特质与工作职位之间不匹配而形成的失业。某一工业部门或地区中成本水平变化、技术的进步和最终需求模式的变化，导致有些行业收缩，对劳动力需求随之减少。而且，劳动力本身的技能和区域布局可能在短期难以改变，这使之很难适应经济结构的变化，从而出现结构性失业。

结构性失业的原因主要有两种：一种原因是需求格局变化。消费者的偏好会随时间的推移而改变，原先偏好的一些商品可能会转向另一些商品，导致有些商品需求减少，生产这些产品的行业走向衰退，导致劳动力过剩；而另一些行业开始兴起，需要大量劳动力。但劳动力从一个行业流向另一个行业会因流动成本、职业技能、居住地区等原因出现困难，从而造成结构性失业。另一种原因是生产方式变化即技术变革。如由于技术进步，某些行业采用了节约劳动力的新生产技术，雇用较少的工人就可以生产出相同水平的产量，即所谓的"节省劳动的技术进步"。除非产量扩张足以吸收剩余劳动，否则原有工人就会被解雇。比如火车头改用电力机车后，不再需要原有的火车司机，他们原有的劳动技术要转移到其他行业也面临诸多困难，因此暂时失业难以避免。结构性失业人员通常失业时间较长，而且对社会所产生的影响要比摩擦性失业来得严重。和摩擦性失业一样，一个经济体存在结构性失业也是正常现象。

3. 周期性失业

周期性失业（cyclical unemployment），又称需求不足失业、凯恩斯式失业，是指由于总体经济活动水平降低，如在经济衰退、萧条阶段，对劳动力的总需求下降而造成的失业。根据凯恩斯的分析，需求不足失业是与经济领域中商品和服务的总需求过小有关。总需求的任何一个组成部分，即消费支出、投资、政府支出或净出口的缩减，都会引起这类失业。由于它一般出现在经济周期的衰退、萧条阶段，所以称为周期性失业。可用图 8-1 来说明周期性失业产生的原因。

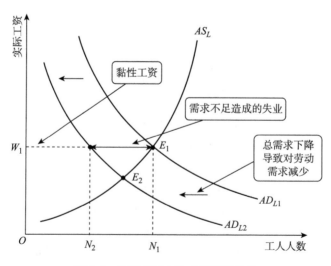

图 8-1 总需求减少造成周期性失业

假定整个经济最初处于充分就业状态，此时，劳动总需求曲线 AD_L 与劳动总供给曲线 AS_L 相交于 E_1 点，就业人数为 N_1，均衡工资水平为 W_1。假设由于某种原因，总需求减少（如发生投资减少，出口下降等），总需求下降导致对劳动需求曲线从 AD_{L1} 左移到 AD_{L2}。如果工资水平可以灵活调整，新的均衡将位于 E_2 点。但是，由于工资黏性存在，工资水平 W_1 不变，这时的劳动需求数量为 N_2，劳动供给仍然为 N_1，劳动供给超过劳动需求，形成数量为 $N_1 - N_2$ 的需求不足失业。

在解释周期性失业时，工资黏性是非常重要的一个条件。所谓工资黏性，可以从几个方面来理解，如：工资合同是按一定时间段来签订的，不会随时因为对产品需求的改变而变化；工会的影响；企业担心如果降低工资会打击工人积极性等。

周期性失业对各行业的影响也不相同。一般来说，需求收入弹性越大的行业，随着人们收入下降，产品需求也会大幅度下降，所以周期性失业对这类行业的影响也会严重一些。反之，需求收入弹性越小的行业，周期性失业的影响也相对小得多。通常，因周期性原因造成的失业人员失业持续时间较长，对社会的负面影响大，所以也是一个社会和政府最为关注的失业现象，所制定的解决失业的办法和政策也是针对这种失业现象。

8.1.3 自然失业和充分就业

经济中存在着完全就业或者说充分就业吗？从宏观经济学理论的定义来看，经济中存在着这种状态。但这种状态也与另外一个看似矛盾的概念联系在一起，即**自然失业状态**。当一个国家或地区处于自然失业状态时，也就称这个国家实现了**充分就业**。

充分就业是由英国经济学家凯恩斯在《就业、利息和货币通论》中提出的概念，指在某一工资水平下，所有愿意接受工作的人都获得了就业机会。对充分就业概念的理解不能望文生义，充分就业并非人人就业，即使在充分就业实现时依然存在一定的失业人口，仍然会保持一定的失业率。因为摩擦性失业人口和结构性失业人口总会存在，所以失业率也不会等于零。在一个不断变化的经济中，永远会存在职业流动和行业的结构性兴衰，所以总会有一部分人处于失业状态。一个经济社会正常运作中是无法彻底消除这种现象的，同时这也是保持社会运行效率的一种必然要求。前面已经介绍过三种失业类型，根据对三种失业类型的定义，我们可以这样来理解充分就业的意思：**充分就业**是指除了摩擦性失业、结构性失业之外，所有愿意工作的人都在从事某种工作的状态。也就是说，消除了周期性失业就可以认为实现了充分就业。

在现代宏观经济学中，实现了充分就业状态后仍然存在的失业率被称为"**自然失业率**"。自然失业率也可以说是当经济中只存在着摩擦性失业、结构性失业时的失业率。"自然"一词在这里是正常之意，所以自然失业率也是一个经济体运行中正常的失业率。当真实的失业率水平高于自然失业率时，可以认为经济已经出现"异常"，需要进行必要的干预和治理。具体也可以说，发生周期性失业时，是真实失业率偏离了自然失业率后出现的情形。

自然失业率概念最早由米尔顿·弗里德曼和埃德蒙德·菲尔普斯各自独立提出。当时主要是为了反对凯恩斯主义理论关于失业和通货膨胀之间关系的观点而提出的概念。具体参见本章"8.3 失业与通货膨胀率的关系"中的具体讨论。

我们对上述几种类型的失业率的关系进行一下梳理，可总结为

$$自然失业率 = 摩擦性失业 + 结构性失业率 \qquad (8\text{-}3)$$

$$真实失业率 = 自然失业率 + 周期性失业率 \qquad (8\text{-}4)$$

8.1.4 对失业原因的进一步解释

1. 对周期性失业的解释

周期性失业被认为是一种非均衡失业，也就是指劳动市场处于非均衡时存在的失业，如图 8-2 所示，劳动的供给在现行工资水平上超过了对劳动的需求。根据这一图形，工资黏性成为理解失业非常关键的一个因素。如果工资能够灵活调整，那么劳动市场将会很快实现供需平衡，就不会存在周期性失业现象了。工资为什么不能灵活调整呢？这是因为在现实经济中，有一些外在力量干扰着劳动市场中工资的灵活调整，尤其是阻碍着实际工资水平的向下调整。

如图 8-2 所示，假设初始时劳动市场处在均衡状态，劳动供给与劳动需求决定的均衡工资水平为 W_e。在这种均衡工资水平下，劳动供给量与需求量相等，等于 N_e。假设，某种"外力"将实际工资抬高至 W_1，超过了均衡工资 W_e，劳动力供给量增加至 N_1，需求量减少至 N_2，结果导致劳动力供给过剩，即形成数量为 $N_1 - N_2$ 的失业人数。是什么外力改变了劳动力市场中的供求关系了呢？从目前的研究来看，如下三方面最为引人关注：最低工资法案、工会组织、效率工资。

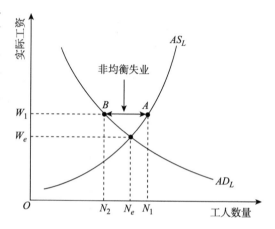

图 8-2 非均衡失业

（1）**最低工资法案**。许多国家都通过立法规定在一定时间段内雇主须向雇员支付的最低工资标准。如果规定的最低工资超过劳动市场中由劳动力供求决定的工资水平，就会形成如图 8-2 所示的情形，造成非正常失业。

表 8-3 是一些国家的最低工资标准。最低工资标准对于保障劳动者的福利非常有意义，但是对某些工人来说，支付的最低工资可能已经超过劳动市场决定的工资水平，如一些劳动技能比较低、市场需求也不大的工人往往如此。

表 8-3　2018 年部分国家的最低工资标准

国家	年度最低工资（美元）①	年度最低工资（按 PPP 计算的国际美元）②	每周工作时间	小时工资（美元）①	小时工资（按 PPP 计算的国际美元）②	年最低工资占人均 GDP 比重③	生效时间
阿根廷	7 850	13 951	48	3.15	5.59	70.0%	2018 年 7 月 1 日
澳大利亚	28 768	23 374	38	14.56	11.83	50.8%	2018 年 7 月 1 日
比利时	21 141	21 309	38	10.70	10.78	45.9%	2017 年 6 月 1 日

(续)

国家	年度最低工资（美元）①	年度最低工资（按PPP计算的国际美元）②	每周工作时间	小时工资（美元）①	小时工资（按PPP计算的国际美元）②	年最低工资占人均GDP比重③	生效时间
巴西	3 888	5 663	44	1.70	2.48	37.4%	2018年1月1日
加拿大	21 216	20 280	40	10.20	9.75	45.2%	2018年10月1日
中国	1 775	3 117	40	0.85	1.50	20.1%	2016年12月1日
法国	20 272	20 669	35	11.14	11.36	50.0%	2018年1月1日
德国	20 989	22 430	40.5	9.97	10.65	45.9%	2017年1月1日
印度	767	2 498	48	0.31	1.00	38.0%	2015年
印度尼西亚	1 304	3 500	40	0.63	1.68	30.1%	2018年1月1日
以色列	7 667	14 389	42	8.09	6.59	38.6%	2018年4月1日
日本	14 111	14 773	40	6.78	7.10	34.9%	2018年10月6日
韩国	13 855	15 604	40	6.66	7.50	42.7%	2018年1月1日
墨西哥	1 461	2 735	48	0.59	1.10	15.8%	2017年12月1日
俄罗斯	2 296	5 384	40	1.10	2.59	21.7%	2018年5月1日
西班牙	11 615	13 922	40	5.58	6.69	38.3%	2018年1月1日
泰国	3 012	7 220	48	1.21	2.89	52.2%	2013年1月1日
土耳其	6 672	15 221	45	2.85	6.50	60.3%	2018年1月1日
英国	20 880	20 358	40	10.04	9.79	47.7%	2018年4月1日
美国	15 080	15 080	40	7.25	7.25	29.1%	2009年7月24日

① 当地货币转换成美元的汇率是按照世界银行的官方汇率进行折算，参见 Official exchange rate (LCU per US $, period average), World Development Indicators database。
② 按PPP计算的国际美元值，转换因子来自 World Bank's PPP conversion factor, private consumption (LCU per international $), World Development Indicators database。
③ 按年计算的最低工资收入与该国人均GDP之比（都按PPP值计算）。
资料来源：http://en.wikipedia.org/wiki。

我国从2004年开始施行最低工资制度，具体标准由各省区自己制定。我国确定最低工资标准应考虑的因素有：城镇居民生活费用支出、职工个人缴纳社会保险费、住房公积金、职工平均工资、失业率、经济发展水平等因素。可用公式表示为

$$M = f(C, S, A, U, E, a) \tag{8-5}$$

式中，M 是最低工资标准；C 是城镇居民人均生活费用；S 是职工个人缴纳社会保险费、住房公积金；A 是职工平均工资；U 是失业率；E 是经济发展水平；a 是调整因素。

表8-4给出了我国30个省区市2018年11月时的最低工资水平。从表中可以看出，不同地区差异较大，小时最低工资标准最高者为北京24元/小时，最低者为海南12.6元/小时，前者是后者的1.7倍。月最低工资最高者为上海2 420元，最低者为海南1 430元。

表 8-4 2018 年 11 月我国各省区市的最低工资标准

月最低标准工资		小时最低工资标准	
省、自治区、直辖市	工资（元）	省、自治区、直辖市	工资（元）
上海	2 420	上海	21
深圳	2 200	北京	24
北京	2 120	深圳	20.3
天津	2 050	天津	20.8
江苏	2 020	山东	19.1
浙江	2 010	四川	18.7
山东	1 910	新疆	18.2
新疆	1 820	山西	18.5
四川	1 780	福建	18
吉林	1 780	辽宁	16
内蒙古	1 760	江苏	18.5
湖北	1 750	贵州	18
河南	1 720	内蒙古	18.6
福建	1 700	河北	17
山西	1 700	湖南	15
江西	1 680	江西	16.8
陕西	1 680	重庆	15
贵州	1 680	吉林	17
广西	1 680	黑龙江	16
黑龙江	1 680	广西	16
云南	1 670	湖北	18
宁夏	1 660	陕西	16.8
河北	1 650	安徽	16
西藏	1 650	西藏	16
甘肃	1 620	甘肃	17
辽宁	1 620	青海	15.2
湖南	1 580	浙江	18.4
安徽	1 520	云南	15
青海	1 500	宁夏	15.5
重庆	1 500	河南	16
海南	1 430	海南	12.6

资料来源：人力资源社会保障部（http://www.mohrss.gov.cn/）。

（2）**工会组织**。工会所产生的影响与最低工资的影响类似。工会被认为是劳动力市场中的"垄断"力量，它们可以代表工人与资方谈判来提高工资。一般认为，存在工会组织的行业中，工资水平会高于没有工会的行业。工会的谈判能力越大，工人要求的工资也会越高，甚至工人得到的福利也会越多，这也会提高总的工资水平。

（3）**效率工资**。企业主动将工资水平定在高于市场一般工资水平之上，这就是所谓的效率工资（efficiency wage）。效率工资是企业为了提高工人的生产效率而支付的高于市场工资水平的工资。目的是利用高工资来调动工人的积极性，因为如果不努力工作，工人失去工作的机会成本将更高。这样,尽管高工资加大了企业的成本,但是工人的产出效率也大大提升了,能补偿工资的成本增加。

| 专栏8-1 |

为什么好市多要比沃尔玛多付给工人工资

效率工资的概念使得企业能在支付高工资的情况下获得比低工资时更多的利润。我们可能认为,一个企业当它能够招募到自己需要的足够多的工人时,为了最大化利润,会支付最低工资。然而,如果低工资显著降低了工人的生产效率,那么支付高工资实际上可以降低成本,增加利润。在折扣店行业,沃尔玛(Wal-Mart)和好市多(Costco)是竞争对手,两个公司在支付工人薪水的时候采用的是完全不同的做法。

沃尔玛在美国的雇员达到140万人,是排在第2位的麦当劳公司的3倍多。成为一名沃尔玛的售货员是开始在零售业打拼以最终获得高薪职位的开始。沃尔玛各个商店经理中有3/4都是从小时工开始的。然而沃尔玛对小时工支付的工资较低。2009年,沃尔玛对小时工支付的工资平均为11.24美元/小时。相反沃尔玛的竞争对手好市多支付给小时工的最低工资为11美元/小时,平均每小时工资大约为17.25美元。好市多的福利补贴也更为慷慨,其雇员医疗保险的90%由公司埋单,沃尔玛仅仅为50%。

为什么好市多支付的工资要比沃尔玛高得多?好市多的首席执行官吉姆·西尼格(Jim Sinegal)认为支付高工作可以减少雇员的跳槽,提高道德水平和生产效率:"支付高薪会让你的人一直为你工作,这很划算……设想一下,拥有12万忠诚的'外交人员'一直在为好市多说好话。这就是你显著的优势。"两个公司工资的显著差距并不全是因为好市多向工人支付效率工资。与沃尔玛不同,在好市多商店销售商品,每年至少须交45美元的费用。一家典型的好市多商店仅仅摆设4 000种商品,一家典型的沃尔玛商店则平均要摆设100 000种商品。好市多商店也销售一些高价商品,例如珠宝和家用电器。因此,到好市多商店购物的消费者的平均收入为74 000美元,是到沃尔玛商店购物消费者收入的两倍多。对于好市多付给工人的工资要比沃尔玛多的现象,一位观察家写道:"这是因为好市多需要有更高素质的员工向更富有的消费者提供更高档次的产品。"所以,即使好市多并不追求效率工资的策略,它也可能支付比沃尔玛高的工资水平。

资料来源:Alan B. Goldberg, Bill Ritter,"Costco CEO Finds Pro-Worker Means Profitability",ABCNews.com,August 2, 2006;Lori Montgomery,"Maverick CEO Joins Push to Raise Minimum Wage",Washington Post,January 30, 2007;John Tierney,"The Good Goliath",New York Times,November29, 2009;格伦·哈伯德,安东尼·奥布赖恩. 经济学[M]. 赵英军,译. 北京:机械工业出版社,2011:35。

2. 对自然失业变化和差异的解释

自然失业率水平在不同国家不一样,同一国家在不同时间也会有变化,如何解释这一现象呢?如美国20世纪60年代,自然失业率为约4%;20世纪70年代自然失业率约为5%;到20世纪90年代,自然失业率上升至6%~7%,即有93%~94%的人就业就是实现了充分就业状态。目前,大多数国家认为存在5%~6%的失业率是正常的,属于自然失业率水平（见表 8-7）。

引起自然失业率变化的因素有：劳动力特质的变化、劳动市场制度变革、政府政策变化和生产率变化等。

劳动力特质的变化 人口构成、地区分布、劳动者受教育情况等都会影响到相应时期各地的劳动力就业。一般说来，有劳动经验的人比缺乏经验者更容易就业，所以人口中如果年轻人所占比例大，则失业率会高一些。

劳动市场制度变革 工会力量、信息传递的机制（如就业代理机构健全与否）等对摩擦性失业和结构性失业都有影响。对美国与欧洲自然失业率水平的不同，有一种观点就认为与美国和欧洲工人的组织程度不同有关。欧洲国家工人加入工会的比例要大大高于美国，所以公会组织对工资的影响程度也就有了很大的不同。

政府政策变化 失业补贴的高低对自然失业率有较大影响。有经济学家认为，欧洲自然失业率高与欧洲国家的失业补贴高有内在联系。

生产率变化 生产率上升往往会引起自然失业率水平下降；相反，当生产率下降时，则会造成失业率水平上升。

8.1.5 失业的影响

自然失业作为正常存在的社会现象，任何时期任何国家都不可避免，对社会的影响非常有限，所以这部分失业的影响可不做讨论。周期性失业是非正常失业，所以讨论失业的影响主要集中于这种类型。与其他经济现象类似，失业既能产生消极影响，也有有利作用。失业对社会有利的一面在于可以促进劳动资源的有效配置。劳动力的不断流动可改善劳动的有效配置状况，但劳动力流动也不可避免地会引起失业。同时，失业压力的存在也可以激励劳动者不断提高自身素质和工作技能，不断去掌握新的知识和技术，以适应社会经济结构变化对劳动力更高的要求。这显然有助于劳动效率的提升。然而，失业对个人、家庭和社会带来的不利影响也不容忽视。

1. 失业对个人和家庭的影响

失业会给失业者本人及家庭造成物质上和精神上的双重损失。劳动者失业后将失去劳动收入，失业津贴虽然可以弥补一些损失，但毕竟无法全部补偿。如果能得到全部弥补，谁还去找工作做？失业者及其家庭的也会因失业承受较大的精神压力，身心健康会受到极大影响。据统计，在失业率高企时，心脏病、酒精中毒、精神错乱、虐待家庭成员以及自杀的比率都会有所上升。

2. 失业对社会的影响

对社会来说，劳动者失业将造成人力资本损失和资源浪费，社会实际产出也无法达到应有的水平，从而引起国民产出损失，造成对潜在产出水平的偏离。

"奥肯定律"（Okun Law）反映了失业率与产出之间相互影响的关系，它由美国经济学家阿瑟·奥肯（Arthur Okun）在 20 世纪 60 年代提出。奥肯基于失业率与实际国民产出之间关系的经验数据得出了如下规律：产出缺口（即真实 GDP 水平和潜在 GDP 产出水平即充分就业的产出水平之间的产出缺口）与失业率之间的缺口存在负相关关系。即：

$$\text{失业率} = \text{自然失业率} - (0.5 \times \text{产出缺口}) \tag{8-6}$$

式（8-6）中的产出缺口用绝对值来表示，或者也可以将产出缺口表示成对潜在产出水平（充分就业的产出水平）偏离的百分比，即：

$$(\text{潜在 GDP} - \text{真实 GDP}) \div \text{潜在 GDP} = 2(\text{真实失业率} - \text{自然失业率}) \tag{8-7}$$

假设自然失业率为 5.2%，目前的产出缺口为 2%，根据奥肯定律，真实失业率为：

$$0.5 \times 2\% + 5.2\% = 6.2\%$$

请注意，式（8-6）中的系数 0.5 或者式（8-7）中的 2 都没有特殊含义，只是根据一定时期产出和失业之间的关系得出的经验数据值，在不同时期，会随时间的变化而变化。当真实失业率超过自然失业率时，真实国民产出水平低于充分就业产出的结论不会改变。⊖

失业还会增加政府财政压力。失业人数增多，失业津贴、社会保险等转移支付也会随之增加，政府财政支出会因此大大增加，有可能会加重财政困难。

此外，失业也是造成社会不安定的因素。有证据表明，较高的失业率会导致犯罪、抢劫的社会犯罪数量增加，引发种种社会问题。

8.2 通货膨胀

本节将介绍通货膨胀的定义、衡量方法、成因以及种类，同时也讨论通货膨胀对一个国家社会和经济的影响。

8.2.1 通货膨胀定义和衡量

西方经济学界对通货膨胀（inflation）的解释并非完全一致。美国经济学家货币主义学派代表人物米尔顿·弗里德曼认为："物价普遍的上涨就叫通货膨胀。"美国经济学家保罗·萨缪尔森认为："通货膨胀指的是物品和生产要素的价格普遍上升的时期——面包、汽车、理发的价格上升，工资、土地价格、资本物品的租金等也都上升。"大多数经济学家比较倾向于如下定义：通货膨胀是指商品和劳务的一般价格水平普遍持续上涨现象。这个定义突出通货膨胀的两个特点：一是物价总水平的上升，物价的上升不是指个别商品价格的上升，而是指绝大多数商品或劳务物价水平的上升；二是通货膨胀是持续一段时期的物价上升，而不是物价的暂时上升。因此，某种商品的价格变得昂贵或物价水平的短时间波动都不属于通货膨胀。通货膨胀的反义是通货紧缩，指商品和劳务的一般价格水平普遍持续下跌现象。无通货膨胀或极低通货膨胀率称为物价稳定。

衡量通货膨胀的指标通常用物价指数来表示。

通常通货膨胀率计算公式为

$$\text{通货膨胀率} = \frac{P_t - P_{t-1}}{P_{t-1}} \times 100\% \tag{8-8}$$

在现实中，理论上定义的通货膨胀率不可能直接计算出来，往往通过价格指数的增长率

⊖ 事实上，当奥肯最初发布这一经验性结论时，系数为 1/3。现阶段，从美国的最新数据计算来看，接近 1/2。

来间接表示。价格指数通常包括以下三类。

1. 消费者价格指数

消费者价格指数（Consumer Price Index，CPI），是指通过计算城市居民日常消费的生活用品和劳务的价格水平变动而得到的指数。CPI 计算公式为

$$CPI = \frac{一组固定商品按现价计算的价值}{一组固定商品按基期价格计算的价值} \times 100\% \qquad (8\text{-}9)$$

CPI 主要反映购买具有代表性一组商品，消费者家庭支出现在和过去相比变化的情况。如 2014 年，一普通家庭每个月购买一组代表性商品的花费为 2 000 元，而 2015 年购买这一组商品的花费为 2 500 元，那么该 2015 年的 CPI 为 2 500/2 000 × 100% = 125%，CPI 上涨了 25%。这一指标的优点在于资料较容易获得，公布次数多，能够较快反映物价变动趋势，缺点是范围比较狭小，存在一定的误差性。

| 专栏 8-2 |

我国 CPI 指数的计算

我国 CPI 数据采用抽样调查和重点调查相结合的方法取得，即在全国选择不同经济区域和分布合理的地区，以及有代表性的商品作为样本，对其市场价格进行定期调查，以样本推断总体。目前，国家一级抽选出的调查市、县 500 个。编制过程按下列几个步骤进行。

（1）选择调查地区和调查点。调查地区按照经济区域和地区分布合理等原则，选出具有代表性的大、中、小城市和县作为国家的调查地区，在此基础上选定经营规模大、商品种类多的商场（包括集市和服务网点）作为调查点。

（2）选择代表规格品。代表规格品是选择那些消费量大、价格变动有代表性的商品。代表规格品的确定是根据商品零售资料和 6.6 万户城市居民、6.8 万户农村居民的消费支出记账资料，按照有关规定筛选的。筛选原则：①与社会生产和人民生活关系密切；②消费（销售）数量（金额）大；③市场供应稳定；④价格变动趋势有代表性；⑤所选的代表规格品之间差异大。

目前，居民消费价格调查按用途划分为 8 大类，262 个基本分类，各城市每月调查 600 种以上的规格品价格；商品零售价格按用途划分为 16 个大类，229 个基本分类，各地每月调查 500 种以上的规格品价格。

（3）价格调查方式。采用派员直接到调查点登记调查，同时全国聘请近万名辅助调查员协助登记调查。

（4）权数的确定。商品零售价格指数的权数主要根据社会商品零售额资料确定；居民消费价格指数的权数主要根据城乡居民家庭消费支出构成确定。

资料来源：国家统计局。

2. 生产者价格指数

生产者价格指数（producer price index，PPI），又称批发物价指数，是通过计算生产者

在生产过程中所有阶段上所获得的产品的价格水平变动而得到的指数。这些产品包括产成品和原材料。这种指数与产品出厂价紧密相连，对商业周期变化较为敏感，所以被许多经济学家称为预测通货膨胀变化最敏感的早期信号之一。不过，该指标一般仅用来度量有形的实物产品价格的变化，在统计范围上不包括各种劳务价格的变动，所以统计范围比较狭小，代表性有限。

3. GDP 平减指数

GDP 平减指数（GDP deflator），又称 GDP 缩减指数、GDP 折算指数，指没有剔除物价变动前的 GDP（名义 GDP）与剔除了物价变动后的 GDP（实际 GDP）的比值。用公式表示为

$$\text{GDP 平减指数} = \frac{\text{名义 GDP}}{\text{实际 GDP}} \times 100$$

用 GDP 平减指数计算通货膨胀率的公式为

$$\text{当年通货膨胀率} = \left(\frac{\text{当年平减指数}}{\text{上年平减指数}} - 1\right) \times 100\% \tag{8-10}$$

这种指数是通过度量全国所有商品和劳务的价格变动情况而计算得出的，它的计算基础要比 CPI 广泛得多，不仅包括消费，还包括生产资料和资本品、进出口商品和劳务等所有商品和服务，能较为全面、准确地反映总体物价水平的变化趋势。不仅如此，而且与投资相关的价格水平在 GDP 平减指数中具有更高的权重，这就可以比较消费物价上涨与投资价格上涨。从表 8-5 可以看出，我国按 GDP 平减指数计算的通胀率和按 CPI 计算的通胀率之间的差别。当前者高于后者时，非居民消费品价格上涨远远高于消费物价上涨。通过 GDP 平减指数计算通货膨胀的缺点是资料获取比较困难，政府统计部门一般只是按年度公布不变价格计算的 GDP 值。因为公布次数少，反映物价变动趋势有滞后性。

表 8-5 我国 2010~2015 年 GDP 平减指数计算的通胀率与 CPI

年份	①2010 年不变价格计算 GDP（亿元）	②当年价格计算（亿元）	③平减指数（②/①×100）	④根据平减指数计算的通胀率	⑤CPI 变化率
2010	413 030.3	413 030.3	100.00		
2011	452 429.9	489 300.6	108.15	8.15	5.4
2012	487 976.2	540 367.4	110.74	2.39	2.6
2013	525 835.4	595 244.4	113.20	2.22	2.6
2014	564 194.4	643 974.0	114.14	0.83	2.0
2015	603 124.9	689 052.1	114.25	0.09	1.4

资料来源：①列、②列数据来自国家统计局网站（www.stats.gov.cn）；③列、④列系作者自己计算所得。

8.2.2 通货膨胀的分类

根据不同的标准，通货膨胀可以分成不同类别。下面我们来看几种常用的分类。

1. 按通货膨胀成因进行分类

经济学家根据价格形成和变化最基本的因素和原因把通货膨胀分为以下三个类型。

需求拉上型通货膨胀（demand-pull inflation），即认为通货膨胀发生的主要原因是需求过度；成本推动型通货膨胀（cost-push inflation），将通货膨胀的原因归为供给方面的因素，

认为通货膨胀系由生产成本提高推动而成；结构性通货膨胀（structural inflation），将一般物价水平的持续上涨归因于社会经济中各部门结构性因素变动而引起。对原因的具体分析，见"8.2.3 通货膨胀的原因"。

2. 按通货膨胀的程度分类

根据通货膨胀率上涨的程度进行划分，可将通货膨胀分为三种。

（1）温和的通货膨胀，指通货膨胀率在1%~10%之间。温和的通货膨胀具有如下的基本特征：①价格上涨幅度小；②物价变化相对稳定，一般对经济不会形成不利影响或者说影响不大。当然，如果通货膨胀率超过5%，且持续累积的时间够长，也会造成不良后果，还可能会逐渐升级成较高的通货膨胀率。

（2）奔腾的通货膨胀，又称为加速的通货膨胀，是指在较长时期内一般物价水平以较大的幅度持续上升，年通货膨胀率通常在两位数以上，甚至可超过50%。这种类型的通货膨胀已经对人们的生活形成显著的不良影响，人们被迫采取行动应对通货膨胀对资产形成的损害，并逐渐形成较为强烈的通货膨胀预期。对于此类通货膨胀，政府或货币当局若不采取有力措施加以控制，就有可能发展成为恶性通货膨胀，从而对社会经济造成严重的后果。

（3）恶性通货膨胀（hyperinflation），也称为超级通货膨胀，是指在一段时间内，流通中的货币数量快速增长，货币购买力急剧下降，物价水平以加速度上涨，货币当局对通货膨胀几近失控。年通货膨胀率一般在三位数以上（即超过100%），有时甚至会出现天文数字的价格上涨率㊀。恶性通货膨胀不仅严重破坏一国的货币体制与人们正常的生活，而且还可能导致经济崩溃，甚至会出现政权更迭。

历史上几次有名的恶性通货膨胀，如：德国20世纪20年代的通货膨胀，假定德国的CPI在1914年时为100，到了1922年时这一指数上涨到1 440；到1923年，该指数飞涨到126 160 000 000 000！从1945年8月开始的12个月中，匈牙利的通货膨胀每个月达到19 800%㊁。最近发生在津巴布韦的通货膨胀，2006年的通货膨胀率为1 017%，2007年为10 453%，2008年达到$(5.56\times10^{10})\%$，2009年才回到6.5%！㊂

3. 按通货膨胀的预期分类

如果按通货膨胀是否预期到作为分类标志，可以把通货膨胀划分为已预期到的通货膨胀和未预期到的通货膨胀。如果通货膨胀已完全被经济中的行为人预期到，则各经济主体就会按其预期的通货膨胀率来调整各自的行为，这样通货膨胀在短期的影响会被纳入人们的决策之中，通货膨胀即使发生也不会造成太大的影响甚至全无影响。如果通货膨胀是突发的、未被预期的，经济行为人不会将通货膨胀考虑在内，这样一旦发生通货膨胀将会影响到人们的短期行为。比如，通货膨胀会对经济有短暂的扩张效应。由于通货膨胀未被预期，劳动者货币工资率的增长会滞后于物价上涨幅度，厂商的利润水平在短期内会上升，这样厂商短时间内会扩大对劳动的雇用规模，就业和产出的扩张效应就此产生。

㊀㊁ 据研究恶性通货膨胀著名学者菲利普·卡甘定义，当单个月通货膨胀率超过50%就是恶性通货膨胀的开始。Philip Cagan, "The Monetary Dynamics of Hyperinflation", in Milton Friedman, ed., *Studies in the Quantity Theory of Money*, Chicago: University of Chicago Press, 1956.

㊂ 参见世界银行关于津巴布韦的数据库：siteresources.worldbank.org/INTZIMBABWE/Resources/zimbabawe_Monitor_tables.xlsx。

4. 按对价格的影响划分

按照对价格的影响可以将通货膨胀划分为平衡通货膨胀和非平衡通货膨胀。平衡通货膨胀是指所有商品价格按相同比例增长。非平衡通货膨胀是指各种商品价格上涨的比例不尽相同。

8.2.3 通货膨胀的原因

对通货膨胀原因的分析，可以从不同标准和层面来分析。我们主要基于总供给–总需求模型来分析价格的上涨原因。

1. 需求拉上型通货膨胀

根据总供给和总需求模型，当总供给不变时，如果总需求过度增加，以致总需求超过总供给，一般价格水平将会持续上涨，因此，这种类型的通货膨胀就被称为需求拉上型通货膨胀（demand-pull inflation）。

根据凯恩斯的观点，当经济中已实现充分就业时，如果总需求仍然增加，就会发生总需求过度而引起的通货膨胀。第 3 章国民收入决定模型中，产出过剩缺口就是对这种现象的一种理论解释。

总需求的增加既可以由消费需求增加、政府支出水平提高所致，也可能是因企业投资增加、本国产品出口增加所引起，也可能是这四个因素中部分或所有共同起作用的结果。对于引起总需求增加的因素，经济学家将其分为两类：货币因素与非货币因素。

(1) 货币因素引起的需求过度和价格上涨。将需求拉上型通货膨胀归咎于货币因素，即货币供给过度所致需求过度引起价格上涨，可以追述至古典学派的货币数量论，现代货币主义经济学派也持这样的观点。当经济运行中货币供给过多时，就会对商品形成过度需求，过多的货币追逐较少的产品，引起价格上涨。

利用第 5 章讨论过的货币数量论，可以更好地说明货币数量增加如何导致价格水平上升。

交易方程为：$MV = PY$（Y 代表实际 GDP），如果我们把交易方程的各变量写成变化率形式，即

$$M\text{ 的变化率} + V\text{ 的变化率} = P\text{ 的变化率} + Y\text{ 的变化率}$$

或者写为

$$\frac{\Delta P}{P} = \frac{\Delta M}{M} + \frac{\Delta V}{V} - \frac{\Delta Y}{Y} \tag{8-11}$$

式（8-11）左边是价格变化率（通货膨胀率）；右边是货币供给量的增长率加上货币流通速度变化率减去总产出增长率。也就是说，当货币供给增长率超过了总产出增长所需的货币数量增长率后，就会因为发生需求过度导致的通货膨胀现象（假设 V 稳定不变）。

(2) 其他因素导致需求过度而至的通货膨胀。除了货币因素外，许多经济学家则将需求增加归咎于非货币因素。他们认为，货币与支出之间并不存在明显关系。即使在货币供给没有增长的情况下，支出也可能会自发增加。比如，政府减少所得税率也会促使消费者增加支出。

总需求增加怎样引起价格上涨呢？这与总供给曲线的形状有关。如果随着需求增加和价格上涨，企业较容易增加产出，即供给富有弹性，随着供给的增加，价格上涨幅度也不会太大。但是，如果供给缺乏弹性，随着总需求增加，价格也会以较快的速度上升。下面我们用图8-3来具体分析一下上述观点。

如图8-3所示，总需求的增加用总需求曲线向右位移来表示，从 AD_1 依次移到 AD_2，再移到 AD_3。价格从 P_1 依次上升到 P_2，再上升到 P_3。国民产出水平（总供给数量）从 Y_1 增加到 Y_2、Y_3（充分就业水平）。我们看到，随着总供给曲线从平缓变为陡直，尽管总需求曲线在不断右移（总需求增加），但

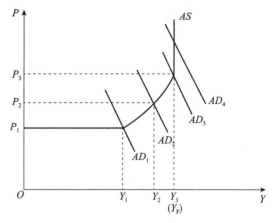

图8-3　需求拉上的通货膨胀

国民总产出的增加量越来越少，价格上升的幅度越来越大。当充分就业产出水平实现时，AS 将变为垂直线，产出不再增加，如果需求继续增加，只会导致价格更快上涨。

总供给曲线从平缓向陡直的变化，也可以看成经济从不景气向繁荣期的变化过程。也就是说，随着真实产出越来越接近于潜在产出水平，资源也逐渐充分利用。所以，需求增加的同时，企业也会以提高价格的方式对需求增加做出反应。从图8-3中可以看出，总需求曲线移至 AD_3 时，国民总产出已达到充分就业水平，之后 AS 曲线就呈垂直状。因此，当总需求从 AD_3 右移到 AD_4 时，只有价格提高，而没有产出变化。此时，可以说经济已经达到繁荣顶峰时期，总需求的扩大已经不再引起总产出增加，只会引起物价水平按同比例上涨。

2. 成本推动型通货膨胀

成本推动型通货膨胀（cost-push inflation），是指由生产成本提高而推动的物价水平上升，是由供给方面因素造成的。也就是说，即使经济中总需求相对稳定，生产成本提高也会引起通货膨胀（见图8-4）。

如图8-4所示，初始总供给曲线 AS_1 与 AD 曲线相交于 F_1，决定了国民产出水平为 Y_1，价格水平为 P_1。假设由于工资、税收、原料成本等上升导致企业的生产成本提高，总供给曲线由 AS_1 移动 AS_2。此时，如果总需求曲线保持不变，AS_2 与 AD 曲线相交于新均衡点 F_2。此时，国民产出为 Y_2，价格水平为 P_2。与原均衡价格水平 P_1 相比，价格上升了。如果为了维持初始的国民产出水平 Y_1，需求须上升，价格也会上升更大，这就

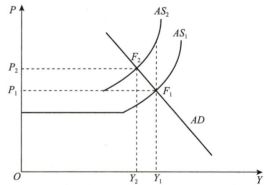

图8-4　成本推动型通货膨胀

是成本推动型通货膨胀，即在总需求保持不变情况下，由于供给方面因素而形成的通货膨胀。

按成因分，成本推动型通货膨胀大致包括以下三种。

（1）工资推动的通货膨胀。工资推动的通货膨胀是指由于劳动市场存在不完全竞争，造成工资率的增长幅度超过劳动生产率的提高幅度，从而引起一般价格水平上涨。劳动力市场的不完全竞争往往是由于存在着具有强大谈判能力的工会组织，操纵工人的工资水平，它可以将工资提高到市场竞争力量所形成的均衡货币工资水平之上，并导致工资增长率超过生产增长率。企业为将工资上升所引起的成本转嫁出去，便提高产品价格。物价上涨之后，工人又会要求提高工资，会再度推动价格上涨，如此循环上升，就形成一种所谓工资－价格螺旋上升现象。所以，由工资成本上升所致的通货膨胀往往具有持续性。

（2）利润推动的通货膨胀。利润推动的通货膨胀是指，市场上具有垄断地位的厂商通过利润加成以获得高额垄断利润从而造成产品价格上涨的现象。在不完全竞争市场上，具有垄断地位的厂商往往具有某种操控价格的能力，他们可通过削减产量、减少供给等手段来提高产品价格。如果一个经济体中许多产品都面临这种情形，利润推动的通货膨胀就会发生。

（3）进口商品价格推动的通货膨胀。这是由于进口商品价格上涨导致物价水平上涨的现象。进口商品价格上升可能与一个经济体的总需求水平并无多少关系。如石油输出国组织（OPEC）在 1973～1974 年利用其垄断力量将石油价格提高了 3 倍，从而引发世界上多个石油进口国发生通货膨胀。

3. 供求混合推动型通货膨胀

有些学者认为，不论是需求拉动，还是供给推动，都难以导致价格持续上涨，因此应从需求与供给相互影响来理解通货膨胀的发生。这就是所谓的供给与需求混合推动的通货膨胀。

假设最初通货膨胀系由需求增加从而出现超额需求所致。如果这种需求增加是一次性的，那么价格上涨不会持续下去。但是，如果人们预期这种价格上涨将持续下去，那么人们将据此调整各种行为。最典型的就是工人将要求名义工资保持相同的上涨幅度以使实际工资保持不变。名义工资的上涨，将抬高企业成本，企业也将因此通过提高价格来转嫁成本，价格又会上升。同时，人们货币收入增加后，名义需求也会随之增加，因此，需求继续扩大。如此相互推动就形成螺旋式涨价过程，如图 8-5 所示。假设最初 AS_1 与 AD_1 相交时对应的价格水平为 P_1。现在总需求增加，导致需求曲线向外移动到 AD_2，出现超额需求，推动价格上涨。由于价格上涨，人们形成涨价预期，工资等随之增加，导致总供给曲线从 AS_1 上移到 AS_2。AS_2 与 AD_2 决定的价格水平为 P_2。随着货币工资上升，人们的消费需求也随之增加，需求继续扩大，需求曲线移动到 AD_3，再次形成超额需求，价格继续上涨……

4. 结构型通货膨胀

结构型通货膨胀（structural inflation），是指由于社会经济中各部门结构性因素的变动而引起的一般物价水平的持续上涨。该理论认为，在一国经济中，从生产率增长来看，有些部门劳动生产率增长快，有些部门劳动力生产率增长慢；从经济发展过程来看，有些部门属于扩展部门，有些部门属于非扩展部门；从与其他经济体的联系看，一些部门（如贸易部门）对外联系密切，而其他部门（非贸易部门）对外联系少。不同部门由于经济发展状况不同，工资水平应该不同，但由于工会或其他力量的作用，会出现工资"攀比"效应，引致一些低生产率部门工资向高生产率部门的工资"看齐"，这样会导致成本上升超过劳动生产率上涨幅度，一般价格水平也会因此被推高，引起通货膨胀。

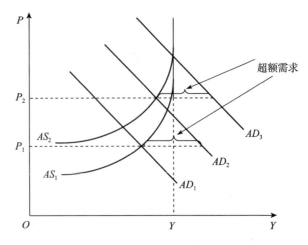

图 8-5　供求混合推动的通货膨胀

8.2.4　通货膨胀的影响

讨论通货膨胀的影响有不同角度。如果把通货膨胀作为影响经济行为人和经济总体的影响，我们会有不同的答案。从对经济行为人的影响来看，在通货膨胀发生前是否被预期到，对后来结果有重要的影响。总的来看，如果人们能及时进行调整也有能力进行调整时，预期到的通货膨胀不会造成多大影响；但是，当通货膨胀膨胀未被预期到，或者说虽然预期到但没有能力应对来消除这种影响时，才会影响人们的行为和福利。

1. 预期到的通货膨胀的影响

当通货膨胀发生时，人们如果准确地预测到了价格上涨，人们在交易过程等经济行动中就会把通货膨胀因素考虑进去，如在工资、借贷合同签订时会采取相应的保护措施，以避免或者减少通货膨胀的影响。比如说，银行会在贷款利率水平上再加上预期通货膨胀率，工人会要求按通货膨胀率上升幅度增加工资。因此，预期到的通货膨胀几乎不会产生什么影响。但对具体个体来说，有时会因为各种限制无力进行自我保护，也会受到影响。参见专栏 8-3。

2. 未预期到的通货膨胀的影响

在通货膨胀发生时，如果人们没有预期到价格水平的上涨，就不会把通货膨胀因素考虑在交易过程中。因此，通货膨胀将对经济运行产生影响，至少在短期会是这样。通货膨胀的影响可从多个角度来考察，在此我们主要分析通货膨胀对收入或财富再分配的影响和对产出的影响。

（1）收入（财富）再分配效应。当通货膨胀发生时，意味着单位货币的购买力降低，所以，如果无力跟随价格上涨幅度来保持货币的购买力不变，相同收入（财富）的价值将贬损。这样带来的再分配影响包括以下方面。

凡是因各种原因无力随通货膨胀对收入（财富）进行及时调整者，通货膨胀发生后，其收入（财富）水平将受到损害，比如说：现金持有者、储蓄者、债权人（如租金收入者和利息收入者）、固定货币收入者（如工资劳动者和退休人员等）。这些人，都会因为通货膨胀导致所得单位收入（财富）购买力下降，但又没有途径获得补偿，也可能是补偿增加小于价格上涨幅度。具体说来：固定货币收入者，其收入增长一般滞后于物价上涨，因此实际收入会下降；债权人，贷出的是贬值前的一定量货币，收回的却是已经贬损的货币；持有现金者，货币价值降低后所能购买的货物比之前减少了。

凡是能对通货膨胀损害进行调整或者以价值贬损之后的收入（财富）来偿还既定债务者，就是通货膨胀的受益方。如：货物持有人、雇主、债务人等。

对于企业主，他们借入未贬值的货币购买未涨价的货物和劳动力，经过一个生产过程后，按通货膨胀后的价格出售，并且用贬值后的货币来付债务，自然不会受损；对于股票持有者，其股票价格往往会随着价格水平的上涨而提高。对于债务人，以未贬值的货币借入，而以贬值的货币归还，自然会获益；对于持实物者，因通货膨胀商品价格上涨，拥有实物的货币价值上升。

从总体经济来看，分配效应只是在不同群体之间进行财富转移，对社会不会造成资源损失。但是，当通货膨胀引起财富状况面临的不确定性增加时，则会影响人们的效用水平，因为绝大多数人是风险规避者，风险增大，效用水平也就是福利水平会下降。同时，如果人们采取行动保卫收入和财富，也会造成资源浪费。具体参见专栏8-3"通货膨胀的成本"。

| 专栏8-3 |

通货膨胀的成本

经济学家认为高通货膨胀率会带来显著的经济成本。其中最重要的成本有：鞋底成本、菜单成本和价值尺度成本。

鞋底成本 人们持有货币是为了方便交易。然而，高通货膨胀率造成人们不愿意持有货币，因为钱包中的现金和可开支票的银行账户存款的购买力会因物价水平的上涨而不断缩水。人们因此会寻找途径减少他们持有的金钱数量，这会引致很高的经济成本。1921～1923年德国发生恶性通货膨胀时期，商人雇用了多名善跑之人，一天中多次到银行把钱存进生息账户或转成更为稳定的外国货币。在德国恶性通货膨胀期间，银行交易业务剧增，所以银行雇员几乎翻了两番，从1913年的大约10万人增加到1923年的37.5万人。

巴西在20世纪90年代初也经历了恶性通货膨胀，在此期间金融部门创造的GDP占总量的15%，是美国金融部门同样指标的两倍。金融部门扩张来应付通货膨胀带来的影响其实表示了一个社会实际资源的浪费。

通货膨胀引起的增加的交易成本就是所谓的鞋底成本（shoe-leather cost），这一说法是对人们为了尽可能避免持有货币而四处跑动造成的皮鞋磨损的形象比喻。在高通货膨胀率时，鞋底成本相当高。

菜单成本 在现代经济中，我们购买的大部分东西都明码标价。超市货架的每种商品都标有价格，每本书也都印有价格，餐厅每道菜的价格都印在菜单上。更改标价需付出的真实成本被称为菜单成本（menu cost）。例如，要改标价的话，在超市需要通过店员更改每个项目下的价签。当通货膨胀发生时，相对于总体价格水平保持稳定的环境，企业当然会被迫经常改变价格。这意味着经济体整体的成本增加了。在恶性通货膨胀时期，菜单成本会更高。

在20世纪90年代初巴西恶性通货膨胀时期，有报道说超市的工作人员有一半时间花在更换价签上。当发生高通货膨胀时，商人们停止用本国货币而代之以人造单位（实际上是产品之间互相标价）或者更为稳定的他国货币（如美元）来计价。在20世纪80年代中期，以色列的房地产市场就是这么做的：尽管交易使用以色列的货币来支付，但却用美元标价。同样的情况也发生在津巴布韦。2008年5月，该国官方通货膨胀率达到1 694 000%。到了2009年，政府暂停使用津巴布韦的货币，而改用外国货币买卖产品。

随着技术的进步，菜单成本越来越低，因为价格可以通过电子方式来变动，越来越少的商店使用粘贴式的产品价签了。

价值尺度成本 货币用于签订合约和经济计算的这种功能被称为货币的价值尺度功能。是指由于通货膨胀使得货币作为价值尺度的可信程度降低而带来的成本被称为通货膨胀的价值尺度成本。因为通货膨胀会导致货币购买力随着时间的推移而变化——来年1美元的价值要少于今年1美元的价值。许多经济学家认为这也降低了经济决策的质量，因为货币价值尺度变化造成的不确定性会导致经济体作为一个整体的资源利用率降低。通货膨胀造成货币度量单位可靠性降低。

资料来源：保罗·克鲁格曼，罗宾·韦尔斯. 宏观经济学：第4版［M］. 赵英军，译. 北京：中国人民大学出版社，2018：58-59。

（2）**产出效应**。通货膨胀对产出水平也会产生影响，但影响方向会因为通货膨胀率高低与发生原因不同而不同。当通货膨胀率较低，即发生温和的通货膨胀时，在一定程度上会刺激企业生产更多产品，从而使国民产出增加，所以也有经济学家认为此类通货膨胀可以作为经济增长的"润滑剂"，特别是在经济从不景气复苏阶段，低通货膨胀引起的需求扩张具有积极意义。但当通货膨胀率较高时，经济运行的不确定性提高，企业生产经营面临的风险增大，企业因此将减少投资和员工雇用，这样导致就业减少。同时，因为贷款人要求有更高的报酬，作为对贷款收益的补偿，企业支付的利息成本因此也会增加。因此，较高的通货膨胀率会导致产出减少和失业增加。但是，当出现恶性通货膨胀时，不仅会对经济增长带来严重的影响，而且也对社会生活造成伤害。恶性通货膨胀一方面使生产和就业出现停滞和混乱局面，另一方面收入再分配会使社会各阶层发生利益冲突，从而引发社会恐慌，造成不安和动乱，有时还会带来灾难性的后果，引发严重的政治事端。

鉴于通货膨胀影响的上述特征，所以对通货膨胀的积极作用的利用总是与控制通货膨胀率水平联系在一起，把尽可能保持较低的通货膨胀率作为政府宏观政策基本目标之一。但控制通货膨胀又可能会对产出和就业产生消极影响，导致产出水平下降和失业水平上升。治理通货膨胀对产出和就业的影响参见专栏8-4"牺牲率"。

|专栏8-4|

牺 牲 率

为应对通货膨胀，政府会采取紧缩的经济政策，由此带来的负面影响是产出减少和失业率上升，至少短期是这样。这就是经济总体上反通胀付出的成本。经济学家们用"牺牲率"

来描述降低通货膨胀率的成本。

牺牲率（sacrifice ratio）是指当通货膨胀率降低1个百分点时，产出损失的规模。一项由约翰-霍普金斯大学劳伦斯·鲍尔（Laurence Ball）进行的研究表明，20世纪80年代，美国通货膨胀率下降了8.83个百分点（从每年12.10%降低到3.27%）。根据鲍尔计算，在反通货膨胀的15个季度中，降低通货膨胀率政策造成的产出损失相当于一年潜在GDP的16.18%。用16.18%的潜在产出损失除以8.83的通货膨胀率降低幅度，得到的结果为1.832%，这就是反通货膨胀的牺牲率。即在美国20世纪80年代早期，美国通货膨胀率每降低1个百分点将导致潜在GDP减少1.832%。

鲍尔还利用季度数据计算了其他国家的在20世纪60~80年代的牺牲率，得到的平均值如表8-6所示。从中可以看出，各国反通货膨胀付出的代价还是有较大差异。他认为，造成牺牲率大小差异的原因之一是劳动市场弹性的不同。如果一个国家的工资水平变化对劳动力供给与需求变化反应迟缓，其牺牲率也会较高。他还发现，快速降低通货膨胀的牺牲率往往低于缓慢降低通货膨胀。

表8-6 部分国家的牺牲率（平均值）

国家	牺牲率	国家	牺牲率
澳大利亚	1.00	日本	0.93
加拿大	1.50	瑞士	1.57
法国	0.75	英国	0.79
德国	2.92	美国	2.39
意大利	1.74		

资料来源："What Determines the Sacrifice Ratio?" in N. Gregory Mankiw, ed., Monetary Policy, Chicago: University of Chicago Press, 1994: 155-188。

8.3 失业与通货膨胀率的关系

8.3.1 痛苦指数

既然通货膨胀和失业并非人们愿意承受和喜欢的，因此两个指标的值应该是越低越好。在经济学中，把两者综合在一起形成一个指标，被称为痛苦指数（misery index），这是由美国经济学家阿瑟·奥肯提出的，即

$$痛苦指数 = 通货膨胀百分比 + 失业率百分比$$

也有人说，两者带给人们的痛苦程度并非相同，可以赋予不同的权数后再加总。不论怎样，该指数总是越低越好。

8.3.2 菲利普斯曲线

菲利普斯曲线（Philips curve）是一条描述通货膨胀和失业之间关系的曲线。菲利普斯曲线最初由新西兰经济学家菲利普斯（A. W. Phillips）提出，然后经美国经济学家萨缪尔森和索洛的改进，再经弗里德曼、菲尔普斯等经济学家的扩展，成为宏观经济学中最为重要的

曲线之一。该曲线不仅用于解释通货膨胀和失业之间的关系，也是区分不同经济学流派的重要理论模型之一。

1. 失业率与工资率之间的关系

1958 年，经济学家菲利普斯通过整理英国 1861~1957 年近百年的统计资料发现，货币工资增长率与失业率呈此高彼低交替关系，这种关系用公式表示为

$$\Delta W_t = f(U_t) \tag{8-12}$$

式中，ΔW_t 和 U_t 分别指 t 时期的货币工资增长率和失业率。

货币工资增长率与失业率两者之间具有负相关的函数关系，失业率越低，名义工资在一年中上升的百分比就越高，二者之间的关系是非线性的。如图 8-6 所示，图中横轴表示失业率，纵轴表示货币工资增长率，货币工资增长率与失业率之间呈负相关关系。

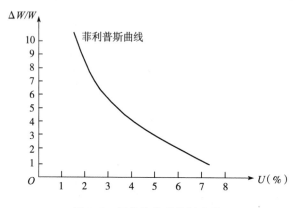

图 8-6　原始的菲利普斯曲线

货币工资增长率与失业率之间的负相关关系，由英国经济学家利普赛（Lipsey）从理论上进行了最初的阐述，货币工资增长率是劳动力市场超额需求的正向函数，而失业率是劳动力市场超额需求的负向函数，当劳动力的需求不断增加导致超额需求产生时，失业率会不断降低，而雇主之间的竞争会驱使货币工资率不断上升。反之，失业率会越高，劳动力市场上越是供过于求，货币工资率上涨就越少。

2. 菲利普斯曲线用于描述失业率与通货膨胀的关系

描述货币工资增长率与失业率之间的关系的曲线经美国经济学家保罗·萨缪尔森和罗伯特·索洛的演化，成为反映通货膨胀率与失业率之间的曲线。他们运用美国数据资料表明通货膨胀率与失业之间类似的负相关关系。如图 8-7 所示，图中横轴表示失业率，左边纵轴表示通货膨胀率，右边纵轴表示货币工资增长率。菲利普斯曲线反映了通货膨胀与失业之间的负相关关系。

为什么通货膨胀与失业之间负相关关系类似于货币工资增长率与失业率之间的负相关关系呢？或者说为什么可以把原始菲利普斯曲线描述的关系延伸为失业率与通货膨胀率的替代关系呢？萨缪尔森和索洛认为，工资是成本的主要构成部分，因而也是产品价格的主要构成部分，货币工资的增长导致成本推动的通货膨胀。从而可以得出，通货膨胀率与货币工资增长率有同方向变动的关系。货币工资增长率高的时候，通货膨胀率也处在高水平，而失业率却在低位；反之，当货币工资增长率低的时候，通货膨胀率也处在低水平，而失业率却

在高位。不过,通货膨胀率与货币工资率并不完全相同,两者之间的差距等于劳动生产率的增长率,即

$$通货膨胀率 = 货币工资增长率 - 劳动生产率 \tag{8-13}$$

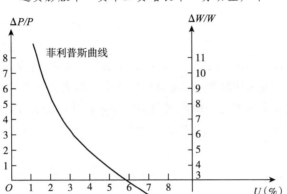

图 8-7　改进后的菲利普斯曲线

图 8-7 两条纵轴反映了货币工资率与通货膨胀率之间的联系。图中假定劳动生产率增长率为 3%,而货币工资也增长 3% 时,不会引起物价上涨,也就是通货膨胀率为零。右边货币工资增长率为 3% 时,左边通货膨胀正好为 0。而当货币工资增长率超过 3% 时,物价会随着货币工资的上升而上升,即通货膨胀率大于 0。

因此,假定劳动生产率既定,那么通货膨胀率变化与工资率的变化就同步起来。最初的菲利普斯曲线也就可以写成通货膨胀率与失业率之间的关系了,即

$$通货膨胀率 = -h(失业率) \tag{8-14}$$

式中,h 是函数关系符号。

3. 菲利普斯曲线的政策含义

诸多经济学家关注菲利普斯曲线,是因为菲利普斯曲线描述的通货膨胀与失业之间的关系为宏观经济政策决策者提供了可供选择的简易菜单。它意味着决策者可以通过采取扩张性经济政策,以较高的通货膨胀率为代价来降低失业率;或采取紧缩性经济政策,以较高的失业率为代价来降低通货膨胀率和稳定物价。决策者会偏好低通货膨胀率和低失业率,但根据菲利普斯所总结的历史数据资料,双低结合的机会出现的次数不多。所以决策者不得不面临着通货膨胀与失业之间的权衡取舍,要么选择高通货膨胀和低失业,要么选择高失业和低通货膨胀。也就是说,想治理一种经济失衡时,必须以另一种失衡的加剧为代价!

8.3.3　菲利普斯曲线的扩展

20 世纪 70 年代以来,菲利普斯曲线所描述的失业与通货膨胀之间的关系引起了一些经济学家的质疑,其中最具代表性的是弗里德曼和菲尔普斯提出的两点修正:一是引入预期因素,原来的菲利普斯曲线反映的是预期通货膨胀率为零时失业率与通货膨胀率之间呈负相关关系。然而,如果考虑到通货膨胀预期因素,菲利普斯曲线会怎样变化?二是加入时间因素,货币主义学派得出,通货膨胀率与失业率之间的负相关关系只适合短期,

从长期来看,菲利普斯曲线不再向下倾斜,而是垂直的,甚至是向上倾斜的曲线。

1. 考虑预期因素

当通货膨胀发生时,工人和企业更关心的是实际工资水平,也就是货币的真实购买力,而非名义的货币工资。因此,当他们预期到价格水平上升时,一定会把通货膨胀率考虑在内。如果人们预期通货膨胀率以2%的速度上升,那么,当货币工资率上升2%时,人们的实际工资率水平才会保持不变。因此,人们的预期也会反映到通货膨胀率的影响方面。从前面的分析我们知道,只有未被预期到的通货膨胀才会影响失业等变量。同时,我们也知道,真实失业率对自然失业率偏离时(即出现周期性失业)才值得关注。基于上述信息,我们可以写出反映失业和通货膨胀关系的方程式,即

$$\pi = \pi^e - h(U - U^*) \tag{8-15}$$

式中,π 是真实通货膨胀率;π^e 是预期通货膨胀率;$U - U^*$ 是周期性失业(U 是真实失业率,U^* 是自然失业率);h 是函数关系符号。

式(8-15)被称为现代菲利普斯曲线函数,或附加预期的菲利普斯曲线(expectations-augmented Phillips curve)函数。从中我们可以看出,当真实失业率 U 小于自然失业率 U^* 时,真实通货膨胀率 π 大于预期通货膨胀率 π^e;反之,当真实失业率 U 大于自然失业率 U^* 时,真实通货膨胀率 π 小于预期通货膨胀率 π^e;当真实失业率 U 等于自然失业率 U^* 时,真实通货膨胀率 π 等于预期通货膨胀率 π^e。

根据式(8-15),考虑到预期因素后,菲利普斯曲线的位置将向右上方移动,距离等于预期通货膨胀率值。这也就是说,现在要使失业率降低到一定的水平,需付出比过去更高的通货膨胀率代价。如图8-8所示,PP 为移动之前的菲利普斯曲线,$P'P'$ 为移动之后的菲利普斯曲线。根据移动之后的菲利普斯曲线,即使维持相同水平的失业率,现在须承受更高的通货膨胀率水平。假如要把失业率维持在4%水平,根据 PP 线,只需要承受2%的通货膨胀率即可,但根据 $P'P'$ 则必须承受4%的通货膨胀率。

为什么菲利普斯曲线会向右上方移动?原来的菲利普斯曲线 PP 反映的是预期通货膨胀率为零时的失业率与通货膨胀率之间的负相关关系。如果通货膨胀率逐年上升,特别是当政府基于菲利普斯曲线制定相应政策,如以高通货膨胀率来换取低失业率,这样人们也会形成通货膨胀预期。预期通胀率上升,菲利普斯曲线就向上移动。

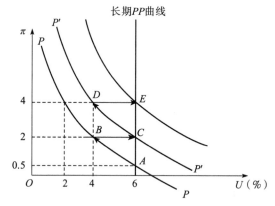

图8-8 短期和长期的菲利普斯曲线

注:向右下方倾斜的曲线 PP、$P'P'$ 为短期菲利普斯曲线,过 E 点垂直于横轴的曲线为长期菲利普斯曲线。

2. 自然失业率变化

根据式(8-15),当自然失业率发生变化后,菲利普斯曲线的位置也将发生变动。仍然以图8-8为例。假设,自然失业率为4%时,根据 PP 线,通货膨胀率为2%。现在假定自然失业率变为6%,即使仍然保持通货膨胀率为2%,菲利普斯曲线也会从 PP 线位置移

动到 $P'P'$。

3. 短期菲利普斯曲线与长期菲利普斯曲线

失业率与通货膨胀率之间呈负相关关系的结论只适用于短期，在长期中，菲利普斯曲线会变成一条垂直线，通货膨胀与失业之间不存在相关关系。

（1）短期菲利普斯曲线。

短期失业与通货膨胀之间呈负相关关系也可以从人们的预期形式为适应性预期来得到解释。所谓适应性预期，是指人们根据过去预期的偏差来形成并调整对未来的预期。当本期实际通货膨胀预期低于预期通货膨胀率时，对下一期通货膨胀预期就会相应减少；反之，则相应增加。在这种预期方式下，短期内，工人往往来不及调整通货膨胀预期，他们预期通货膨胀率可能低于实际的通货膨胀率。因此，工资的增长滞后于物价上涨，在名义工资增加的刺激下，劳动力的供给会增加。与此同时，因产品价格上涨幅度超过工资增长幅度，企业的利润增加，企业进行的投资会随之增加，增加的劳动力供给因此会转化为新增就业。就业增加，失业率下降。于是，短期内较高的通货膨胀率会使失业率减少。也就是说，菲利普斯曲线在短期内是成立的。

如图 8-8 所示，假定开始通货膨胀率很小为 0.5，人们没有预期通货膨胀，经济运行为 A 点。现在假定因某一因素变化总需求突然增加（如出口突然增加），通货膨胀率上升到 2%。由于人们事先没有预期到通货膨胀，因而经济会沿菲利普斯曲线 PP 变动到 B 点，通货膨胀率上升到 2%，失业率从 6% 下降到 4%。较高的通货膨胀率导致较低失业率，这就是通货膨胀与失业之间在短期内的负相关关系。

（2）长期菲利普斯曲线。

假定通货膨胀率逐年上升，比如说是 2%，则人们就会形成 2% 的通货膨胀率预期。工人们就要求以预期通货膨胀率 2% 提高工资，企业意识到物价上升时工资实际并未降低，因而企业会减少雇用人数，因而企业的雇工数又回到原来水平，失业率回复到原先的 2% 水平，从而经济达到 C 点。这时，自然失业率为 6%。如果此时政府采取扩张性经济政策使失业率降到自然失业率以下，经济会沿第二条菲利普斯曲线 $P'P'$ 变动到 D 点，这时通货膨胀率为 4%。如果通货膨胀率以此速度逐年上升，人们便会形成 4% 的通货膨胀预期，从而会把 4% 的通货膨胀率放入下一轮工资谈判中。一旦如此，企业劳动雇用量又会回到原先的自然失业率，经济达到 E 点。通过短期菲利普斯曲线不断右移，上述过程反复进行，形成一条以点 A、C、E 相连的垂直于横轴的菲利普斯曲线，这就是长期的菲利普斯曲线。长期的菲利普斯曲线是连接每一条短期菲利普斯曲线上实际通货膨胀率与预期通货膨胀率相等的点而成的曲线。在长期，预期通货膨胀与真实通货膨胀一致，所以通货膨胀不会引起就业的增加和失业的减少，通货膨胀与失业之间不存在相关关系。而且，又由于在长期中，经济会实现充分就业，失业率保持在自然失业率水平，因而，长期的菲利普斯曲线是一条位于自然失业率水平的垂线。它表明，在长期，无论通货膨胀率如何变动，失业率都保持在自然失业率水平之上，所以以提高通货膨胀为代价来降低失业率的扩张性经济政策是无效的。也就是说，宏观经济政策在短期内具有有效性，但在长期内是无效的。

8.3.4 无加速通胀失业率与自然失业率

在预期因素加入后,菲利普斯曲线在长期变成一条垂直线,位于某一失业率水平,我们称这一水平为自然失业率,也就是当真实通货膨胀率 π 等于预期通货膨胀率 π^e 时,真实失业率 U 将等于自然失业率 U^*。为了突出对通货膨胀的影响与否,经济学家们又提出了另外一个与自然失业率稍有不同的概念:无加速通胀失业率(nonaccelerating inflation of unemployment,NAIRU)。NAIRU 是指与一定的通货膨胀率水平有稳定关系的失业率,当处在 NAIRU 时,价格水平的上涨和下跌都会通过工资变化来抵消,因此不会引起通货膨胀变化。当失业率低于 NAIRU 时,就会引起通货膨胀率上升,因此这样的失业率无法维持。

NAIRU 与自然失业率有所不同,自然失业率是从劳动力市场来考虑的,是没有周期性失业时的状态,它与通货膨胀之间建立联系也是通过产出来传导的,如果现实失业率低于自然失业率,那么会引起就业增加,产出水平提高,从而推到通货膨胀上升;而 NAIRU 则是直接从是否引起通货膨胀来考虑,如果失业率低于 NAIRU 的水平会导致持续加速的通货膨胀,这显然无法维持。但两者的实践意义是相同的,事实上经济学家通过观察 NAIRU 来估计自然失业率。也就是说:

$$NAIRU = 结构性失业率 + 摩擦性失业 \tag{8-16}$$

由于摩擦性失业数值微小,所以结构性失业率也就构成了 NAIRU 最主要的部分,也就是大体上的自然失业率水平。但在实践中,如何估计自然失业率或 NAIRU 水平,经济学家们仍然存在很大的争论。美国是由国会预算办公室来进行测算的,OECD 组织也会发布结构性失业率水平的统计值,表8-7 给出了部分 OECD 国家及相关地区的结构失业率水平。

表8-7 部分 OECD 国家或地区 1989~2015 年的结构性失业率 (%)

国家或地区\年份	1989~1998 平均值	1999~2008 平均值	2009	2010	2011	2012	2013	2014	2015
澳大利亚	7.9	5.8	5.2	5.3	5.3	5.3	5.3	5.3	5.3
奥地利	3.8	4.2	4.4	4.3	4.3	4.3	4.3	4.3	4.3
比利时	8.2	8.0	8.0	8.0	7.9	7.9	7.9	7.9	7.9
加拿大	9.2	7.5	7.3	7.3	7.3	7.3	7.2	7.1	7.1
丹麦	6.5	5.1	5.3	5.5	5.6	5.7	5.7	5.7	5.6
法国	9.4	8.7	8.8	8.9	9.0	9.1	9.2	9.2	9.2
德国	7.0	7.8	7.3	7.1	6.8	6.7	6.5	6.3	6.3
希腊	8.2	10.3	11.8	12.5	12.9	13.3	15.6	16.8	17.5
爱尔兰	12.2	7.9	8.8	9.7	10.2	10.5	10.6	10.6	10.5
以色列	9.4	10.9	8.7	8.1	7.5	7.1	6.8	6.5	6.4
意大利	9.2	8.2	7.6	7.6	7.8	8.6	9.5	9.9	10.1
日本	2.9	4.0	4.3	4.3	4.3	4.3	4.3	4.3	4.3
韩国	3.1	3.8	3.5	3.5	3.4	3.3	3.3	3.2	3.2

(续)

年份 国家或地区	1989~1998 平均值	1999~2008 平均值	2009	2010	2011	2012	2013	2014	2015
墨西哥	4.0	3.6	4.7	4.8	4.8	4.9	4.9	4.8	4.8
荷兰	5.8	3.8	3.7	3.7	3.8	3.8	3.9	3.9	4.0
新西兰	7.4	5.0	5.4	5.9	6.2	6.3	6.4	6.3	6.3
挪威	4.5	3.7	3.3	3.3	3.3	3.3	3.3	3.3	3.3
波兰	13.0	14.8	9.6	10.0	10.0	10.0	10.0	10.0	10.0
葡萄牙	6.0	6.9	9.0	9.5	9.8	10.7	12.0	12.2	12.3
斯洛伐克⊖	13.2	15.4	13.2	13.8	13.6	13.3	13.1	13.0	13.0
西班牙	15.1	13.3	16.6	18.3	19.7	20.8	21.4	21.5	21.4
瑞典	6.8	7.4	7.3	7.2	7.0	7.0	7.0	7.0	7.0
瑞士	2.5	3.5	3.9	3.9	3.9	3.9	3.9	3.9	3.9
英国	8.3	5.9	6.6	6.7	6.9	6.9	6.9	6.7	6.6
美国	5.7	5.5	6.0	6.1	6.1	6.1	6.1	6.1	6.1
欧元区	8.7	8.7	9.1	9.3	9.5	9.8	10.1	10.2	10.2
OECD 平均	6.6	6.5	6.8	6.9	6.9	7.0	7.1	7.1	7.1

资料来源：OECD Statistic data。

本章小结

1. 失业是指具有劳动能力、想要工作而没有工作的人所处的状况。衡量失业状况的方式有两种：一种是人数，另一种是百分比。

2. 失业可分为摩擦性失业、结构性失业和周期性失业。

3. 通货膨胀是指商品和劳务的一般价格水平普遍持续上涨的现象。衡量通货膨胀的指标通常用消费者价格指数、生产者价格指数和GDP平减指数这三类物价指数。

4. 通货膨胀分类有很多种：通货膨胀按其成因分为需求拉上型、成本推动型和结构型通货膨胀，按通货膨胀程度分为温和的通货膨胀、奔腾的通货膨胀以及恶性通货膨胀，按是否预期到分为预期到的和未预期到的通货膨胀，按价格的影响分为平衡通货膨胀和非平衡通货膨胀。

5. 失业和通货膨胀都会给社会带来损失，较高的失业率和通货膨胀率会产生严重的社会和经济后果。

6. 菲利普斯曲线最初是由新西兰经济学家菲利普斯提出的，然后经经济学家萨缪尔森和索洛的改进后，对通货膨胀和失业之间的关系做出了解释。再经货币主义学派弗里德曼等经济学家引入预期和时间因素进行扩展，对通货膨胀和失业之间的关系做出了更完善的解释。

思考与练习

一、名词解释

失业　　自然失业　　需求不足失业　　充分就业
摩擦性失业　　结构性失业　　自然失业率　　通货膨胀
　　　　　　　　　　　　　　牺牲率　　无加速通胀失业率

⊖ 捷克斯洛伐克于1993年分裂为两个国家——捷克与斯洛伐克。

菲利普斯曲线　　痛苦指数
菜单成本　　　　效率工资
奥肯定律　　　　消费者价格指数
恶性通货膨胀　　现代菲利普斯曲线

二、简答题

1. 什么是失业？摩擦性失业、结构性失业和周期性失业有什么区别？

2. 怎样理解自然失业？

3. 怎样理解周期性失业？

4. 自然失业变化的原因是什么？

5. 分析失业会造成哪些影响。

6. 简单比较三种度量价格变化指数的特点。

7. 通货膨胀发生的原因有哪些？

8. 预期到的通货膨胀与未预期到的通货膨胀对经济产生的影响有什么区别？

9. 简述菲利普斯曲线的形成和扩展。

10. 什么是无加速通胀失业率？它与自然失业率相同吗？

11. 运用菲利普斯曲线来分析失业与通货膨胀之间的关系。

第9章

宏观经济政策

> 稳定经济的任务，要求我们能够控制住经济使之不至于偏离持续高就业之路太远。就业率过高将导致通货膨胀，而过低又意味着衰退。灵活审慎的财政政策和货币政策，能够帮助我们在这两条路中间穿过一条"狭窄的通道"。
>
> ——约翰·肯尼迪

§ 本章要点

前面我们已经对宏观经济学的基本理论进行了学习，但经济学是致用之学，所以宏观经济学的重要内容之一是对宏观经济政策的讨论。本章我们将对需求管理政策中的财政政策和货币政策进行学习，并且运用 *IS-LM* 模型对两种政策的效果进行分析。

§ 学习目标

- 理解宏观经济政策目标；
- 掌握财政政策和货币政策的内容；
- 掌握对财政政策工具效果的分析；
- 掌握对货币政策工具效果的分析；
- 了解促进经济增长的政策。

§ 基本概念

| 财政政策 | 自动稳定器 | 货币政策 | 公开市场业务 |
| 法定准备金比率 | 挤出效应 | 财政政策乘数 | 货币政策乘数 |

我们在本书第 1 章中指出，宏观经济学原理的学习包括两大领域：宏观经济理论和宏观经济政策。到目前为止，我们已完成了宏观经济理论部分的学习，本章开始学习宏观经济政策的内容。从实践来看，现代国家政府都深深介入现代经济运行，政府推出的宏观经济政策

已经成为现代国家管理经济的重要手段,通过本章学习我们不仅能对政府为什么会推出不同的经济政策有所理解,而且也能明白政府制定政策的依据和产生的效果。

9.1 宏观经济政策目标和政策原理

9.1.1 宏观经济政策目标

宏观经济政策是指国家或政府为实现总体经济目标而制订的指导原则和措施。任何一项经济政策总是依据一定的经济目标来制定和实行的。依照现代经济学理论,宏观经济政策目标一般包括以下几个:

(1)稳定、持续、合理增速的经济增长。
(2)低失业率。
(3)价格稳定。
(4)国际收支相对平衡和汇率相对稳定。

9.1.2 宏观经济政策原理

经济政策作为政府管理经济的一种手段,有些是借助行政力量来强制推行的,如价格管制之类的管制政策,有些则是基于市场机制本身运行的规律对经济行为进行引导、干预,使其符合政府想要实现的运行目标。在本章我们介绍的主要是后者。

1. 政策目标与需求管理政策

依据前面的理论分析可知,上述关于宏观经济的 4 个目标,可以通过以总需求分析为核心的凯恩斯模型来解释。所以,宏观经济政策设计是从需求管理入手,通过影响总需求来实现四个宏观政策目标。

四大目标之间有互补的部分。充分就业会促进经济增长,价格稳定是经济增长的保证,国际收支平衡有利于一国的物价稳定、充分就业与经济增长。但目标之间也存在相互冲突,经济快速增长一方面利于实现充分就业,但另一方面也会引发大量商品进口,从而导致国际收支失衡,经济过热还会推动通货膨胀率上升,然而,当经济增长趋缓或停止时,虽可能维持价格水平稳定,却会推高失业率。

由于各政策目标之间存在冲突的可能,政策目标选择有时面临的情形如孟子所言是鱼与熊掌难以得兼,在实现一些目标的同时往往会恶化另一些目标。所以,当面临选择的两难困境时,政府往往会考虑有所侧重,对所实现的目标排出先后顺序,确定哪些宏观经济问题最先需要解决,然后制定相应政策。除在制定政策时有所侧重之外,政府更需要对各目标之间进行相互协调,不只追求单一目标,而应该综合考虑,避免带来经济和政治上的负面效应。因此,要实现既定政策目标,政府不仅需要运用各种政策手段,而且各政策手段之间也要相互配合、协调。也就是说,政府在制定经济目标和经济政策时应有整体性宏观战略考虑和安排。

2. 经济政策工具

既然需求管理成为宏观经济政策最重要的基础,那么政府能对总需求形成影响的手段都应成为政策工具和手段。目前，这些工具和手段被归入财政政策和货币政策两大类中。两种政策都是通过影响总需求来实现政府设定目标的，但两者还是有所不同。财政政策能直接对总需求中的构成项目产生影响，如政府购买本身就是总需求的组成部分。货币政策则需要通过一些中间变量（如货币供给量和利率）的变动来影响总需求，因而主要是间接地发挥作用。

需求管理政策主要针对需求冲击造成的影响进行治理，一般是在短期发挥作用。如果应对供给冲击，则需要从供给侧设计政策手段。从短期来看，影响总供给的政策作用效果并非像需求管理政策那样清晰。如税收（尤其是减税）之类政策，既可以对需求侧产生影响，也可以从供给侧产生影响。所以，供给侧政策主要针对长期，如产业规划和产业政策之类的手段。

3. 宏观经济政策作用的一般原理

从需求管理来看，宏观经济政策的作用机理可以用 AD-AS 模型概括为如下两种情形。为了简化起见，我们只讨论充分就业产出水平维持不变的情况下短期需求发生变化的情形。

（1）需求扩张政策。

假设经济初始处在图 9-1a 中的 A 点，总需求曲线 AD_1 与短期总供给曲线 SAS 相交，由此得到的均衡国民产出 Y_1。该产出水平低于长期总供给曲线 LAS 所示的国民产出水平，未至充分就业，也可以说存在产出不足缺口 $Y_2 - Y_1$（假设 Y_2 代表充分就业水平）。第 7 章我们介绍过，为了实现充分就业，可通过移动 AD 曲线来实现。如果政府采取扩张需求的宏观经济政策，将导致 AD 曲线向右移动，从 AD_1 移动到 AD_2，与长期总供给曲线 LAS 和短期总供给曲线 SAS 在 B 点相交，产出水平达至充分就业，价格水平从 P_1 上涨到 P_2。

（2）需求紧缩政策。

假设经济初始处在图 9-1b 中的 A 点，总需求曲线 AD_1 与短期总供给曲线 SAS 相交，由此得到的均衡国民产出 Y_1。该产出水平超过长期总供给曲线 LAS 所示的国民产出水平，高于充分就业对应的产出水平。此种情形可以通过降低需求来解决，如果政府采取紧缩需求的宏观经济政策，将导致 AD 曲线向左移动，从 AD_1 移动到 AD_2，与长期总供给曲线 LAS 和短期总供给曲线 SAS 在 B 点相交，产出水平达至充分就业，价格水平从 P_1 下降到 P_2。

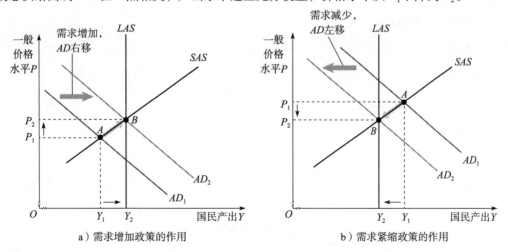

a）需求增加政策的作用　　　　b）需求紧缩政策的作用

图 9-1　需求管理政策的作用

9.2 货币政策

9.2.1 货币政策的概念

货币政策(monetary policy)是指中央银行或货币管理当局通过控制货币供应量和利率,从而影响社会总需求以实现既定宏观经济目标的政策。

货币政策与宏观经济政策的总目标是一致的,即实现价格稳定、充分就业、经济增长和国际收支平衡。货币政策自身还肩负一项重要任务:维护一国金融体系(金融市场和金融机构)的稳定。当然,随着经济现实的变化,货币政策目标也在进行调整。从近些年许多国家货币政策的实践来看,钉住通货膨胀正成为许多组织或国家货币当局最主要的政策目标,如欧洲中央银行、英国、加拿大等机构或国家。

9.2.2 货币政策作用机制和工具

一国中央银行怎样来实现其政策目标呢?这就需要了解作用机制和操作目标。

1. 货币政策的作用机制

货币政策作用机制是中央银行通过改变货币供应量,引起市场利率变化,或直接影响市场利率,作用于总需求,实现自己的政策目标。

中央银行增加或者减少货币供给数量,会导致利率变化,或者通过对货币市场操作影响利率,引起企业投资、居民消费支出以及国际贸易发生变化,即总需求发生变化,最终引起就业、产出和价格水平的变化。货币政策包括紧缩性和扩张性两类。

紧缩性货币政策是通过减少货币供应量,提高利率,引起投资与家庭支出减少,从而减少社会总需求,最终影响产出和价格水平的变化。

扩张性货币政策是通过增加货币供应量,降低利率,引起投资与家庭支出增加,致使总需求增加,最终影响产出和价格水平。

具体作用机制如图9-2所示。

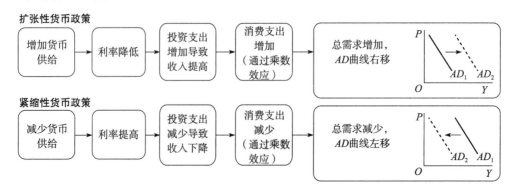

图9-2 扩张性与紧缩性货币政策

经济萧条时,为刺激经济增长多采用扩张性货币政策,货币供给增加,利率降低,取得信贷更容易,从而导致投资需求与社会总需求增加;经济过热时,为抑制通货膨胀,采用紧缩性货币政策,削减货币供应量,利率上升,取得信贷困难,从而抑制投资需求与社会总需求。

货币政策影响总需求所致的结果,可以用图 9-1 所示的总需求曲线移动的情形来进行类似说明。现在具体影响总需求的是货币政策变化。如果情形如图 9-1a 所示,经济存在产出不足缺口 $Y_2 - Y_1$(假设 Y_2 代表充分就业水平)。货币当局采取扩张性货币政策,推动总需求曲线向右移动,可以消除产出不足缺口,也会推动价格水平上涨。

如果是图 9-1b 所示的情形,经济存在产出过剩缺口 $Y_1 - Y_2$(假设 Y_2 代表充分就业水平)。货币当局采取紧缩性货币政策,推动总需求曲线向左移动,可以消除产出过剩缺口,推动价格下降。

2. 货币政策工具

(1) 传统工具。

如何控制货币供应量呢?各国的做法有所不同,但作用原理基本相同。传统理论认为,中央银行可通过三种货币政策工具来影响货币供应量和利率水平。

1) **公开市场业务**。公开市场业务(open-market operations),是指中央银行在金融市场上公开买卖政府证券,以调节货币供给的政策行为,它是中央银行控制货币供给量最常用也是最重要的工具。

当经济处于萧条和衰退时期,中央银行在公开市场上买进证券,无论从个人手中还是从商业银行手中购买都可以增加商业银行的准备金。根据货币乘数理论,银行准备金的增加使得货币供给量增加。而且,中央银行证券购买会促使对证券需求增加,价格提高,证券价格和利率之间呈反向关系。利率下降导致投资需求增加,从而使总需求增加,这就是扩张性货币政策,也称为放松银根。反之,当经济处于繁荣时期,中央银行则在公开市场上卖出证券,市场上货币供给减少,而且中央银行售出证券,引起证券价格下降,使利率提高,利率上升导致投资需求下降,致使总需求减少。这就是紧缩性货币政策,也称为紧缩银根。

在公开市场业务中,中央银行可依照一定规模买卖政府证券,因而比较容易控制银行体系的准备金。如果中央银行不希望大幅度变动货币供给,只要买进、卖出少许证券就可以了。而且由于在公开市场上操作很灵活,所以中央银行可以及时改变货币供给变动方向,变卖出为买进证券,立即就有可能使减少货币供给转为增加货币供给。中央银行可以在公开市场上连续灵活地操作自主决定证券的数量、时间和方向,而且即使中央银行有时可能因判断出错导致政策失误,也可以及时予以纠正,这是下面所要讨论的再贴现率和法定准备金比率不具有的长处。公开市场业务具有的这些优势使之成为各国中央银行控制货币供给量最主要的手段。

2) **贴现贷款**。中央银行体系建立的起因之一就是当商业银行面临危机时,中央银行可以充当"最后贷款人"(lender of last resort)。也就是说,当商业银行面临困难时可以向中央银行贷款。商业银行及其他金融机构向中央银行申请贷款是通过所谓"贴现窗口"(discount window)来进行的,这种贷款的利率被称为贴现率(discount rate)。这种贷款也曾经被称为再贴现,原指商业银行把票据出售给中央银行,中央银行按贴现率扣除一定利息后再把所贷款项返回到商业银行的准备金账户上作为增加的准备金。也就是说,商业银行将商业票据拿到联邦储备银行再贴现，以增加准备金。现在，商业银行主要不再用商业票据而是用政府债券作为担保向中央银行贷款。所以现在都把商业银行向中央银行的贷款称为"贴现"。

对商业银行来说，贴现贷款可满足两方面的需要，一是当面临流动性不足、无力支付存款人提款时，获得支持；二是可以用贴现贷款来补充准备金。通常情况下，后者显然对银行影响更大。

假设当某银行的一个大客户突然需要把一大笔存款转到其他银行时，就会出现准备金临时不足的情况，这时该银行就可以用它持有的政府证券向联邦储备银行办理贴现或申请贷款。当这种贴现减少时，意味着商业银行准备金减少，进而引起货币供给量多倍减少。而当这种贴现增加时，则意味着商业银行准备金增加，进而引起货币供给量多倍增加。商业银行向中央银行贷款的数量和规模还与贷款利率水平的高低（即贴现率的高低）有关。因此，中央银行除了设定贷款条件外，还掌握了另一种影响商业银行贷款的手段，即设定贴现贷款利率的高低。

通过改变贴现率，中央银行可以影响商业银行的贷款规模，改变商业银行的准备金规模。在经济过热时，中央银行提高贴现率，商业银行申请贷款规模减小，可起到压缩商业银行贷款规模减少社会总需求的目的。反之，在经济萧条时，中央银行降低贴现率，增加商业银行申请的贷款规模，起到扩大商业银行贷款规模和增加社会总需求的作用。贴现率的高低更多情况下是央行向市场发出的一种"信号"。

目前，随着金融市场变化和中央银行手段的多样性，贴现和贴现率手段在货币政策中的重要性已大大降低。一方面，商业银行和其他金融机构尽可能少地向中央银行贴现贷款，以免被认为自己财务状况出了问题；另一方面，再贴现率政策作用条件受到限制。中央银行只能等待商业银行或其他金融机构向其借款，而不能要求商业银行这么做。如果商业银行与其他金融机构不到中央银行借款，贴现率政策就起不了作用。从美国的情况看，银行同业拆借市场已经成为各银行获得准备金的主要途径，如美国在2000年1月至2007年7月期间，每个月贴现贷款的规模为2.19亿美元，而银行准备金的总规模为428亿美元。而且，银行同业拆借的利率也低于贴现贷款的利率。

3）**法定准备金比率**。从第5章，我们已经知道，法定准备金比率是控制货币乘数和货币供应量的重要工具。中央银行通过改变商业银行和其他金融机构的法定准备金比率可以达到调节货币供应量的目的。如果中央银行认为需要减少货币供给，就可以增加法定准备金比率，使所有金融机构对每一笔客户的存款需要留出更多的准备金。假定原来法定准备金比率是10%，则100美元存款必须留出10美元准备金，可贷金额为90美元。这样，商业银行按10∶1比率扩大贷款，增加100美元的准备金就可以派生出1 000美元的存款。若中央银行把法定准备金比率调高至20%，则100美元存款必须留出20美元准备金，可贷金额只有80美元。这样，商业银行按5∶1比率扩大贷款，增加100美元的准备金只能派生出500美元的存款。货币供给因此减少了一半。所以，提高法定准备金比率其实意味着减少银行准备金，而降低法定准备金比率其实意味着增加银行准备金。当经济萧条时，通过降低法定准备金比率，使商业银行准备金增加，从而使商业银行扩大了信用基础，增加了贷款能力，通过货币乘数效应，来增加社会货币供给。反之，当经济过热时，通过提高法定准备金比率，使商业银行必须按照更高的准备金率也就是按较低的倍数扩大贷款，从而减少了贷款能力，通过货币乘数效应,来减少社会货币供给。

尽管法定准备金率对货币供给量影响显著,但如果频繁调整带来的动荡也会对金融市场带来冲击。从发达国家货币政策近年来的实践看,美日欧等主要经济体几乎将这一手段"搁置",很少进行调整,有些甚至不再明确有该项要求。如美国从 1992 年后就没有改变过这一比率。

(2) **中央银行应该控制货币供应量还是控制利率?**

从发达国家 30 多年的实践看,经历了控制利率——控制货币供给量——控制利率的过程。其中控制货币供给量主要从 20 世纪 70 年代后期到 20 世纪 90 年代初这一阶段,当时,货币主义学派的观点被政策制定者所接受,所以以美联储为代表的中央银行,放弃了以利率控制为目标的政策,转向控制货币供给量。但因为货币供给量准确核算面临难题,特别是 20 世纪 80 年代之前货币供给量与实际 GDP、价格水平之间稳定的关系变得不再稳定,预测性大大降低,所以之后几年,再次转向利率作为中央银行钉住的目标。

在利率选择中,各国中央银行都有自己钉住的利率选择,如美国是联邦基金利率(federal fund rate)、英国是银行间拆借利率、欧洲中央银行是再融资利率(main refinancing rate)(该利率是欧洲中央银行向商业银行提供贷款时的利率,这种贷款称为"再融资操作")等。这些利率可以由中央银行直接确定,如欧洲中央银行的再融资利率,也可以是央行的钉住利率,如美国的联邦基金利率。中央银行钉住的利率一般都是各国的基准利率,其水平变化会影响到该国整个金融市场的利率水平,同时也反映了中央银行对经济运行态势的判断,昭示未来一段时间货币政策的政策取向。

(3) **货币政策手段的新发展。**

2008 年世界性金融危机爆发后,各国中央银行为了应对危机,在传统货币政策手段基础上,陆续推出了一些新的措施,形成了新的货币政策手段,有些可能是临时性的,但有些则成为新的工具。如美联储推出的新工具有以下几种。

1) 对银行的法定存款准备金支付利息。美国国会 2006 年通过法案,准备对法定准备金支付利息。金融危机爆发后,法案执行时间提前,美联储从 2008 年 10 月开始对法定存款准备金支付利息。这样,支付利息率的高低就成了美联储控制银行准备金的一种手段。

2) 对银行在美联储存款期限超过 1 天的准备金存款支付利息。为更多地控制准备金,美联储创设了合约存款便利(term deposit facility, TDF)。美联储设定存款条件和利率,各机构通过竞标方式申请存款。显然,利率高低也会影响到商业银行持有的准备金数量的多少。

此外,还有许多临时性的政策措施,旨在强化中央银行对货币金融事务的控制力,保持金融稳定,如各种各样的贷款便利措施(credit facility)。

(4) **利率低至零时的非常措施。**

2008 年金融危机后还出现了一个非常有趣的现象,主要经济体中央银行所关注的利率水平都下调到零下限(zero lower bound)的水平!这种情况下,货币政策又如何发挥作用呢?对银行间同业拆借市场来说,低至零的利率是一个界限,因为利率不可能为负。也就是说,至此,中央银行的利率工具不再发挥作用,利率水平不可能下调到零水平以下!尽管理论上讲,当失业率水平很高时,利率水平可以是一定的负值。这种情形,非常类似于第 5 章所讨论的流动性陷阱。但这并不等于说,央行将无所作为。

量化宽松（quantitative easing）政策，就是这种背景下形成的一种政策手段。所谓量化宽松是指中央银行为了刺激经济，除了在公开市场业务中购买短期国债外，购买长期债券的一种政策。日本在20世纪90年代的货币政策被认为就是一种量化宽松政策。但典型的量化宽松是美联储在2008年金融危机后实施的。美联储通过购买10期长期国债来压低长期利率，此外美联储还购买某些抵押担保证券来压低抵押贷款利率。日美等国中央银行采取这一非常手段的目的是在短期利率水平低至零后，通过购买长期债券向经济注入流动性。这样操作后，一方面可以增加银行的准备金数量，进而增加社会的流动性；另一方面，有助通过提高长期债券的价格，压低长期利率水平，刺激经济复苏。

| 专栏9-1 |

政策窘境：击中移动靶

在观察经济政策实践时，我们发现，政策制定者常常是事后诸葛亮，有时甚至适得其反，政策出台后帮倒忙。其中的原因就是，政策制定者面对的主要经济指标值常常变化，飘忽不定，形象地说像是个移动靶！比如，GDP增长率显然是包括货币政策在内的经济政策制定者关注的最主要对象，但GDP值的发布要么滞后，要么发布后会进行多次后续修正，以至于经济的实际状态可能与最初看起来的情形完全不同。因为GDP统计会涉及方方面面，要估计出较为准确的值须耗费时间和精力。而且，其中出现估算错误似乎难以避免。

比如说，2008年初，一些经济学家认为，美国经济可能会陷入衰退。金融体系能感受到房价持续下跌的影响，失业率也在上升。然而，美联储公开市场委员会的成员保持谨慎乐观，他们预测年内实际GDP将增长约1.7%。美国经济分析局（Bureau of Economic Analysis）对2008年第一季度国内生产总值的预测也似乎证实经济缓慢增长的预测可能是对的，他们预计实际GDP年增长率为0.6%。

此后几年，经济分析局对实际GDP增长估计已经进行过多次修正，大多数是向下修正。目前，经济分析局数据显示，美国实际GDP其实在2008年第一季度下降了2.7%！幅度超过3个百分点的波动是一个很大的差异，这彻底改变了2008年第一季度的经济运行情况。美国从一个经济增长缓慢的经济体转变为经济急剧下滑的经济体之一，这也是自20世纪30年代大萧条以来最严重的经济衰退。美国国家经济研究局（National Bureau of Economic Research）此后将2007年12月确定为2007~2009年美国经济衰退周期的开始时间。

这个例子表明，除了美联储在成功实施货币政策时遇到的其他问题，它还必须依据可能需要大幅修改的数据来决策。

面对这样的经济指标值，政策制定者如同在向着一个移动目标射击，脱靶的事经常会发生。

资料来源：Glenn Hubbard, Anthony O'Brien. Economics [M]. 6th ed. New York：Pearson Education Inc.，2017：528-529。

9.2.3 货币政策规则

在控制货币供应量和钉住利率水平时,是应该灵活地随机选择还是应该遵守一定的行为规则,不同的人有不同的看法。支持应该按规则制定政策的主要是货币主义学派和理性预期学派的经济学家,他们认为,货币政策的本质应该是自我执行的。特别是货币供给量,中央银行应该遵循一套简单、预先公开公布的规则。他们设计出许多规则。反对设定规则的主要是凯恩斯学派的经济学家,他们认为,为了实现宏观经济政策目标,货币当局应该审时度势,灵活把握。

1. 泰勒规则

美国斯坦福大学经济学家泰勒(Taylor)认为货币政策规则应遵循某一简单规则,使货币政策工具如短期利率或基础货币对经济变量的变化做出反应。他提出了著名的泰勒规则(Taylor rule),公式为

$$联邦基金目标利率 = 当前通货膨胀率 + 均衡联邦基金利率 + \\ 0.5 \times 通货膨胀缺口 + 0.5 \times 国民产出缺口$$

$$通货膨胀缺口 = 实际通货膨胀率 - 目标通货膨胀率$$

$$国民产出缺口 = 实际 GDP - 潜在 GDP$$

例如,通货膨胀率为 1%,均衡联邦基金利率为 2%,目标通货膨胀率为 2%,实际 GDP 比潜在 GDP 低 1%,那么

$$联邦基金目标利率 = 1\% + 2\% + 0.5 \times (-1\%) + 0.5 \times (-1\%) = 2\%$$

2. 钉住通货膨胀目标

从 20 世纪 90 年代开始,许多国家或组织的货币当局采用了一种新的货币政策目标,钉住通货膨胀目标(inflation targeting),这实质上等于给中央银行定了一个行为的"框架",如新西兰(1989)、加拿大(1991)、英国(1992)、芬兰(1993)、瑞典(1993)、西班牙(1994)以及欧洲中央银行。一些新兴工业化国家,如智利、韩国、墨西哥、南非,以及一些转型国家如捷克、匈牙利、波兰也都效仿这种做法。

钉住通货膨胀目标由四项核心构成:①中央银行明确以追求价格稳定作为自己的唯一或者主要目标;②明确通货膨胀率水平在 1%~3% 之间;③通货膨胀率成为一种任职的责任目标(如新西兰央行行长若不能实现设定的目标,将被迫离职);④明确宣布未来几年的通货膨胀率目标。

货币当局选择钉住通货膨胀目标有优点也有不足,有学者认为,央行公布明确的通货膨胀目标可带来的好处有:

(1) 可以在不影响实际 GDP 的情况下来影响通货膨胀。长期来看,当实现充分就业后,GDP 处在潜在水平上,货币政策将不影响 GDP,但有了明确的通货膨胀目标,中央银行可以影响通货膨胀。

(2) 设定通货膨胀目标,利于居民和企业形成预期。

(3) 有助于货币政策制定走向制度化。

(4) 利于公众对中央银行的行为进行监督。

当然,也有学者认为,其缺点也很明显:

（1）明确量化的通货膨胀目标将限制中央银行对其他目标的实现。
（2）需要精确预测未来的通货膨胀率水平，难度大。
（3）中央银行只是关注通货膨胀率目标而影响其他目标实现。
该项政策还在实践中，现在还难以有明确的结论。

9.2.4 中国的货币政策工具[⊖]

中国的货币政策是由中国人民银行具体制定和执行的。货币政策的目标是：保持货币币值的稳定，并以此促进经济增长。货币政策的具体工具有：公开市场业务、存款准备金、中央银行贷款、利率政策、常备借贷便利。

公开市场业务 中国公开市场操作包括人民币操作和外汇操作两部分。外汇公开市场操作 1994 年 3 月启动，人民币公开市场操作 1998 年 5 月 26 日恢复交易。1999 年以来，公开市场操作已成为中国人民银行货币政策日常操作的重要工具，对调控货币供应量、调节商业银行流动性水平、引导货币市场利率走势发挥了积极的作用。

中国人民银行从 1998 年开始建立公开市场业务一级交易商制度，经过几年发展，目前一级交易商的机构类别已经从最初的部分商业银行扩展至证券公司等其他金融机构。

从交易品种看，中国人民银行公开市场业务债券交易主要包括回购交易、现券交易和发行中央银行票据。其中回购交易分为正回购和逆回购两种。

正回购为中国人民银行向一级交易商卖出有价证券，并约定在未来特定日期买回有价证券的交易行为，正回购为央行从市场收回流动性的操作，正回购到期则为央行向市场投放流动性的操作。

逆回购为中国人民银行向一级交易商购买有价证券，并约定在未来特定日期将有价证券卖给一级交易商的交易行为，逆回购为央行向市场上投放流动性的操作，逆回购到期则为央行从市场收回流动性的操作。

现券交易分为现券买断和现券卖断两种，前者为央行直接从二级市场买入债券，一次性地投放基础货币；后者为央行直接卖出持有债券，一次性地回笼基础货币。**中央银行票据**即中国人民银行发行的短期债券，央行通过发行央行票据可以回笼基础货币，央行票据到期则体现为投放基础货币。

根据货币调控需要，近年来中国人民银行不断开展公开市场业务工具创新。2013 年 1 月，立足现有货币政策操作框架并借鉴国际经验，中国人民银行创设了"短期流动性调节工具"（short-term liquidity operations，SLO），作为公开市场常规操作的必要补充，在银行体系流动性出现临时性波动时相机使用。这一工具的及时创设，既有利于央行有效调节市场短期资金供给，熨平突发性、临时性因素导致的市场资金供求大幅波动，促进金融市场平稳运行，也有助于稳定市场预期和有效防范金融风险。

存款准备金 该项工具与世界上主要国家中央银行所做的相同。然而，最近几年，当该政策工具在主要发达国家淡出货币当局视野之时，存款准备金率的调整却成了我国中央银行最为重要的货币政策手段，经常使用。

⊖ 引自中国人民银行网站（www.pbc.gov.cn）。

中央银行贷款 这也就是中央银行对商业银行提供短期贷款的制度。在中国，中央银行贷款分为两种：再贷款和再贴现。这也与其他国家的再贴现政策相似。

利率政策 由于我国目前的存款和贷款利率并没有完全市场化，控制利率仍是我国中央银行重要的政策手段。货币当局适时地运用利率工具，对利率水平和利率结构进行调整，进而影响社会资金供求状况，实现货币政策的既定目标。

中国人民银行采用的利率工具主要有以下几种。

（1）调整中央银行基准利率，包括：再贷款利率，指中国人民银行向金融机构发放再贷款所采用的利率；再贴现利率，指金融机构将所持有的已贴现票据向中国人民银行办理再贴现所采用的利率；存款准备金利率，指中国人民银行对金融机构交存的法定存款准备金支付的利率；超额存款准备金利率，指中央银行对金融机构交存的准备金中超过法定存款准备金水平的部分支付的利率。

（2）调整金融机构法定存贷款利率。

（3）制定金融机构存贷款利率的浮动范围。

（4）制定相关政策对各类利率结构和档次进行调整等。

常备借贷便利 从国际经验看，中央银行通常综合运用常备借贷便利和公开市场操作两大类货币政策工具管理流动性。常备借贷便利的主要特点：一是由金融机构主动发起，金融机构可根据自身流动性需求申请常备借贷便利；二是常备借贷便利是中央银行与金融机构"一对一"交易，针对性强。三是常备借贷便利的交易对手覆盖面广，通常覆盖存款金融机构。

全球大多数中央银行具备借贷便利类的货币政策工具，但名称各异，如美联储的贴现窗口（discount window）、欧央行的边际贷款便利（marginal lending facility）、英格兰银行的操作性常备便利（operational standing facility）、日本银行的补充贷款便利（complementary lending facility）、加拿大央行的常备流动性便利（standing liquidity facility）等。

借鉴国际经验，中国人民银行于2013年初创设了常备借贷便利（standing lending facility，SLF）。常备借贷便利是中国人民银行正常的流动性供给渠道，主要功能是满足金融机构期限较长的大额流动性需求，对象主要为政策性银行和全国性商业银行，期限为1~3个月，利率水平根据货币政策调控、引导市场利率的需要等综合确定。常备借贷便利以抵押方式发放，合格抵押品包括高信用评级的债券类资产及优质信贷资产等，参见专栏9-2对我国目前货币政策工具的梳理。

| 专栏9-2 |

我国现行货币政策工具

表9-1列示了中国人民银行货币政策的基本工具和几个重要的与货币政策工具相关的利率。其中既有传统工具，也有近些年新创的工具（如常备借贷便利等）。

利率走廊（interest rate corridor），指央行在实施利率目标调控过程中，设置的政策利率波动上限与下限，目的是引导市场利率稳定运行。市场利率在设置的上下限范围内由市场力量自发引导波动，犹如在一个"走廊"当中自由变化，利率走廊因此而得名。接近上下限时，央行将进行干预，以体现政策目标导向。目前中国人民银行设定的利率走廊上限是常备借贷便利工具的利率（是商业银行向央行借款的利率），下限是央行向商业银行存放的超额准备金支付的利率。

表 9-1 我国现行货币政策工具

政策工具	含义	期限
基准利率	中国人民银行将基准利率设定为存贷款的参考利率。这是官方的政策利率。自 2015 年 10 月起未变化	6 个月以下、6 个月至 1 年、1 至 3 年、3 至 5 年、5 年以上
公开市场操作正回购与逆回购	短期的抵押贷款/借款。对银行间流动性状况产生直接影响。目前实践中，7 天逆回购较为频繁，有时也会使用 14 天、28 天和 63 天逆回购；自 2013 年以来，未再使用 91 天和 182 天的回购；21 天的回购也很少使用	7、14、21、28、63、91、182 天
公开市场操作央票收益率	通过发行央票来改变货币供应量。2013 年 11 月以来未使用	3 个月、6 个月、1 年、3 年
中期借贷便利工具	是一种向符合宏观审慎管理要求的商业银行或政策性银行提供中期资金的工具。旨在调整金融机构的中期融资成本，既而调整实体经济的融资成本。于 2014 年 9 月创立	3 个月、6 个月、1 年
常备借贷便利工具	是人民银行提供流动性的一种渠道，用以满足商业银行和农村合作金融机构的临时流动性需求。其被视为利率走廊的上限。于 2013 年初创立	隔夜、7 天、1 个月
抵押补充贷款工具	用于提供大规模长期融资，以支持国民经济的关键领域和薄弱环节。于 2014 年 4 月创立	长期
短期流动性调节工具	在银行体系的流动性出现暂时性波动时使用，以稳定市场预期和防范金融风险。于 2013 年 1 月创立	超短期
存款准备金率	即银行必须在人民银行持有存款的比例。存款准备金率的调整会给流动性带来大规模的长期影响	
超额准备金率	超额准备金的利率。其被视为利率走廊的下限	
货币市场利率		
Shibor（上海银行同业拆借利率）	一种基于在上海批发融资货币市场上银行为其他银行提供无担保资金利率的参考利率	隔夜、1 周、2 周、1 个月、3 个月、6 个月、9 个月、1 年
R007	整个市场组织（包括银行间市场的所有质押式回购交易，不限制交易机构和底层资产）的加权平均 7 天回购利率	7 天
DR007	一种加权平均 7 天回购利率，其基于存款机构使用利率债作为银行间市场质押物开展融资的利率	7 天
FR007	一种银行间 7 天回购利率的定盘利率，这种基准利率是以银行间市场回购交易利率为基础的	7 天
大额存单利率	存款类金融机构在银行间市场发行大额存单的利率	

资料来源：中国人民银行。

9.2.5 长期中的货币、产出与价格

货币政策通过扩张或者紧缩影响总需求可以帮助实现经济稳定。但是，如果货币当局供给货币是为了弥补政府支出，这种政策就是破坏经济稳定了。在这种背景下，货币供给变化

带来的影响就需要讨论一下长期与短期的区别了。

货币供给的短期影响,如前面所述,通过推动总需求曲线的移动影响产出与价格水平。如果是长期呢?基本结论是货币供给长期只影响价格水平,不影响产出。分析如下,参考图9-3。

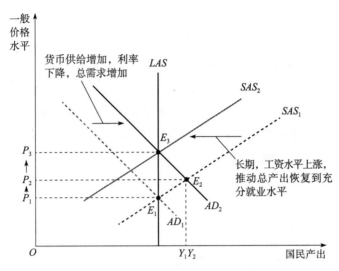

图9-3 货币供给增加的长期效应与短期效应

假设经济开始处在 E_1 点,需求曲线 AD_1 与 LAS 和 SAS_1 相交,产出为 Y_1,假设 Y_1 为充分就业的产出水平,相应的价格为 P_1。假设货币当局增加货币供给,利率降低,总需求增加,总需求曲线从 AD_1 移动到 AD_2,经济将在 E_2 点实现新的宏观经济均衡,产出增加到 Y_2,价格将从 P_1 上涨到 P_2。

但是,产出 Y_2 已经超过充分就业的产出水平。随着时间推移,工资也将上涨,成本升高,这将引起短期总供给曲线左移,从 SAS_1 移动到 SAS_2。经过一系列调整后,在 E_3 点实现新的均衡,回到充分就业产出水平 Y_F,价格水平将进一步上涨到 P_3。

所以,长期影响的结果为,货币供给在长期不影响产出水平,只影响价格水平!

货币供给减少的紧缩政策的情形,与前述类似,只是方向正好相反。

货币供给在短期与长期引起产出与价格的不同结果其实表明了经济学对货币的一个重要定性:货币中性。所谓**货币中性**是指货币供给变化不对实际经济产生影响。货币供给变化在长期引起的唯一变化就是价格水平的同比例上升。

对于货币中性,可以这样来理解:假设宏观经济初始处在长期均衡状态。现在货币供给发生变化,均衡被破坏。为实现均衡要求把所有实体变量都恢复原来的水平,当然也包括实际货币余额恢复到原来的水平。如果货币供给下降50%,价格水平也下降50%。

对于货币中性,一般认为在长期是成立的,但是短期,货币供给变化对实体经济还是会产生影响。

9.2.6 货币政策的局限性

从前面给出的建议措施,读者不要认为调控经济并非难事。实际上,政府和货币当局面临诸多难题,这直接影响了政策的作用效果。货币政策制定执行中会面临如下限制。

1. 政策时滞

货币政策调控宏观经济的过程中，政策时滞问题将不可避免地存在，其中包括认识时滞、执行时滞、生效时滞。

认识时滞：当经济运行的冲击发生至政策制定者认识到发生冲击之间的时间差。

执行时滞：政策制定者认识到冲击发生调整经济政策之间的时间差。

生效时滞：当政策调整至生效的时间差。

2. 预测难题

要制定出针对经济运行实际的政策，必须对经济运行现实有准确的认识和辨析。但对经济运行做出准确预测所面临的难度非常大。既然测不准，制定的政策也就难说能对症下药。

3. 经济预测模型的不确定性

经济政策的制定依赖于对经济形势的判断和走势的预测，如果模型测不准，制定的政策就难以有效。经济模型都是依赖于过去数据对经济活动进行的近似预测，并非精确规律的发现，许多描述经济活动变量的模型依赖于经济环境，环境变了，政策作用产生的结果就会发生变化。所以，依赖这样的模型结果来制定政策也难以次次准确和有效。

上述问题直接或间接影响着货币政策的制定和作用效果。

9.3 财政政策

财政政策（fiscal policy）是现代国家干预经济的主要政策之一。财政政策是指一国政府通过改变财政收入和支出来达到既定的经济政策目标的政策手段。要了解财政政策具体内容，首先需要了解现代国家财政的基本构架。

9.3.1 现代国家财政收支

现代国家中，政府已经成为经济活动最重要的参与人之一。政府不仅承担了提供公共服务的职能，而且还承担了对宏观经济运行进行干预、保证经济运行平稳进行的职责。政府的财政收入和财政支出的变化就成了政府干预经济的重要手段。

1. 财政收入

财政收入，指国家财政参与社会产品分配所取得的收入，是实现国家职能的财力保证。它包括以下种类。

（1）**税收**。税收（taxes）是现代国家财政收入的主要来源。据不同标准可以对税收做不同分类。

第一，按课税对象分类，可以分为以下五种。

1）流转税。流转税是以商品生产流转额和非生产流转额为课税对象征收的税种。流转税是我国政府收入中主要的税收来源，目前包括增值税、消费税、营业税和关税等。因原来纳税人生产商和销售商通常采取提高销售价格的方法使至少一部分应由其负担的税转嫁给最终消费者，因而流转税又被称为间接税。

2）所得税。这是指以各种所得额为课税对象的税种。所得税也是我国主要的税收来源，目前包括企业所得税、个人所得税等税种。所得税是由纳税人直接负担不能转嫁给别人的税，所以又被称为直接税。

3）财产税。财产税是指以纳税人所拥有或支配的财产为课税对象的税种。包括遗产税、房产税、契税、车辆购置税和车船使用税等，财产税为直接税。

4）行为税。行为税是指以纳税人的某些特定行为为课税对象的税种。我国目前的城市维护建设税、固定资产投资方向调节税、印花税、屠宰税和筵席税都属此类。

5）资源税。资源税是指对在一国境内从事资源开发的单位和个人征收的税种。如我国现行的资源税、土地增值税、耕地占用税和城镇土地使用税等。

第二，按税收的计算依据为标准分类。

1）从量税。从量税是指以课税对象的数量（重量、面积、件数）为依据，按一定税率计征的税种，如资源税、车船使用税和土地使用税等。

2）从价税。从价税是指以课税对象的价格为依据，按一定比例计征的税种。

从价税实行累进税率，比较合理。如我国现行的增值税、营业税、关税和各种所得税等税种。

第三，根据收入中被扣除的比例，税收又可分为累进税、累退税和比例税。

1）累进税。这是税率随着征税客体总量增加而增加的一种税。所得税多属于此类型。

2）累退税。这是税率随着征税客体总量增加而减少的一种税。

3）比例税。这是税率不随征税客体总量变动而变动的一种税，它是按固定比例征收的税。财产税和流转税多属于比例税。这三种税收通过税率大小和变动方向反映赋税负担轻重和税收总量的关系。因而，税率大小和变动方向对经济活动如个人收入和消费会直接产生很大的影响。

(2) **非税收入**。这是政府通过专项收入、行政事业性收费、罚没收入和其他收入获得的收入。从更广义的财政收入来看，政府发行的公债也可以看作总收入的一部分。公债（national debt）不同于税收，它是政府运用信用形式筹集财政资金的特殊形式，是政府对公众的债务，包括中央政府的债务和地方政府的债务。中央政府的债务称为国债。

政府负债也分为短期、中期和长期债三类。短期债一般通过进入短期资本市场（货币市场）出售国库券获得，期限不超过一年，利息较低。中长期债一般通过发行中长期债券获得，中期期限为一至五年，长期债一般为五年以上。考虑到时间价值和风险因素，中长期债的利息一般较高。中长期债券是西方国家长期资金市场（资本市场）最主要的交易手段之一。因此，政府发行公债能起到双重作用：一方面能增加财政收入，影响财政收支，属于财政政策；另一方面又能够对包括货币市场和资本市场在内的金融市场的扩张和收缩起到重要的调节作用。

2. 财政支出

财政支出，指国家财政对收入资金的分配使用，以满足经济建设和各项事业的需要。财政支出，也可以称为政府支出（government spending），由许多具体的支出项目构成。根据国民收入核算体系，财政支出主要分为政府购买和转移支付两大类。

政府购买指政府对商品和服务的购买支出，如购买军需品、政府部门公共用品、支付给政府雇员薪金及公共工程项目所需的支出等。政府购买是一种实质性支出，即有商品和服务的实际交易,所以直接形成社会需求和购买力,是国民收入的一个重要组成部分。

政府转移支付是指政府在社会福利、保险、失业救济、贫困救济等方面的支出。这是一种货币性支出,即政府在付出这些货币时并没有相应的商品和服务的交换发生,所以是一种不以取得本年生产出来的商品和服务作为报偿的支出,如政府对农业补贴、政府公债利息支付也属于转移支付。因此,转移支付区别于政府购买,它不能算作国民收入的组成部分,它只是通过政府将收入在不同社会成员之间进行重新分配,社会总收入水平仍没有改变。

3. 我国的财政收入与财政支出

表9-2是我国2017年财政收入情况。从中可以看出,2017年我国总的财政收入为17.26万亿元,其中税收收入占83.65%,非税收入占16.35%。

表9-2　2017年我国财政收入、税收收入及各种分类税占税收的比重

（金额单位：亿元）

项目	金额	项目	金额	占总税收比重
财政总收入	172 566.6	国内增值税	56 377.6	39.05%
		国内消费税	10 225.1	7.08%
其中：税收	144 359.5	企业所得税	32 110.6	22.24%
		个人所得税	11 966.3	8.29%
税收占财政收入比重：83.65%		关税	2 997.7	2.08%

资料来源：国家统计局网站（www.stats.gov.cn）。

表9-3是我国2017年的财政支出情况。国家财政总支出中,占比重最大的5项支出是：教育（14.88%）、社会保障和就业（12.20%）、城乡社区事务（10.45%）、农林水事务（9.10%）、一般公共服务（8.34%）。

表9-3　2017年我国财政总支出的主要用途

项目	支出金额（亿元）	所占比重
财政支出	203 330.0	100.00%
一般公共服务支出	16 956.5	8.34%
国防支出	10 432.7	5.13%
教育支出	30 259.5	14.88%
科学技术支出	7 286.4	3.58%
社会保障和就业支出	24 812.4	12.20%
医疗卫生支出	14 599.7	7.18%
环境保护支出	5 672.1	2.79%
城乡社区事务支出	21 255.1	10.45%
农林水事务支出	18 493.8	9.10%
交通运输支出	10 417.5	5.12%

资料来源：国家统计局网站（www.stats.gov.cn）。

9.3.2　财政政策内容

政府实行宏观财政政策是通过政府收入和政府支出活动的调节以实现既定的政策目标。要实现财政政策目标,政府需要运用财政政策工具来操作。财政政策工具是指实现既定的政策目标所选择的手段。财政政策工具主要有：政府购买支出、政府转移支付、税收等。

1. 自动稳定器

自动稳定器（automatic stabilizers）是指现代财政收支制度本身所具有的一种能够自动调节经济活动朝着政府预想目标变动的机制。具体说来就是：在经济繁荣时期会自动减少政府开支，增加税收，抑制通货膨胀；而在经济衰退时期，自动增加政府开支，减少税收，减轻衰退。

现代各国财政制度中的税收和政府转移支付具有某种自动调节经济的灵活性，这种灵活性有助于经济稳定，具体如下。

（1）**所得税制度**。所得税的征收本身就是一种重要的自动稳定器。大部分国家所得税都实行累进税制度，所征收的纳税额可以自动地随国民收入的变化而放大变化幅度，逆经济方向变化，起到稳定经济的作用。具体说来，当经济处于繁荣时期，随着国民收入水平的增加，税收累进会增加得更多。这样，人们税后的可支配收入上升幅度就会小于收入增加幅度，在一定程度上抑制消费和投资需求增长，减缓因需求增加过快造成的经济过热。反之，当经济处于萧条时期，随着国民收入的减少，税收减少得更多，人们税后的可支配收入减少幅度就会小于收入减少幅度，从而缓和消费和投资需求的下降。

（2）**失业保障**。政府转移支付也是一个自动稳定器。转移支付的进行方式有助于稳定可支配收入，从而有助于稳定消费需求和总需求。具体说来，当经济处于萧条和衰退时期，劳动者中失业人数增加，申领失业救济金的人数增加，其他贫困救济和社会福利支出在内的政府转移开支也相应增加，这样就在一定程度上抑制了居民可支配收入的下降，缓解消费需求下降。反之，当经济处于繁荣时期，劳动者中失业人数减少，符合救济条件的人数也相应减少，政府转移开支也随之减少，从而达到降低可支配收入和减少消费需求，防止经济过热现象出现之目的。

只要政府收入和支出这些财政制度存在，各种自动稳定器就会起作用，能够减轻或缓和经济波动。

自动稳定器的副作用是在经济衰退期财政预算赤字会增加。经济衰退时，支出增加，而收入减少，所以赤字增加。为了区分赤字的变动是由经济繁荣或衰退引起还是由其他因素所导致，有经济学家提出了充分就业赤字（full-employment deficit）的概念，表示给定现行财政税收和支出政策，经济实现充分就业时存在的预算赤字，这样也就消除了自动稳定器作用的影响。所以，对充分就业赤字的偏离就是政府其他政策变化所引起的，这样就把自动稳定器的作用与相机选择政策的作用区分开来了。

2. 相机抉择的财政政策

自动稳定器作用是有限的，它不可能消除经济波动，只能减轻或缓和经济波动。因此，仅靠自动稳定器是无法实现稳定经济目的的，还需要政府审时度势，积极主动采取变动收入或支出的财政政策。

为实现既定政策目标，政府这种有意识地制定改变税收和政府支出的财政政策，称为**相机抉择的财政政策**。

如何抉择财政政策的作用方向，所依据的理论其实是凯恩斯的需求管理理论。当总需求小于总供给时，经济将出现衰退，失业人数增多；当总需求大于总供给时，经济会出现过热以及通货膨胀。政府通过对经济形势分析权衡，相机做出抉择，逆经济风向行事。具体来说，当政府认为总需求水平过低、经济可能出现衰退时，政府应通过削减税收、增加支出或双管齐下来刺激经济增长，防止可能出现的经济衰退。这就是所谓的"扩张性财政政策"（或者说膨胀性财政政策，expansionary fiscal policy）。反之，当认为总需求水平过高、出现严重通货膨胀时，政府应增加税收或（和）减少支出，以抑制经济出现过热势头。这就是所谓的"紧缩性财政政策"（contractionary fiscal policy）。

20世纪30年代美国经济危机爆发后，从罗斯福新政到20世纪60年代初肯尼迪的繁荣，在一定的限度内，是运用了这套相机抉择的财政政策来提高有效需求的结果。2007~2009年出现严重经济衰退时，西方国家政府更是推出了前所未有的政府开支持久计划。如美国奥巴马政府推出了总额达到7870亿美元的政府刺激计划，这也是美国历史上最大规模的财政政策行动。2008年在面临世界性金融危机冲击时，我国政府及时推出增加政府开支4万亿元的政策也是这个原因。

9.3.3 财政政策影响产出与价格的机制

与货币当局货币政策影响产出与价格一样，政府运用财政政策也是通过影响产出与价格来稳定经济，实现政策目标。

财政政策的作用也可以用图9-1来说明。这时移到总需求曲线的因素是财政政策手段。如果情形如图9-1a所示，经济存在产出不足缺口 $Y_2 - Y_1$（假设 Y_2 代表充分就业水平），政府可以采取扩张性财政政策，增加政府支出（增加政府购买，增加转移支付）、减税，或者双管齐下，这将推动总需求曲线向右移动，消除产出不足缺口，也会推动价格水平上涨。

如果是图9-1b所示的情形，经济存在产出过剩缺口 $Y_1 - Y_2$（假设 Y_2 代表充分就业水平），政府可以采取紧缩性财政政策，推动总需求曲线向左移动，消除产出过剩缺口，推动价格下降。

9.3.4 财政政策的局限性

采用财政政策刺激经济的过程中，受到种种因素的制约，财政政策的作用可能会小于预期。财政政策实行过程中遇到的问题有如下几个方面。

（1）**政策时滞**。与货币政策一样，政府在制定实施财政政策时，也面临同样的政策时滞：认识时滞、执行时滞和生效时滞。认识经济形势，再提出政策建议，并经立法机构讨论，最后做出决定并加以实施，直到政策起作用，整个过程需要相当长的时间。

（2）**预测难题**。与货币政策类似，如何准确预测未来经济运行，难度极高。

（3）**经济模型不确定性**。实行财政政策时，政府主要面临两个方面的不确定。

1）乘数大小难以确定。如政府减税1美元从而使得人们可支配收入增加1美元时，人们是否一定按照边际消费倾向增加消费就无法确定。当人们预期政府减税是暂时而不是长期时，减税可能并不会增加消费。这样，税收乘数就起不了作用。而当减税使人们增加的1美元可支配收入用来增加储蓄，而不是用来增加消费时，国民收入也无法按照税收乘数增加。

2）政府必须预测总需求水平通过财政政策作用达到预定目标需要多少时间。在这段时间内，总需求尤其是投资可能会发生意想不到的变化，这就可能导致决策失误。

（4）**挤出效应**。政府支出可能造成对私人消费、私人投资等的挤出，影响政策作用的具体效应。后面我们将对此做深入分析。

9.3.5 功能财政和财政预算

财政预算与财政政策是紧密相连的。所谓财政预算指国家财政的收支计划，是国家财政实现计划管理的工具，它可以促使宏观经济政策目标的实现。政府财政政策的目的是努力实现宏观经济目标。为实现这一目标，财政预算可以是盈余，也可以是赤字。

预算盈余（budget surplus）指政府收入超过支出的余额；预算赤字（budget deficit）指政府支出超过收入的余额。实行紧缩性财政政策会产生预算盈余。反之，实行扩张性财政政策会产生预算赤字。这样的财政称为功能财政。

1. 平衡预算思想

功能财政是凯恩斯主义者的财政思想，它是对传统提倡的预算平衡思想的否定。西方各政府长期奉行预算平衡思想。这种思想也经过了几个不同的发展阶段。

第一阶段：年度预算平衡。亚当·斯密《国富论》（1776年）中提出政府理财的原则：一个谨慎行事的政府应厉行节约，量入为出，每年预算都要保持平衡。

第二阶段：周期平衡预算。此预算思想是从整个经济周期来安排财政收支平衡。在经济繁荣时，安排预算盈余；反之，在经济衰退时，安排预算赤字。以盈余补赤字，整个经济周期预算还是平衡的。

第三阶段：充分就业预算平衡。以充分就业条件下的盈余或赤字来判断财政政策应是扩张还是收缩。若充分就业时的盈余增加了，财政政策就是紧缩的；反之，就是扩张的。

2. 功能财政思想

功能财政思想与上述平衡预算政策观点不同，主张财政预算不在于追求政府收支平衡，而在于追求宏观经济目标的实现。为实现既定宏观经济目标，预算可以是盈余的，也可以是赤字的。在经济衰退时，国民收入低于充分就业时的收入水平，存在通货紧缩缺口，应采用赤字预算，即采用扩张性财政政策。反之，在经济繁荣时，国民收入高于充分就业时的收入水平，存在通货膨胀缺口，应采用盈余预算，即采用紧缩性财政政策。这种财政观点是通过主动改变财政收支以消除经济波动，促进经济增长。它比关心预算平衡更关心经济增长。这种财政思想是斟酌使用的财政政策的指导思想，而斟酌使用的财政政策是功能财政思想的贯彻与实现。

3. 公债

按功能财政思想，预算可能是赤字，也可能是盈余，但多数情况下是赤字。对于如何来弥补赤字，依靠减少支出是不可行的，如果减少支出，就无法实现克服经济萧条和提高就业水平的目标。也不能通过增税来弥补，如果增加税收，人们可支配收入和消费支出便会下降，也无法实现克服经济萧条和提高就业水平的目标。那么究竟如何来弥补赤字呢？西方国家普遍采用发行公债的方法。公债是公众对政府拥有的债权。

对于公债发行的利弊，学者看法各异。一些学者不支持发行国债，他们认为，国债无论是内债还是外债，都会增加人们的负担，是个累赘。因公债虽是政府债务，但最终还是由纳税者负担。它不仅是当代人身上的负担，也是加在下一代人身上的负担。公债到期需要还本付息，而这需要通过增税等办法来实现。如果提高税收方面存在种种困难，政府不得不举新债还旧债，债务越来越多，最终迫使政府采用扩张性货币政策，增加货币发行量，造成通货膨胀。国债对经济长期增长也存在不利影响，因国债增加意味着人们以公债形式占有财富比重增加从而使得以不动产形式占有财富比重减少。

这是对公债比较传统的看法，现代西方学者将内债与外债对经济的影响做了区分。一般认为，外债对本国人民而言是一种负担，因为它需要本国商品来偿还。但内债则不同，它是政府欠人民的钱，而政府与人民的利益是一致的，也就是自己欠自己的钱。因而，也就没有什么负担了。而且，政府是长期存在的，会用发新债的办法还旧债，所以即使用征税办法来偿还公债，也只是财产的再分配，对整个国家并没有财产损失。美国数据统计资料表明，美国国债的绝对值在大幅度增加，不过，经济也在逐渐增长，相比较而言，国债占国内生产总值比例在逐渐下降。所以公债问题并不大，关键得看公债用途。只要政府能用于刺激经济增长，而不是用于浪费和战争，而且只要经济增长速度超过国债增长速度，举债是可取的。

但是，2011年欧洲债务危机已经给这种财政思想带来冲击。如表9-4所示，欧洲债务危机中，一些政府高负债国家最早受到冲击，最为典型的就是所谓的"欧猪国家"⊖，政府长期维持高负债，所以引发了欧洲国家的债务危机。

表9-4 OECD国家及欧元区2008~2015年政府负债总额占GDP的比重　　（%）

国家或地区	2008	2009	2010	2011	2012	2013	2014	2015
澳大利亚	13.9	19.4	23.6	27.0	32.1	33.1	35.2	35.9
奥地利	68.7	74.3	78.8	80.6	86.0	83.4	90.0	89.5
比利时	92.6	101.0	100.9	104.1	106.4	106.7	106.8	105.4
加拿大	74.7	87.4	89.5	93.6	96.1	93.6	94.2	93.6
捷克	34.4	40.8	45.2	48.2	55.7	57.1	58.8	60.9
丹麦	41.4	49.3	53.1	59.9	59.3	55.2	56.5	59.3
爱沙尼亚	8.5	12.6	12.4	9.6	13.3	13.1	13.0	12.7
芬兰	40.3	51.8	57.9	58.2	64.0	66.4	69.3	70.1
法国	79.3	91.4	95.7	99.3	109.3	112.6	115.1	116.1
德国	69.9	77.5	86.2	85.8	88.5	85.9	83.9	79.8
希腊	122.5	138.3	157.3	179.9	167.5	186.0	188.7	188.2
匈牙利	77.2	86.4	87.7	86.8	90.0	89.4	90.3	90.1
冰岛	76.4	94.5	100.1	106.8	103.7	97.9	96.0	91.3
爱尔兰	50.1	71.1	88.5	103.9	127.8	134.6	133.1	132.0
以色列	72.9	75.3	71.5	69.7	68.2	67.8	67.6	67.0
意大利	118.9	132.4	131.1	124.0	142.2	145.5	147.2	147.4
日本	171.1	188.7	193.3	209.5	216.5	224.6	229.6	232.5

⊖ 欧猪国家，有四国和五国之说。四国指欧元区的葡萄牙（Portugal）、意大利（Italy）、希腊（Greece）、西班牙（Spain）4个南欧国家，合称pigs，即欧猪四国。另一说是葡萄牙（Portugal）、意大利（Italy）、爱尔兰（Ireland）、希腊（Greece）、西班牙（Spain），合称piigs，欧猪五国。这些国家财政状况不佳，政府负债严重，是欧债危机先发国，引起了欧元危机，故被戏称"欧猪国家"。

(续)

国家或地区	2008	2009	2010	2011	2012	2013	2014	2015
韩国	28.3	31.0	31.8	33.3	34.8	36.5	37.9	39.0
卢森堡	19.3	19.2	26.2	26.3	30.2	30.3	31.6	33.5
荷兰	64.8	67.6	71.9	76.1	82.7	86.2	87.5	87.7
新西兰	28.7	34.0	37.8	41.3	42.4	40.6	39.3	38.1
挪威	55.2	49.0	49.3	33.9	34.7	35.6	36.7	39.6
波兰	55.5	57.6	62.2	63.0	62.3	63.8	56.8	58.4
葡萄牙	80.8	94.0	104.0	118.4	134.6	139.4	141.3	142.2
斯洛伐克共和国	32.2	40.4	45.9	48.3	56.9	59.3	59.1	60.1
斯洛文尼亚	28.9	43.3	47.6	51.2	61.6	80.5	85.9	89.7
西班牙	48.0	63.3	68.4	78.8	92.6	104.0	108.5	111.5
瑞典	48.3	50.2	47.3	47.6	46.7	47.1	48.5	48.3
瑞士	48.3	47.5	46.2	46.3	46.5	46.2	45.9	45.3
英国	57.3	72.1	81.7	97.1	101.6	99.3	101.7	103.1
美国	72.6	85.8	94.6	98.8	102.1	104.3	106.2	106.5
欧元区（15国）	78.0	88.8	93.9	95.9	104.4	106.7	107.7	106.9
OECD 总计	79.9	91.2	97.5	102.1	107.1	109.5	111.1	111.2

资料来源：http://stats.oecd.org/。

|专栏9-3|

美国大萧条时财政政策发挥作用了吗

许多经济学家认为，在大萧条时期，扩张性财政政策对于美国从大萧条中脱身是不可缺少的一个因素。1933年罗斯福就任总统后，作为他推行"新政"的一部分，就是扩大政府开支。在他任职期间，除1937年，其他年份都是财政赤字。但美国经济复苏缓慢，在1941年第二次世界大战爆发之前，美国一直没有回到潜在GDP水平。

有经济学家和政策制定者认为，尽管政府增加开支，但经济增长缓慢，所以财政政策当属失效。2007年经济危机爆发后，美国对奥巴马总统经济刺激计划争论不断，对"新政"（New Deal）时期财政政策失效的观点再度泛起。经济史学家们认为，尽管政府支出增加，国会和总统事实上在20世纪30年代并没有实行扩张的财政政策。麻省理工学院的经济学家凯里·布朗（Cary Brown）和华盛顿大学的经济学家拉里·佩珀斯（Larry Peppers）分别进行研究认为，对周期性预算赤字调整在20世纪30年代是一年进行一次，因此每次的赤字规模很小。表9-5提供的数据支持了他们的论点（表中都为名义值而非实际值）。第2栏列出了联邦政府1933～1936年政府支出的增长、1937年的下降以及1938～1939年的增长。第3栏列出1933年以后政府预算都处于赤字状态，1937年除外。然而，第4栏显示，从1933年以后联邦政府经过周期性调整后一直处于预算盈余状态。因为这些年里，失业率处在高位，收入水平低，征收的税收收入远低于如果经济处在潜在产出时应有的水平。因此，正如第5栏所示，在1933年以及1937～1939年，经过周期性调整后的预算盈余相对于GDP相当可观。

虽然罗斯福总统提出了很多新的政府支出项目，在 1932 年他竞选总统选时也许诺要平衡联邦预算。虽然仅仅在 1937 年实现了预算平衡，但他实际上并不愿意让赤字上升得过快，这就是为什么要进行周期性预算调整以保持盈余。当今的许多经济学家同意凯里·布朗的结论："20 世纪 30 年代的财政政策似乎并不是一种成功的复苏设计。这并非因为它没有起作用，而是因为根本就没有尝试。"

表 9-5　20 世纪 30 年美国联邦政府支出和预算赤字

年份	联邦政府支出（亿美元）	真实联邦预算赤字或盈余（亿美元）	经过周期调整后的联邦预算赤字或盈余（亿美元）	调整后的联邦预算赤字或盈余占 GDP 比重（%）
1929	26	10	12.4	1.20
1930	27	2	8.1	0.89
1931	40	−21	−4.1	−0.54
1932	30	−13	5.0	0.85
1933	34	−9	10.6	1.88
1934	55	−22	0.9	0.14
1935	56	−19	5.4	0.74
1936	78	−32	4.7	0.56
1937	64	2	25.5	2.77
1938	73	−13	24.7	2.87
1939	84	−21	20.0	2.17

资料来源：Glenn Hubbard, Anthony O'Brien. Economics [M]. 4th ed. New York：Pearson Education, Inc, 2013：928-929。

9.4　宏观经济政策效果分析

财政政策和货币政策通过影响消费支出、投资支出、政府支出和进出口等总需求组成项目，对宏观经济运行进行调节，结果主要表现在国民产出水平、失业率水平、通货膨胀等变化上。这些变化过程和机理，可通过前面我们已经学习过的简单凯恩斯国民收入决定模型、*IS-LM* 模型和总需求－总供给模型进行理解。因为可以把宏观经济中的各个市场间的相互影响统一考虑，*IS-LM* 模型和总需求－总供给模型，更能表现出政策变化影响的总效应。下面我们将讨论财政政策和货币政策的作用效果。

在第 3 章我们通过乘数理论具体考察过各项需求变化怎样具体引起国民产出（国民收入）水平的变化。但是，当时仅仅考虑了在产品市场中发生的乘数效应，并没有考虑产品市场变化与货币市场变化之间相互影响后总需求变化的作用效果。为了弄清楚宏观经济政策的作用效果，我们就必须考虑到各市场间的相互联系和相互影响。

第 6 章所讲述的 *IS-LM* 模型为我们考察这一问题提供了工具。财政政策即政府收支变化会引起 *IS* 曲线发生移动，在国民产出水平变动的同时，这种移动也对利率产生了影响，而利率又反过来影响投资、消费等总需求构成项目……货币政策的变化也是如此，货币政策工具变量变化引起 *LM* 曲线变化、利率变化的同时，总需求发生变化，国民产出水平发生变化；国民产出水平的变化又反过来影响货币需求，影响利率水平变化……

下面我们就基于 IS-LM 模型来分析财政政策和货币政策的作用效果。教材正文中，我们基于 IS-LM 几何模型来讨论两种政策的效果，本章附录中，我们给出了采用方程计算方法对两种政策作用效果的讨论，推导出了综合考虑两种市场相互作用背景下的政策乘数。

9.4.1 财政政策作用效果

财政政策效果是指政府收支变化（包括变动税收、政府购买和转移支付等）对国民产出变动的影响程度。我们在此主要以政府购买增加为例来说明财政政策变化的效果，效果大小以国民产出变化的大小来代表。通过 IS-LM 模型，我们知道，政府支出增加会导致 IS 曲线右移，但移动距离的大小显然会受到 IS 曲线和 LM 曲线斜率大小的影响。我们以 IS 曲线斜率和 LM 曲线斜率不同如何影响 IS 曲线移动距离的大小来分析财政政策的作用效果。

情形 1：假定 LM 曲线不变，IS 曲线取不同斜率值

假设两种情形如图 9-4a、图 9-4b 所示。两图中的 LM 曲线斜率相同，但 IS 曲线斜率不同，初始时均衡国民产出为 Y_0，利率为 r_0。我们以政府采取扩张性财政政策（即增加政府支出）为例。假定在两种情况下，政府增加的支出 ΔG 相同，这导致 IS_0 曲线右移至 IS_1，在两图中右移的距离相等，都为 E_0E_3。如果利率水平不变，相应引起的国民产出增加额应该为 Y_0Y_3，显然 $E_0E_3 = Y_0Y_3$。Y_0Y_3 等于政府支出乘数乘以政府支出增加额，用公式表示为

$$Y_0Y_3 = k_G \cdot \Delta G$$

然而，现实国民产出并没有如上所述从 Y_0 增加到 Y_3，仅仅增加至图 9-4a 的 Y_1 和图 9-4b 的 Y_2！两者显然都低于 Y_3。为什么国民产出水平的增加低于上述预期呢？其中的原因在于在这一过程中发生了所谓的"挤出效应"（crowding out）。政府支出增加的同时，"挤出"了一部分私人投资，因此社会总支出并未增长那么多。其中的作用机制为：政府支出增加，IS 曲线右移，国民收入（产出）随之增加，因此对货币的交易需求提高，在货币供给不变的情况下，利率会上升，利率上升抑制了私人投资。因此，新的均衡点只能位于 E_1 和 E_2，国民产出不可能从 Y_0 增加到 Y_3，而只能增加到 Y_1 和 Y_2。

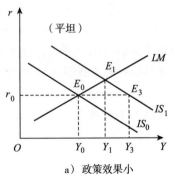
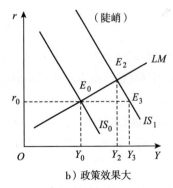

a) 政策效果小　　　　　　　　　　b) 政策效果大

图 9-4　财政政策效果因 IS 曲线斜率而不同

从图 9-4a、图 9-4b 可以看出，相同的财政收支变化，前者效果要小于后者。两者之差仅在于 IS 曲线的斜率不同。根据第 6 章的投资方程 $I = e - dr$ 和 IS 曲线方程 $r = \dfrac{\alpha + e}{d} - \dfrac{1-\beta}{d} Y$，$d$ 值相对越大，表示投资对利率的反应程度越敏感，IS 曲线越平坦（边际消费倾向一般

较为稳定），利率变动所引起的投资变动幅度也越大。当扩张性财政政策推升利率时，即使对于小幅的利率上升，私人投资也会有较大幅度下降，也就是说"挤出效应"显著。图9-4中的 Y_1Y_3 和 Y_2Y_3 分别表示的就是利率上升后由于私人投资被挤出而减少的国民产出。图9-4a的挤出效应要大于图9-4b。

结论：当 LM 曲线不变时，IS 曲线越平坦，扩张性财政政策对私人投资的挤出就越多，国民产出的增加就越少，财政政策效果就越小。反之，则反是。

情形2：假定 IS 曲线斜率不变，LM 曲线取不同斜率值

如图9-5a、图9-5b所示，假定 IS 曲线斜率相同，LM 曲线斜率不同，初始均衡国民产出都为 Y_0，利率都为 r_0。同样以政府实行扩张性财政政策（即增加政府支出）为例。假定政府增加相同一笔支出 ΔG，IS_0 曲线将右移至 IS_1，两图中右移的距离相等，都为 E_0E_3。相应引起的国民产出增加额也应该为 Y_0Y_3。然而，由于存在政府支出"挤出"私人投资，因此，新的均衡点只能位于 E_1 和 E_2，国民产出不可能从 Y_0 增加到 Y_3，而只能增加到 Y_1 和 Y_2。这又是为什么呢？

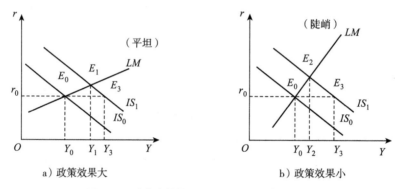

图9-5 财政政策效果因 LM 曲线斜率而不同

从图9-5可以看出，$Y_0Y_1 > Y_0Y_2$，说明财政政策在图9-5a中的作用效果大于图9-5b。两者之差的原因只在于 LM 曲线斜率的不同。我们知道，LM 曲线斜率的经济学意义表示的是货币需求对利率变化的反应程度。LM 曲线越陡峭（即斜率越大），表示货币需求对利率的反应程度越低；反过来说，小幅的货币需求量变化（横轴上）（由国民收入水平变化引起）导致的利率上升幅度越大（纵轴上），私人部门投资受到的冲击就越大，挤出效应就越显著。图9-5a中 LM 曲线斜率小于图9-5b，因此，扩张性财政政策在图9-5a中的挤出效应要小于图9-5b。

结论：LM 曲线越陡峭，扩张性财政政策挤出的私人投资就越多，国民产出增加就越少，财政政策效果也就越小。反之，则反是。

9.4.2 挤出效应及其影响因素

挤出效应是指因为政府购买支出增加导致私人投资水平、消费水平甚至出口减少的现象。从前面分析我们知道，政府购买 G 与另外"三驾马车"（C、I 和 $X-M$）共同组成一国的总需求。政府购买体现了政府意志，政府购买增加，在其他三项不变的情况下，会引起社会总需求净增加。但是，如果政府开支增加后，会对其他几项形成干扰，那么净增加的总需求就不会像预想的那么多了。那么，挤出效应的大小又会受到什么影响呢？如下几个方面会对挤出效应的大小形成影响。

（1）是否为充分就业状态。在非充分就业状态下，政府支出会部分挤出私人投资支出，但不会完全挤出私人投资支出，因为经济仍然存在改进机会。但是，如果已经实现充分就业，政府支出增加会完全挤出私人投资支出。

（2）政府支出乘数。第3章我们已经学过，政府支出乘数为$1/(1-MPC)$。当政府支出额给定时，乘数越大，引起的国民产出变化越大，对利率水平变化的冲击也越大，在其他条件相同时，挤出效应也越显著。

（3）投资需求对利率变动的敏感程度。根据投资函数：$I = e - dr$，投资对利率的反应系数d越大，小幅度的利率水平变动就往往会引起投资需求出现较大幅度的波动。因此，当政府开支增加引起利率水平提高时，投资对利率的反应系数d越大，挤出效应就越显著。

（4）货币需求对产出水平的敏感程度。从货币需求函数$L = kY - hr$可知，货币需求对国民产出（产出）水平的反应系数k越大，国民产出变化（由政府购买增加所致）所导致的货币需求增加幅度就越大，在其他情况不变时，利率的上升幅度越大，挤出效应就越显著。

（5）货币需求对利率变动的敏感程度。根据货币需求函数：反应系数h的值越小，货币需求L对利率变动越不敏感；但反过来则是，利率受货币需求变动的影响则较大（想一想，货币需求曲线的形状）。因此，当货币需求量出现小幅变动时，会引起利率出现大幅度波动。因此，当h值较小时，政府开支增加后的作用机制如下：政府支出增加→国民产出增加→货币需求增加→利率较大幅度上升→对投资支出的挤出也会越大，挤出效应越显著。相反，如果h越大，则挤出效应就越小。

（6）政府举债规模及其对市场利率的影响程度。如果政府开支是通过向企业、居民举债来实施，其规模大小也就成了影响金融货币市场利率变化的重要因素。当政府举债规模较大时，如果导致市场利率上升，挤出效应也就会随之产生。但是，如果政府举债不影响市场利率水平时，这种影响因素则可不予考虑。

上述因素中，货币需求对国民产出（产出）水平的反应系数k主要受支付习惯、金融货币制度等方面因素的影响，一般相对稳定。所以挤出效应大小关键取决于投资需求、消费需求和出口以及货币需求对利率变动的敏感程度。

9.4.3 货币政策效果

货币政策效果是指一国货币管理当局调节货币供给和利率水平对国民产出所形成的影响程度。与前一节类似，我们在此主要以货币供给增加为例来说明货币政策变化的效果，效果大小以国民产出变化的大小来代表。同样，我们主要考察货币政策如何会因为 IS 曲线和 LM 曲线的斜率不同而表现出不同的效果。

情形1：假定 LM 曲线斜率不变，IS 曲线取不同斜率值

假设两种情形如图9-6a、图9-6b所示，即两图中的 LM 曲线斜率相同，但 IS 曲线斜率不同，初始时均衡国民产出为Y_0，利率为r_0。我们以中央银行采取扩张性货币政策（即增加货币供给量）为例。假定中央银行在两种情况下，增加的货币供应量相同，都为ΔM，导致LM_0曲线右移至LM_1，两图中右移的距离相等，都为E_0E_3。

但是，我们从图 9-6a、图 9-6b 观察可以看出，图 9-6a 中，国民产出水平变化到 Y_1，图 9-6b 则只是变化到 Y_2！显然，前者变化幅度相对较大，政策效果更为显著。为什么两者会不同呢？原因就在于 IS 曲线的斜率不同。

IS 曲线在图 9-6a 中比在图 9-6b 中平缓，扩张性货币政策导致国民产出增加的量，在图 9-6a 中要大于图 9-6b，即 $Y_0Y_1 > Y_0Y_2$。根据第 6 章的 IS 曲线方程，IS 曲线较平坦，表示投资对利率的反应程度较大。因此，当货币供给量增加导致利率下降后，投资增加的也较多，国民产出增加的量也会相对较大。反之，IS 曲线较陡峭时，投资对利率的反应程度较低，引起的后续变化也较小。

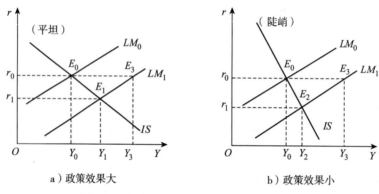

图 9-6　货币政策效果因 IS 曲线斜率而不同

结论：在 LM 曲线斜率不变时，IS 曲线越平坦，货币政策变化导致的 LM 曲线移动对国民产出的影响就越大，即政策效果显著。反之，则反是。

情形 2：假定 IS 曲线不变，LM 曲线取不同斜率值

假设两种情形如图 9-7a、图 9-7b 所示，假定 IS 曲线斜率相同，LM 曲线斜率不同，初始均衡国民产出都为 Y_0，利率都为 r_0。同样以中央银行实行扩张性货币政策（即增加货币供应）为例。假定中央银行增加相同的货币供给量 ΔM，导致 LM_0 曲线右移至 LM_1，两图中右移的距离相等，都为 E_0E_3。

但是，我们从图 9-7a、图 9-7b 观察可以看出，图 9-7a 中，国民产出水平只是变化到 Y_1，图 9-7b 则变化到 Y_2！显然，前者变化幅度相对较小，政策效果也小。原因只能从 LM 曲线的斜率不同来找。

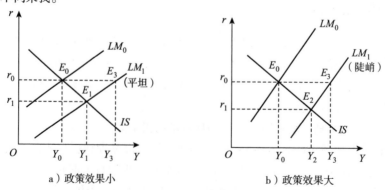

图 9-7　货币政策因 LM 曲线斜率而不同

从第 6 章我们知道，LM 曲线的斜率主要受交易需求敏感系数和投机需求敏感系数影响，但因为前者相对稳定，又主要与国民产出（收入）有关；而后者与利率有关，变化频繁，因此 LM 曲线的斜率主要反映的是货币需求对利率的反应程度。当 LM 相对平坦时，货币供给量变动引起的利率变动较小，货币政策对投资、消费以及对国民产出的影响不大。反之，若 LM 曲线较陡峭时，增加货币供给量的货币政策会对投资、消费和国民产出产生较大的影响。

结论：在 IS 曲线斜率不变，LM 曲线越陡峭（LM 曲线斜率越大），实行货币供给量变动的货币政策对国民产出变化的影响就越大，政策效果越显著。反之，则反是。

9.4.4　两个特例：凯恩斯主义极端情形和古典主义极端情形

从上述分析可以看出，LM 曲线越平坦，财政政策效果越显著，货币政策效果越弱；LM 曲线越陡峭，财政政策效果越弱，货币政策效果越显著。

这里我们再考虑两种极端情况下财政政策与货币政策效果。

（1）当 LM 曲线呈水平状时。
（2）当 LM 曲线呈垂直状时。

前一种情况往往被称为极端凯恩斯主义极端情形；后一种情况则被称为古典主义极端情形。

1. 凯恩斯主义极端情形

凯恩斯认为，当利率水平非常低时，形成"流动性陷阱"，货币需求对利率弹性无限大，LM 曲线呈水平状，如图 9-8 所示。在这种情况下，货币供给数量的任何变动，都不会影响利率水平，总需求和国民产出不再受影响，货币政策完全失效。此时，政府财政政策的作用效果达到最大。比如，初始均衡国民产出和利率分别为 Y_0 和 r_0。此后，政府采取扩张性财政政策，IS_0 右移到 IS_1，均衡点由 E_0 移动 E_1。新的均衡国民产出为 Y_1。由于利率已至极低，政府支出对私人投资不再产生"挤出效应"。显然，此时之经济必为深度萧条之际，货币政策失效，唯有依赖扩张性财政政策来增加就业和应对萧条。

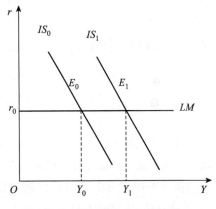

图 9-8　凯恩斯主义极端情形

2. 古典主义极端情形

与凯恩斯极端情形相反，古典主义情形是货币需求对利率的反应弹性为零，此时，LM 曲线呈垂直状，此时财政政策完全失效，而货币政策作用显著。

比如，政府采用扩张性货币政策的情形，如图 9-9a 所示。此时，LM 曲线呈垂直状，初始状态 IS 与 LM_0 相交于点 E_0，均衡国民产出与利率分别为 Y_0 和 r_0。扩张性货币政策推动 LM_0 右移到 LM_1，新的均衡点为 E_1。此时，均衡国民产出为 Y_1，利率为 r_1，货币政策效果获得最大的产出效应 Y_0Y_1。这种情形形成的机制为，当货币供给增加后，国民产出必须增加到由其引致的货币需求等于货币供给的水平上，也就是说，当国民产出扩大到 Y_1 时，与此对应的货币需求正好等于货币供给。此种情形,往往发生在失业率水平很高、经济萧条之时。

采用财政政策时,情形又当如何?

我们观察图9-9b的情形,当政府采取扩张性财政政策时,IS曲线从IS_0移动到IS_1,因为,LM曲线为垂直线,所以,扩张财政政策引起的利率上升会完全导致对其他需求项目的等量挤出,即政府新增支出额等于其他需求项目的减少额,出现所谓完全挤出。这种情况下,财政政策完全无效。

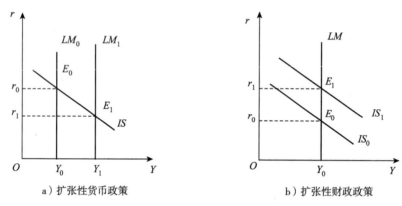

a) 扩张性货币政策   b) 扩张性财政政策

图9-9 古典主义的极端情形

当然,凯恩斯主义极端情形和古典主义极端情形,在现实生活中极少出现,模型的理论价值大于实用价值,但也可以解释,为什么一些经济学家看重财政政策,而另一些经济学家则看重货币政策,原因就在于他们对IS和LM曲线的形状有着不同的理解。

9.4.5 两种政策混合使用的效果分析

财政政策是政府通过收支变化作用于社会总需求,以此来影响整个社会的国民产出水平和经济运行。货币政策是通过中央银行来调节货币供给量和利率,影响整个社会的总需求,并以此来影响国民产出水平。两种政策各有所长,因此,在实际中,政府往往会考虑将两种政策搭配起来使用。如当一个国家经济处于萧条期和衰退期时,政府可采用扩张性财政政策,也可采用扩张性货币政策,或者双管齐下。

如图9-10所示,假设经济的初始状态为IS_0和LM_0相交的E_0点,均衡国民产出与利率分别为Y_0和r_0,充分就业的国民产出为Y^*。我们知道,该经济体此时处于经济萧条时期。

如果政府只采用扩张性财政政策,增加开支推动IS_0向右移至IS_1,均衡国民产出难以达到Y^*,只能达到Y_1。政府实现充分就业的目标无法实现。原因是扩张性财政政策会导致利率上升,形成挤出效应,具体规模为Y_1Y^*。所以,如果要使国民产出达到充

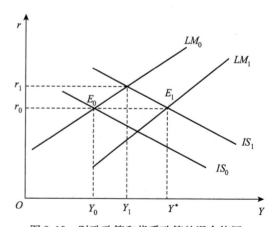

图9-10 财政政策和货币政策的混合使用

分就业的国民产出，IS_1 继续右移的距离须更大，利率也会上升得更多，考虑挤出效应后要达至 Y^* 水平，似难完成。同理，如果只采用扩张性货币政策，通过移动 LM 曲线来达到充分就业之国民产出水平，情形与上相同，也似乎难成。

如果既想使国民产出增加至 Y^* 水平，又不想利率发生变动，将扩张性财政政策和扩张性货币政策配合使用，则可实现。如图所示，实行扩张性财政政策，使 IS_0 向右移至 IS_1，使国民产出提高到 Y^*；同时，为了防止利率水平飙升，同时采用扩张性货币政策，增加货币供给量，推动 LM_0 右移至 LM_1，利率便可以保持在原来水平 r_0 上。这样操作后，既达到了充分就业的国民产出水平，又保持了利率稳定。因此，合理搭配使用两种政策，宏观经济政策的目标可以实现。

财政政策和货币政策可实现多种组合。政策组合效果，如同供给与需求模型中，供给与需求同时变化时的情形一样，如果只是知道两条曲线的移动方向，不知道具体强度，则我们只能知道国民产出与利率水平两个变量中一个变量的变化方向，无法确切知道另外一个的变化方向。

如图 9-10 所示，如果同时采用扩张的财政政策和货币政策，IS 曲线和 LM 曲线移动幅度相同，国民产出增加的同时，利率可保持不变。如果财政政策影响大于货币政策，则 IS 右移距离将超过 LM 右移距离，则利率将会上升。如果财政政策影响小于货币政策，则 LM 右移距离超过 IS 右移距离，利率反而会下降。由此可知，这两种政策结合使用对利率的影响并不确定。各种政策混合使用的效果见表 9-6 所示。

表 9-6 财政政策和货币政策混合使用的政策效果

组合	政策手段	国民产出	利率
1	扩张性财政政策和扩张性货币政策	增加	不确定
2	扩张性财政政策和紧缩性货币政策	不确定	上升
3	紧缩性财政政策和扩张性货币政策	不确定	下降
4	紧缩性财政政策和紧缩性货币政策	减少	不确定

政府可根据经济运行情况，依据两种政策组合的情形，分别采用适合当时经济实际的组合形式，达到最理想的目标。一些经验性的原则如下。

当发生严重经济萧条时，可考虑采用"双松"组合，以扩张性财政政策增加总需求，扩大国民产出水平，辅之以扩张性货币政策，降低利率，以防止"挤出效应"。

当发生严重通货膨胀时，可考虑采用"双紧"组合，双管齐下，抑制需求，控制物价上升。

至于其他两种组合，可适时分别采用，如经济出现衰退时，可考虑采用第 2 组，扩张性财政政策以刺激总需求，配以紧缩性货币政策防止通货膨胀；而当经济出现温和通货膨胀时，第 3 组可选，用紧缩性财政政策抑制总需求，配以扩张性货币政策来降低利率，以防需求下降造成经济衰退。

9.5 其他学派的宏观经济政策主张

因为大萧条而促生的凯恩斯宏观经济学理论，改变了人们对经济周期的看法。特别是第二次世界大战后，基于凯恩斯理论的宏观经济政策推行取得了非常大的成功。但随着时间的推移，尤其是滞胀等经济现象的出现，凯恩斯理论也遇到了巨大挑战。20世纪80年代后，在批判凯恩斯理论的基础上，陆续出现了许多其他的学派。

9.5.1 货币主义的兴起和货币政策日益重要

凯恩斯主义其实重视的财政政策，尤其是在大萧条这样的特殊时期，利率水平已经降的非常低，货币政策效果不佳。但是随着战后经济逐渐恢复，宏观经济学家们又重新评估货币政策的重要性。

最先提出挑战的是以米尔顿·弗里德曼为代表的货币主义学派的兴起。他与安娜·施瓦茨写作的《美国货币史：1867~1960》认为，美联储能通过增加货币供给来避免大萧条的发生；经济管理中，货币政策可以发挥关键作用。

弗里德曼认为，管理经济最佳的办法是采用非主动或非相机选择的货币政策。他认为，如果货币平稳增长，经济也会平稳增长。所以，中央银行应保持货币稳定增长。弗里德曼也认为短期重要，总需求短期变化既影响国民产出水平，也影响价格水平。

但是，弗里德曼认为，政府如果试图去主动熨平经济波动会使得事情变得更糟糕。他尤其认为，政府不应该使用积极的财政政策。他主张，中央银行应该遵循货币政策规则，而非积极的干预政策。在20世纪六七十年代，这种政策规则是保持货币供给的平稳增长。

弗里德曼还提出了自然失业率假说⊖，这使得原来认为的可以保持低失业率的看法发生改变，因为这样会导致持续的通货膨胀发生。所以，失业率应该保持在自然失业率附近。

9.5.2 新古典宏观经济学

货币主义对凯恩斯主义经济学有批评，但仍然接受凯恩斯主义学派对供给曲线的观点，即向上倾斜，所以当总需求增加时，产出增加，价格上升。20世纪70年代和80年代，新古典宏观经济学兴起，他们认为总需求曲线移动只是影响价格水平，而非产出水平，而这正是古典学派的观点，故得名。

1. 理性预期

该理论由约翰·穆思（John Muth）于1961年引入经济学理论，认为经济行为人会运用所有可以获得的信息来做出最优决策。之后，该理论经过罗伯特·卢卡斯、托马斯·萨金特等人的进一步发展，成为影响宏观经济理论和政策的重要学说。

理性预期学派认为：

（1）经济行为人将会合理运用所有可用信息对未来进行预期，当然包括有关政府经济政策变化的信息。例如，如果消费者认为个人减税即将来临，他们可能会在减税之前甚至当

⊖ 埃德蒙德·菲尔普斯也曾独立提出这一假说。

天开始增加消费。

(2) 只有新信息才会导致预期发生变化。如果政策信息已被预期，政策推出后就将不会产生政策影响。只有出乎公众意料的政策，才可能对实际经济变量造成影响。

(3) 如果经济变量的变化方式发生改变，那么对该变量形成的预期方式也会发生变化。举例来说，假设央行从原来推行低利率政策方式转变为将利率政策恢复到"正常"状态，那么最佳预测是利率最终将会上升。

理性预期学说改变了宏观经济理论。考虑经济变量变化时，应该重视预期尤其是理性预期方式产生的影响。我们以"卢卡斯批评"（Lucas Critique）为例说明，理性预期怎样对宏观经济学理论产生影响。

我们知道，为预测经济活动的变化，或者评估政策选择的潜在影响，宏观经济计量模型必不可少。计量模型是描述多种经济变量之间统计关系的方程集合。通过在这些模型中输入数据，得出预测结果。卢卡斯对此提出了"批评"，并改变了人们的思维定式。

为理解卢卡斯的观点，我们先看计量经济学政策评估的作用原理。比如说，中央银行希望评估一下，如果调整目前的基准利率水平（例如为5%）会带来什么影响。传统方法是在已经建立的计量经济模型中输入不同的利率选择——比如4%和6%，然后观察该模型预测产出、失业率和通货膨胀率在不同情景下变化的情况。

根据理性预期理论，卢卡斯发现了其中的错误推理。他认为，当政策发生变化时，公众的期望也会发生变化。例如，如果中央银行将基准利率提高到6%，这可能会改变公众对未来利率设定方法的预期方式。不断变化的预期可能对经济行为和结果产生实际影响。如果没有考虑理性预期，计量经济模型则会忽视预期改变的影响，这样作为评估政策选择的工具可靠性将下降了。

卢卡斯批评，不仅指出了缺少理性预期的传统计量模型可能产生的误导，而且也强调了公众对政策的预期将影响公众对政策的反应，从而最终影响政策效果。

对于理性预期学派理想化的理论，其他经济学家也提出反批评。如影响力日益增大的新凯恩斯主义经济学（new Keynesian economics）认为，市场不完美的相互作用导致经济中许多价格出现暂时黏性。由于价格黏性，预期通货膨胀并不能及时抵消积极的宏观经济政策带来的影响。

为什么会存在价格黏性？新凯恩斯主义经济学的一种观点是，具有价格决定权的垄断企业对定价是否正好"贴切"不一定会太较真。如果定价稍高一些，企业会损失部分销售量，但每单位销售量赚的利润更多；如果定价稍低一些，企业每单位销售赚的利润会少一些，但销售量会更多。因此，即使调整价格存在不大的成本，如菜单成本的存在，也可能会导致显著的价格黏性，使整个经济按照凯恩斯方式变化。

2. 真实周期理论

古典学派认为，经济长期处在充分就业状态，总供给曲线为充分就业水平上的垂直线。这样的线型如何解释产出波动的经济周期呢？真实商业周期理论（Real Business Cycle theory）认为，全要素生产率的增长波动引发了经济周期。

真实商业周期理论将商业周期的来源归因于总供给曲线的偏移：衰退发生是因为生产率增长的放缓，导致总供给曲线向左移动；而经济复苏则是由于生产率增长的加快，推动总供给曲线向右移动。所以,全要素生产率的变化是关键,这种解释可以在价格与工资充分灵活调整背景下成立。

最初的真实商业周期理论支持者否认总需求的变化,并认为积极的宏观经济政策对总产出没有任何影响。真实商业周期理论的提出者为芬恩·基德兰德(Finn Kydland)与爱德华·普雷斯科特(Edward Prescott),两人共同获得了2004年诺贝尔经济学奖。

现在许多支持真实商业周期理论的学者认为,他们的模型需要依赖总供给曲线向右上方倾斜才能得到数据支持,这就给总需求在决定总产出水平中可以发挥作用留下了潜在余地。

| 专栏9-4 |

供给经济学

在20世纪70年代,有许多经济学家开始提出逐渐被称为供给经济学的经济政策观点。这种观点的核心是相信降低税率、提高人们工作和投资的积极性,对提升潜在产出增长率具有重要的积极意义。供给学派学者推动政府采取减税政策而不必采取相应的支出减少政策,他们认为经济增长将抵消财政赤字带来的副作用。

一些供给学派经济学家甚至认为,降低税率甚至会对经济增长产生一种神奇的效应,税收收入也就是纳税人支付给政府的总收入实际上会增加。也就是说,一些供给学派经济学家认为,美国是在拉弗曲线的错误一侧。拉弗曲线是描述税率和总税收之间假设关系的曲线,在低税率下向上倾斜,但在税率非常高时却呈下降形态。

在20世纪70年代,供给学派经济学家得到《华尔街日报》编辑和其他媒体人士的热烈支持,所以为政治家们所熟悉。1980年罗纳德·里根就以供给学派经济学作为他总统竞选的基础。

与理性预期和真实商业周期理论不同,供给经济学已经总体上被经济学研究者抛弃了。被抛弃的主要原因是该理论缺乏证据支持。几乎所有的经济学家都同意减税会对人们的工作和投资形成激励,但是试图估计这种激励在当今社会税率水平上产生的正向激励影响来支持供给学派的观点,还没有得到有力的证据。特别是,供给学派的学说暗含着大规模减税(如里根政府在20世纪80年代早期所做的那样)会大幅提高潜在产出水平的意思,但根据美国国会预算办公室和其他研究所估计的潜在产出水平,没有证据表明里根政府减税后经济增长加速了。

资料来源:保罗·克鲁格曼,罗宾·韦尔斯. 宏观经济学:第4版[M]. 赵英军,译. 北京:中国人民大学出版社,2018:322-323。

附录9A 产品市场和货币市场相互影响下的政策乘数

产品市场与货币市场相互作用情况下,增加政府购买和增加货币供应的乘数与此前有什么不同呢?显然,由于挤出效应存在,乘数效应变小,那么到底会少多少?下面我们用 $IS\text{-}LM$ 模型来具体推导一下。

假设为三部门经济。

产品市场。

消费函数：$C = \alpha + \beta Y_0$；投资函数：$I = e - dr$；税收函数为：$T_x = tY$；政府支出：$G = g_0$。则 IS 方程为

$$Y = \frac{\alpha + e + g - dr}{1 - \beta(1-t)} \tag{9A-1}$$

货币市场。

货币需求：$M^d = L(Y, r)$，$M^d = kY - hr$；货币供给：$M^s = M_0/P = m$（实际货币余额）；均衡条件：$M^s = M^d$。

则 LM 方程为

$$r = \frac{k}{h}Y - \frac{m}{h} \tag{9A-2}$$

联立式（9A-1）、式（9A-2），得

$$Y = \frac{\alpha + e + g - dr}{1 - \beta(1-t)} = \frac{\alpha + e + g}{1 - \beta(1-t)} - \frac{d}{1 - \beta(1-t)}\left(\frac{k}{h}Y - \frac{m}{h}\right)$$

$$\Rightarrow Y + \frac{dk}{h[1 - \beta(1-t)]}Y = \frac{\alpha + e + g}{1 - \beta(1-t)} + \frac{dm}{h[1 - \beta(1-t)]}$$

$$\Rightarrow Y = \frac{h(\alpha + e)}{h[1 - \beta(1-t)] + dk} + \frac{hg}{h[1 - \beta(1-t)] + dk} + \frac{dm}{h[1 - \beta(1-t)] + dk} \tag{9A-3}$$

为了求政府支出变化对国民收入的影响，对式（9A-3）求 G 的导数，得

$$\frac{dY}{dG} = \frac{h}{h[1 - \beta(1-t)] + dk} = \frac{1}{1 - \beta(1-t) + \dfrac{dk}{h}} \tag{9A-4}$$

这就是政府支出的乘数系数。

同理，为了求货币供给量变化对国民收入的影响，对式（9A-3）求实际货币余额 m 的导数，得

$$\frac{dY}{dm} = \frac{d}{h[1 - \beta(1-t)] + dk} = \frac{1}{[1 - \beta(1-t)]\dfrac{h}{d} + k} = \frac{\dfrac{d}{h}}{1 - \beta(1-t) + k \times \dfrac{d}{h}}$$

$$\tag{9A-5}$$

这就是货币供给的乘数系数，即单位货币供给增加带来国民收入增加的倍数。

两种极端情形如下。

（1）凯恩斯主义极端情形，LM 处在平行于横轴状态，利率水平不变，即 $h = +\infty$，$d = 0$。

式（9A-4）变为

$$\frac{dY}{dG} = \frac{1}{1 - \beta(1-t)}$$

这是没有挤出效应的政府购买乘数，效果最显著。

式（9A-5）变为

$$\frac{dY}{dm} = 0$$

说明增加货币供给（货币政策）不起作用。

（2）古典主义极端情形。同理，我们也可以分析另外一种极端情形——古典主义极端情形，即 LM 垂直于横轴状态，$h=0$，$d=+\infty$。

式（9A-4）变为

$$\frac{\mathrm{d}Y}{\mathrm{d}G} = 0$$

政府支出对国民产出没有影响。

式（9A-5）变为

$$\frac{\mathrm{d}Y}{\mathrm{d}m} = \frac{1}{k}$$

增加货币供给效果显著。

以上我们以增加政府购买和增加货币供给为例，说明了财政政策和货币政策变化在产品市场和货币市场共同作用下作用效果。这一分析同理可以扩展到对税收变化、政府转移支付、平衡预算支出等情形，这里不再具体展开，留给读者自己推演。

❖ 本章小结

1. 宏观经济政策目标包括充分就业、价格稳定、经济持续稳定增长和国际收支平衡四个目标。

2. 宏观经济政策包括财政政策和货币政策。财政政策主要包括财政收入和财政支出。调整支出和收入的财政政策工具主要包括：变动政府购买支出、改变政府转移支付、变动税收和公债等。财政制度依靠自动稳定器和相机抉择的财政政策两种结合发挥调节经济功能。货币政策工具主要包括公开市场业务、再贴现率和法定准备金比率。

3. 宏观经济政策效果分析，要综合考虑产品市场和货币市场之间的相互影响。IS-LM 模型为分析政策效果提供了有用的工具。

4. 在考虑财政政策效果分析时，必须考虑到挤出效应，挤出效应是因为政府支出增加导致了私人投资消费水平的降低。

5. 货币政策和财政政策在影响经济运行时，各有优势和劣势。搭配使用，可较好地实现宏观经济的目标。

❖ 思考与练习

一、名词解释

财政政策　　　　自动稳定器
货币政策　　　　公开市场业务
法定准备金比率　挤出效应
量化宽松　　　　泰勒规则
钉住通货膨胀目标　常备借贷便利
充分就业赤字

二、简答题

1. 简述宏观经济政策目标内容以及相互关系。

2. 中央银行货币政策使用的传统工具包括哪些？

3. 谈谈货币政策的作用机制。

4. 利率接近于零时的货币政策完全失效了吗？为什么？

5. 钉住通货膨胀目标的货币政策有什么优缺点？

6. 我国货币政策有什么特点？

7. 如何理解货币政策的局限性？

8. 你认为货币政策应该建立行为规则

还是应该相机选择？为什么？

9. 简述平衡预算的财政思想与功能财政思想之间的区别。

10. 政府支出对私人支出的挤出效应大小主要取决于哪些因素？

三、论述题

1. 利用 $IS\text{-}LM$ 模型来讨论政府购买的作用效果。这一作用效果与第 3 章讨论的政府购买支出效果有什么不同？为什么？

2. 利用 $IS\text{-}LM$ 模型来讨论中央银行增加货币供给的作用效果。这一作用效果受到哪些因素的影响？

3. 财政政策与货币政策同时变动时，有哪些不同的政策组合？

4. 你认为 2008 年我国政府推出 4 万亿支出计划中有没有挤出效应？为什么？

5. 经济学各流派对宏观经济政策的主要观点是什么？还存在什么争论？你如何看待这些争论和共识？

第 10 章
CHAPTER10

开放经济与对外经济政策

如果两人都能制造鞋子和帽子，其中一个人在两种职业上都比另一个人强一些，不过制帽子时只强 1/5（或 20%），而制鞋子时则强 1/3（或 33%），那么这个较强的人专门制鞋子，而那个较差的人专门制帽子，岂不是对双方都有利吗？

——大卫·李嘉图

在有些情况下，如果我们不以国际经济的眼光来探讨政策问题，我们告诉学生的就会是一些"错误"的答案。

——约瑟夫·斯蒂格利茨

§ 本章要点

现代经济一个重要的特点是经济一体化程度越来越高。宏观经济运行和宏观经济政策在开放经济条件下有什么新的特点？本章对此给出了一个分析框架。产品跨国流动产生了国际贸易，如何解释这种现象呢？目前提出的最为重要的理论是比较优势理论，此外我们还分析了要素禀赋理论、规模经济和不完全竞争条件下新的国际贸易理论。产品流动必然带动货币流动，所以本章还对涉及外汇汇率水平和决定的理论做了介绍。对产品流动和货币流动进行统计记录就形成了一国的国际收支账户。最后，我们把 IS-LM 模型推广到开放经济条件下，形成了新的表示内外经济运行的模型 IS-LM-BP 模型，并运用这一模型对宏观经济政策在固定汇率制度下和浮动汇率制度下的作用做了分析。

§ 学习目标

- 掌握国际贸易发生的原因并理解几种解释国际贸易发生的理论；
- 了解汇率的几种标价方法和汇率制度；
- 熟悉国际收支账户的具体结构和主要内容；
- 掌握运用 IS-LM-BP 模型在开放经济条件下分析不同宏观经济政策作用效果的原理。

§ **基本概念**

比较优势理论	要素禀赋	直接标价法	间接标价法	汇率制度
固定汇率制	浮动汇率制	购买力平价	利率平价	国际收支
内部平衡	外部平衡	IS-LM-BP 模型		

前面我们讨论问题的基础都是在封闭的经济条件下，本章我们把分析的视野放大，对开放经济条件下的经济理论做出分析。

10.1 对产品跨国流动的解释：国际贸易理论

经济全球化的发展大大促进了商品和服务在世界各国范围内的流动。但是各国为什么要进行贸易？贸易中各个国家应该如何确定自己生产的产品？想对此有所了解，我们就需要学习国际贸易的相关理论。

10.1.1 国际贸易存在的原因

国际贸易为什么会存在呢？我们可以从资源差异、偏好差异和成本差异来解释。

1. 资源差异

各个国家由于拥有的资源禀赋并不相同，如 A 国可能拥有丰富的矿藏资源，B 国可能拥有丰富的劳动力资源，C 国的资本资源丰富……由于并非所有的资源都能流动，所以不同的资源拥有量就决定了各国在提供不同产品时的生产成本和供应能力出现差别。

2. 偏好差异

这是从需求来看的。即使在生产成本相同的条件下，当人们之间的偏好存在差异时，就有了进行贸易的可能和基础。国与国之间的贸易也应如此。如，同样地处北欧的挪威和瑞典，海洋捕鱼和陆地上通过养殖获得肉类的成本差距不大，但是两国人的偏好并不相同，瑞典人偏爱肉，挪威人偏爱鱼，所以，两国的鱼肉贸易就成了有利于双方的行为。

3. 成本差异

这大概是解释国际贸易存在最具影响力也是最持久的理论。这种成本优势可从三个角度来分析。

一是一国的生产成本具有绝对的低水平：当一个国家相对于其他国家来说生产一种产品的资源耗费水平较低时，我们就说该国生产这种产品具有绝对优势（absolute advantage）。如中国在生产衣服方面比美国花费的资源少，而美国在生产电脑方面比中国成本低，那么我们就认为中国在生产衣服方面具有绝对优势，而美国在生产电脑方面具有绝对优势。如果每个国家都能生产自己具有绝对优势的产品并相互进行贸易，无疑对大家都有好处。但是事情远没有这么简单。世界上的产品并非都是在生产成本最低的地方生产的。

二是一国具有相对成本优势，即当每个国家把自己的生产集中于相对于生产其他产品更有效率的产品上时，通过贸易也会有利于双方，那么我们说该国利用了自己的比较优势（comparative advantage）。下面我们还要对此做详细分析。

三是一国可以利用规模经济优势。规模经济是降低成本、获得技术上优势最有效的手段。这也是解释当今世界产业间贸易最主要的贸易理论，因为现实中的许多工业发达国家并非生产所有可以生产的工业品，而是各有侧重。尤其是在规模经济效应明显的工业产品上。

10.1.2 比较优势理论

1. 从机会成本的解释

比较优势理论其实是解释包括国际贸易在内的许多与社会分工相关的经济现象最为重要的理论原理之一。一国生产自己最具有竞争力的产品无疑可以获得利益，但一国专注于自己最擅长的产品而把生产其他产品的任务交给他国（从生产成本上看比本国生产还要高），同样可以获益。这就是比较优势理论的精巧所在。为什么呢？下面我们用一个两国模型来加以说明。

假设有两个国家，一个是 A 国，另一个是 B 国，两国都能生产两种产品：食物（F）和衣物（C）。具体情况如表 10-1 所示，从表中可以看出，A 国无论在衣物还是食物的生产上所耗费的劳动时间都低于 B 国。A 国劳动 1 小时的实物工资为 1 单位衣物或 1/3 单位食物，而 B 国为 1/2 单位衣物或 1/4 单位食物。如果是封闭经济条件下，两国两种产品的价格存在差异。A 国食物价格是衣物的 3 倍，而 B 国的食物是衣物的 2 倍，即 A 国的食物价格相对贵一些，而 B 国的衣物相对贵一些。

表 10-1　两种产品的劳动投入

国家	食物（F）	衣物（C）	自给自足时的价格比
国家 A	3 小时/单位	1 小时/单位	1F：3C
国家 B	4 小时/单位	2 小时/单位	1F：2C

A 国在衣物生产上具有比较优势，而 B 国在生产食物方面有比较优势。A 国在衣物上的比较优势很明显，因为生产衣物的相对劳动成本（1/2）要低于食物的相对劳动成本（3/4）。

如果贸易是按某一国自给自足经济下的比价进行，则另一国将有贸易利益获得。比如，贸易如果是以 1F：3C 的国际贸易条件来进行，则 B 国每换出 1 单位食物就能比国内多得 1 单位衣物，而 A 国却徒劳无益。相反，如果以 1F：2C 的比例进行，A 国每出口 1 单位衣物，可以多得（1/2 − 1/3 = 1/6）食物的贸易利益。因此如果国际交换价格（也称贸易条件）居于两国自给自足经济下的相对价格之间，则两国都有贸易利益获得。

为了说明两国从贸易中得到的总利益，我们假定每个国家能使用的资源（如劳动）数量为：A 国可使用的劳动为 9 000 劳动小时，而 B 国为 16 000 个劳动小时。我们可以画出各国在自给自足经济下的生产可能性曲线。A 国可以生产 9 000 单位衣服，不生产食物；或者生产 3 000 单位食物，而不生产衣物，或者用完 9 000 劳动小时得到两种商品的任意组合。另一方面，B 国可以生产 8 000 单位衣物，不生产食物；或者生产 4 000 单位的食物，而不生产衣物；或者用完 16 000 劳动小时得到两种商品的任意组合。假定在开展贸易前，A 国有 6 000 单位衣物，生产了 1 000 单位的食物，B 国有 3 000 单位衣物，生产 2 500 单位的食物。假设两国按照 1F：2.5C 的贸易条件进行交换，同时假定 A 国用 2 500 单位衣物从 B 国换取了 1 000 单位的食物，但是两国的产量都不改变。

下面我们对贸易前后的状况进行比较：在贸易进行前，投入 9 000 小时劳动，A 国生产并消费 6 000C 和 1 000F。贸易后，A 国消费了 3 500C（6 000 单位衣物 - 出口 2 500 单位到 B 国）和 2 000F（国内生产 1 000 单位 + 从 A 国进口 1 000 单位），如果这些商品完全国内自产，需要 9 500 小时劳动（3 500 小时用于生产衣物，因为每单位衣物需要投入 1 小时劳动；2 000 单位食物，每单位食物需要 3 小时，需 6 000 小时）。因此，通过贸易，A 国获得了 500 小时劳动（9 500 - 9 000）。B 国又如何呢？在贸易进行前，B 国生产并消费 3 000 单位衣物和 2 500 单位食物，用完全部 16 000 小时劳动。进行贸易后，B 国消费了 5 500C（3 000 单位衣物自产 + 2 500 单位进口）和 1 500F（国内生产 2 500 单位 - 出口 1 000 单位到 A 国），如果这些商品完全国内自产，需要 17 000 小时劳动（11 000 小时用于衣物，生产 5 500 单位，每单位衣物需要 2 小时；6 000 小时生产食物，1 500 单位食物，每单位食物需要 4 小时）。通过贸易，B 国获得了 1 000 小时劳动（17 000 - 16 000）。

2. 从图形的解释

图 10-1 为我们提供了用图形解释比较优势理论的视角。

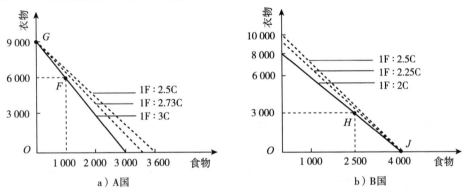

图 10-1　A 国和 B 国贸易发生前后的生产可能性曲线和消费可能性曲线

从图 10-1 可以看出，在封闭经济条件下，A 国的生产可能性曲线如图中 6 000 单位衣物和 1 000 单位食物，消费点在 F，B 国为 3 000 单位衣物和 2 500 单位食物，消费点在 H。但是当贸易发生后，两国的生产可能性曲线和消费可能性曲线都外移，说明两国从贸易中获得了额外的利益。

10.1.3　其他贸易理论

1. 赫克歇尔和俄林的要素禀赋论

比较优势理论对商品跨国贸易做出了有说服力的解释。但是，除了商品劳动生产率的差异之外，其他生产要素也对产品的生产成本有很大的影响，所以在 20 世纪初，瑞典经济学家赫克歇尔（Heckscher）和俄林（Ohlin）又从各国的生产要素禀赋的角度对国际贸易做出了解释（简称 H-O 理论）。㊀

由于各国生产要素的禀赋不同，所以在不同产品的生产上就会造成生产成本的差异。如，劳动密集型国家生产劳动密集型产品时，产品的生产成本就会相对低一些，而资本密集

㊀ 也有的译为赫克舍 - 奥林。

型国家在生产资本密集型产品时生产成本也会相对低一些。这样不同国家在国际市场上所生产的不同产品的价格和竞争力就会存在差异。各国会尽可能地利用自己具有优势的生产要素来生产产品而通过贸易来换取自己资源稀缺、竞争力差的产品,所以不同的生产要素禀赋决定了国际贸易的发生和贸易模式。

2. 规模经济、非完全竞争条件下的新贸易理论

在 H-O 理论中,进行贸易的两个国家被假定为在规模报酬不变的背景下进行贸易,但现实世界存在的贸易中,大量存在的贸易是产业内贸易尤其是工业发达国之间行业内贸易所占的比重已经大大增加。表 10-2 是 OECD 统计的部分工业发达国家产业内贸易占总制造业贸易的比重。表 10-3 是 2006 年 G20 ⊖ 经济体按联合国国际贸易标准分类(SITC)3 位数编码和 5 位数编码的产业内贸易指数。指数为 0.000 表示没有产业内贸易,1.0 表示一国在每种产业分类中进口和出口相等。从表中可以看出,3 位数编码产业内贸易程度(指数)要高于 5 位数编码的产业内贸易。同时,发达国家产业内贸易指数值高于发展中国家。如何对此做出解释,就对贸易理论提出了新的挑战。

表 10-2 部分工业发达国家产业内贸易占总制造业贸易的比重 (%)

国家	1988~1991 年	1996~2000 年
法国	75.9	77.5
加拿大	73.5	76.2
英国	70.1	73.7
德国	67.1	72.0
美国	63.5	68.5
意大利	61.6	64.8
日本	37.6	47.6

资料来源:OECD, Economic Outlook No. 71, Chapter 6, 2002.

表 10-3 G20 部分经济体间按 SITC3 和 SITC5 计算的产业内贸易指数

国家	SITC3 Digit	SITC5 Digit	国家	SITC3 Digit	SITC5 Digit
法国	0.600	0.424	巴西	0.373	0.137
加拿大	0.599	0.421	印度	0.318	0.127
德国	0.570	0.419	阿根廷	0.313	0.156
英国	0.525	0.362	中国	0.305	0.182
美国	0.503	0.317	南非	0.294	0.092
意大利	0.497	0.344	印尼	0.291	0.117
墨西哥	0.478	0.334	土耳其	0.217	0.130
泰国	0.449	0.252	俄罗斯	0.146	0.047
韩国	0.412	0.240	沙特阿拉伯	0.070	0.011
日本	0.398	0.238	非加权平均值	0.387	0.229

资料来源:M. Brülhart, "Global Intra-Industry Trade, 1962-2006", *The World Economy*, March 2009: 401-459.

美国学者克鲁格曼、赫尔普曼等人运用规模报酬递增和非完全竞争理论对此做出了解释。在规模报酬递增的条件下,当一个国家的某种产品的产量越来越大时,其单位产品成本将会越来越低,或者说同等数量的资源生产的产品数量越来越多,这样当把具有这种特质的

⊖ G20 包括中国、阿根廷、澳大利亚、巴西、加拿大、法国、德国、印度、印度尼西亚、意大利、日本、韩国、墨西哥、俄罗斯、沙特阿拉伯、南非、土耳其、英国、美国和欧盟。

产品生产由原来两国生产转为一个国家生产时,每个国家都各自生产规模经济效应明显的产品时,总的产出水平将会提高。

规模经济的存在使得各国专注于生产自己具有优势的产品,即使是在同一行业或产业内,各国生产同一行业中不同的产品,然后相互进行交换。这样也就形成了产业内贸易。

除此之外,还有许多其他的理论,如技术缺口理论和产品生命周期贸易理论等。我们在此不再过多叙述。

10.2 汇率和国际收支

商品在各国间的流动必然会带来国家间货币的兑换,这样也就有了汇率。所谓汇率就是一国货币与另一国货币的兑换比率。

10.2.1 汇率标价

对汇率的标价,关键是要搞清楚是用哪种货币作为基准,所以也就有了所谓的标价法。

直接标价法是以外国货币作为基准,把一定整数单位(如可以是1、100或者1 000)的外国货币兑换成一定数额的本国货币的标价方法。这也是目前国际上绝大多数国家采用的方法。我国目前采用的就是这种标价方法。如2018年12月19日,1美元对人民币的汇率为:6.886 9元人民币。所以,当我们看到这一数值上升时,就表示人民币贬值了,而美元升值了。相反,如果这一数值下跌,则表示本币升值,而外币贬值了。

间接标价法是以本国货币作为基准,把一定整数额的本币兑换成一定数额的外国货币的标价方法。这种标价方法主要为英国和美国采用。在历史上,这两个国家的货币都曾经是(现在仍然是)国际上主要的储备货币,采用这样的标价方法主要是为了在外汇市场上与其他国家采用的标价方法一致起来。数值变化的意义与以上相反。在这种标价制度下,当一定单位的本国货币兑换的外国货币数值变小时,就表示本币贬值了,相反当数值变大时就表示本币升值了。

其实,我们可以看出,两种标价方法互为倒数,所以知道了一种方法得到的汇率值,也就可以推出另一种标价法的数值。如,2018年12月19日,美元对人民币的汇率如果用间接标价法,1元人民币=0.145 2美元。

10.2.2 汇率制度

所谓汇率制度是指一国政府就汇率水平的形成机制所制定的一套管理制度和规则。从理论和现实世界存在的情形来分析,存在两种汇率制度:固定汇率制和浮动汇率制。

固定汇率制是指一国货币与其他国家的货币之间的兑换比率基本固定,调整幅度也控制在一定范围内的汇率制度。汇率水平与变动要么基于一种共同的基准(如黄金)要么由一国政府部门和货币当局控制或规定。

人类经济发展史上到目前为止存在过两种典型的固定汇率制度:一种是金本位制,另一种是布雷顿森林体系下的以美元为基准的汇率制度。在金本位制度下,由于各国货币与黄金价格挂钩,所以形成了以黄金价值(价格)为衡量基准的汇率制度。在布雷顿森林体系下,各国货币的币值与美元挂钩,而美元又与黄金挂钩,所以就形成了一种通过兑换美元再兑换成黄金的金汇兑本位制。

浮动汇率制是指一国货币与其他国家的货币之间的兑换比率由外汇市场的供给和需求决定的汇率制度。在浮动汇率制度下,从理论上说政府没有义务维持汇率的稳定。

按照不同的标准,汇率制度又可以分为以下几类。

(1)以政府或货币管理当局是否对汇率进行干预为标准,浮动汇率具体又分为两种形式:自由浮动的汇率制度和有管理的浮动汇率制度。前者是指汇率水平完全由市场供求来决定,政府对此不做任何干预,所以又称为清洁浮动,意指汇率灵活变动会使市场出清。这也浮动汇率制度的核心意义。有管理的浮动汇率制度是指政府或货币当局通过各种手段对汇率水平进行干预,使市场汇率符合政府的某种目标,这也被称为肮脏浮动。这也是目前国际上主要国家货币兑换中主要采用的汇率制度形式。

(2)从浮动采取的形式来分,可分为:独立浮动和联合浮动。独立浮动是指一国的货币对其他所有货币的汇率都由市场供求来决定。联合浮动是指在某种经济体内部成员国货币之间的货币汇率是固定的,但统一对外共同浮动。

此外,还有弹性汇率制度和钉住汇率制度的分法。后者是指一国货币与某一国(或某一篮子货币)保持一种相对稳定的兑换比率,而前者是除钉住汇率制度外所有其他制度的统称。

10.2.3 汇率水平的决定和相关理论

1. 汇率水平的决定

当我们把汇率看作一国货币的对外价格时,其实就是把一国的货币作为一种商品来看待了。既然如此,所以我们可以用分析普通商品价格水平决定的供求模型来讨论汇率的决定了。

我们就以英镑汇率和美元汇率为例来看汇率水平如何决定。假定两种货币在市场中的兑换价格不受政府控制。这样对美元或英镑的需求和供给可以用图10-2来解释。

在外汇市场中,当对英镑的需求(即愿意卖出美元、买入英镑)和英镑的供给(即愿意卖出英镑、买入美元)相等时,就可决定出均衡的汇率水平。在图10-2中,纵轴表示的是1英镑可以兑换的美元的数量。显然,供给曲线向上倾斜,表示的是随着1英镑可以兑换的美元的数量的增加,愿意卖出英镑而持有美元的人便会增多;而需求曲线表示的是相反的意思,所以向下倾斜。当影响英镑和美元的因素变动时,两种货币兑换的相对水平将会发生变化。

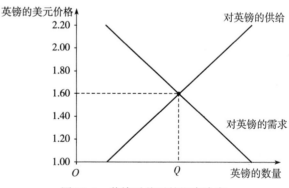

图10-2 英镑对美元的汇率决定

2. 汇率决定理论

解释汇率水平决定是一项非常复杂的工作。到目前为止经济学家们已经提出了许多理论解释。下面我们将介绍几种有影响的理论模型。

(1) **购买力平价理论**。这是汇率决定理论中最有影响力的一种理论，也是解释长期汇率水平决定最重要的理论。购买力平价理论（PPP 理论）认为：一国的汇率水平将倾向于使国内购买贸易商品的成本等于在国外购买这些商品的成本。一般认为这一理论是由英国经济学家桑顿提出、经瑞典经济学家古斯塔夫·卡塞尔发展充实成的经济学中重要的理论。其理论的核心是认为：在长期，两国货币的汇率是由两国相对的价格水平来决定的，或者说，汇率水平的高低是由各国货币代表的购买力来决定的。

一国为什么需要国外货币是因为可以用外国货币在国外市场上购买外国生产的产品和劳务。货币的价值大小是由其购买力大小来决定的。当不考虑运输成本时，由于讨论机制的存在，同样的商品如果用同一种货币来表现价格应该是一样的，即所谓"一价律"（one price rule）。购买力平价有两种具体形式。

绝对购买力平价是指两国货币的兑换率大小是由两国货币代表的购买力（或两国价格水平）之间的比率来决定的。即

$$p = ep^*$$

将其变形，得到

$$e = \frac{p^*}{p}$$

式中，p 是本国的价格水平，p^* 是外国的价格水平，e 代表两国货币汇率水平。

这也就是说，两国的汇率水平等于两国价格水平的比率。这显然是从静态意义来定义的汇率水平。

相对购买力是指在一定时期的两国货币汇率的变化等于两国相对价格水平的变化，即

$$\frac{e_1 - e_0}{e_0} = \pi_1 - \pi_0$$

式中，e_1 是第 1 期的汇率水平（直接标价法），e_0 是第 0 期的汇率水平，π_1 是国外通货膨胀率，π_0 是本国通货膨胀率。

购买力平价是预测两国长期汇率变化的重要理论。它从货币自身的功能之一的价值尺度来确定两国货币汇率有其理论上的合理性。特别是相对购买力平价理论的提出反映出了货币自身价值对内的变化和对外价值变化应该是一致的基本观点。购买力平价理论在实际中也易于操作，尤其是在国际比较中，通过 PPP 比较各国经济变量（如 GDP）是近几年国际经济学界最为流行的方法之一。当然，该理论也存在一些局限性，它只是考虑了经常账户下汇率水平如何决定的问题，而对资本账户和金融账户对汇率的影响未予考虑。而且，影响汇率的因素非常复杂，绝不只是由价格水平或价格水平的变化来解释。事实上，对购买力平价理论进行的实证检验也是毁誉参半，有支持者也有反对者。这其实与购买力平价成立的基础——由套利活动维持的一价律在现实中难以成立有关。

| 专栏10-1 |

汇率的巨无霸汉堡平价指数

对购买力平价理论影响最大的一个证明是英国《经济学人》杂志于1986年开始推出的

以麦当劳的巨无霸汉堡为基础的巨无霸指数,该指数给出了一种标准化的产品在全球不同城市的标价,并按现行汇率给出其相应的美元价格,然后与按购买力平价折算出的美元价格进行比较,看每种货币相对于 PPP 是高估还是低估。图 10-3 给出了几种主要国家货币汇率偏离程度,这里是将各国销售巨无霸汉堡价格按照市场汇率换算成美元价格,然后与美国 4 个城市巨无霸的平均售价相比,这里是 5.28 美元,如果一个国家的巨无霸售价高于 5.28 美元,那么该国货币就被高估。如果低于 5.28 美元,这个国家的货币就被低估。举例来说,在欧元区,巨无霸的平均价格是 3.95 欧元,按当时汇率折算成美元为 4.84 美元,这就表示欧元相对于基准货币美元被低估了 8.3%。

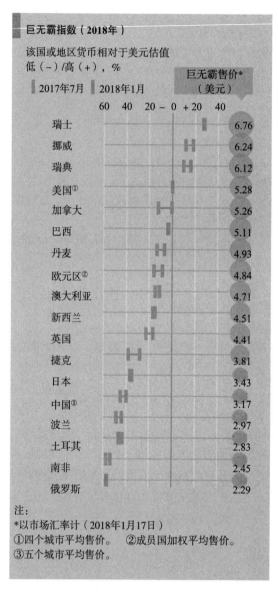

图 10-3 汉堡包指数

资料来源:麦当劳;《经济学人》。

(2)**利率平价理论**。这是汇率决定理论中又一个非常重要的理论,最早由凯恩斯提出。

该理论的出发点是从金融资产市场来讨论汇率水平的决定。

当资本可以在世界各国间自由流动时，套利机制将保证不同国家的同种性质的资产的收益率趋向一致。所以当两国利率水平存在差异的情况下，资产将会从低收益率国流向高收益率国来套利。这种套利过程中在不同国家的资产选择就必然会涉及资产转换，必然会对货币汇率产生影响。所以汇率和利率水平之间必然有内在联系。

假设本币收益率为 R，外币收益率为 R^*，EX 是即期汇率，EX^* 是未来某一时点的汇率。当 1 个时期结束后（假设为 1 年），1 单位本币的收益为：$1+R$；如果在期初按即期汇率兑换成外币则有 $1/EX$ 单位外币，在不考虑交易成本的条件下，$1/EX$ 单位外币在同样时期的收益将为：$(1+R^*)/EX$，按到期时的汇率折成本币后为：$(1+R^*)EX^*/EX$，这也就是把同样数量的本币投入国外得到的收益。很显然，如果资本流动充分，利率平价成立，则资产在两国的收益应该相同。即

$$1 + R = (1 + R^*) \frac{EX^*}{EX}$$

$$\frac{EX^*}{EX} = \frac{1+R}{1+R^*}$$

经过变形并忽略 2 阶小量，可以近似得出下式

$$R - R^* = \Delta EX$$

ΔEX 是汇率变化率，如果是国内利率高于国外利率，那么这一变化表示的就是本国货币贬值率，如果是相反情形，表示的就是本国货币的升值率。

以上是有关汇率最为基本的两种理论。此外，货币主义者也提出了货币汇率理论。其特点是把汇率看成是两国货币的相对价格，所以汇率由两国货币市场的货币供求来决定。货币供应量由国民产出水平决定，如果一国货币供应量的增长速度超过国民产出水平的增加速度，那么该国货币将贬值。与此相关的还有资产市场汇率理论，把货币看成一种与其他资产进行竞争的资产，通过投资者的资产组合调整变化引起相对价格（汇率）变化等。

10.2.4 国际收支

1. 国际收支

国际收支是一种统计报表，它系统地记载了在特定时期内一经济体居民与非居民的各种经济交易。

上述定义是国际货币基金组织（IMF）在《国际收支手册》（第 6 版）给出的定义。那么这种统计表是为了什么目的而设计的？具体包括哪些内容呢？

国际收支记录至少有如下目的和作用。

（1）在当今世界各国经济相互依存加剧的背景下，各国的对外经济交往对一国的经济决策和其他决策发挥着重要的作用，国际收支表记录的数据为政府以及各种经济行为主体的决策提供了重要的依据。

（2）记录数据利于分析和把握国际收支出现的原因和找到实施调节的措施。国际收支表中记录了一国与其他国家全部的经济交往记录，从中可以反映出一国商品贸易和直接投资、国际服务贸易、国际银行业务的流量和存量、资产证券化和资本市场的发展状况、外债

问题、收入支付和增长、汇率与经常账户及金融账户的各种流量之间的关系。

(3) 国际收支可以预测对外资产和负债的存量变化和相关关系。

(4) 国际收支账户的数据是编制国民收入总体账户的组成部分。

国际收支账户记录哪些内容呢?

(1) 国际收支是一个流量概念,也就是说,国际收支反映的是一定时期的数据变化。这与国际借贷不同,后者是存量概念。

(2) 国际收支记录的内容以交易为基础。与国际收支的字面意义不完全一样,国际收支表中记录的国际交易可涉及货币支付,但有些也不一定涉及。概括而言,这种交易包括:①各种交换(商品与商品、商品与劳务之间的交换;金融资产和商品劳务资产的物币交换;金融资产之间的交换);②商品、劳务和金融资产的无偿单向转移;③由居民移居带来的资产转移。

(3) 国际收支记录的经济交易主要发生于居民和非居民之间。这里的居民不同于法律意义上的居民,这里的意思是指:在一个国家经济领土内具有一个经济利益中心且从事或计划继续从事相当规模的经济活动和交易的机构。个人、企业、政府和非营利组织都可作为居民和非居民。

国际收支的记录就是国际收支表。这是把一国一定时期内的国际经济交易按特定账户分类,并用复式记账原理编制的报表。记录原则是:有借必有贷,借贷必相等。所以,凡是收入项目、资产的减少或负债的增加都记录在贷方;凡是支出项目、资产的增加或负债的减少都记录在借方。一笔交易如果是外国货币流入本国,那就记在贷方,如果是本国向外流出货币那就记在借方。

2. 国际收支表的基本内容

为了统一各国的国际收支状况,国际货币基金组织从 1948 年起先后 6 次对《国际收支手册》做出了修改。根据 1993 年出版的《国际收支手册》(第 5 版),国际收支平衡表分为:经常账户、资本和金融账户与平衡项目账户。《国际收支手册》(第 6 版)已经于 2008 年 12 月发布,大的账户结构基本维持,但项目的具体核算与第 5 版相比还是有许多调整,各国正在根据新的手册进行国际收支核算的准备。下面来看国际收支表的具体构成内容(见表 10-4)。

表 10-4　中国国际收支平衡表 (2017 年)　　　　　　　　(单位:万美元)

项目	2017 年
1. 经常账户	16 488 665
1.A 货物和服务	21 072 844
1.A.a 货物	47 614 571
1.A.b 服务	-26 541 727
1.B 初次收入	-3 444 429
1.C 二次收入	-1 139 750
2. 资本和金融账户	5 700 259
2.1　资本账户	-9 361
2.2　金融账户	5 709 620
2.2.1　非储备性质的金融账户	14 861 194

（续）

项目	2017 年
2.2.1.1　直接投资	6 630 948
2.2.1.2　证券投资	743 131
2.2.1.3　金融衍生工具	47 117
2.2.1.4　其他投资	7 439 998
2.2.2　储备资产	－9 151 574
2.2.2.1　货币黄金	0
2.2.2.2　特别提款权	－73 936
2.2.2.3　在国际货币基金组织的储备头寸	219 040
2.2.2.4　外汇储备	－9 296 678
2.2.2.5　其他储备资产	0
3. 净误差与遗漏	－22 188 923

资料来源：《中国统计年鉴 2018》。

（1）**经常账户**。这是国际收支表中最为重要也是最为基本的账户。它反映了一个国家（或地区）与其他经济体之间除金融项目交易之外的所有交易。该项目下通常设四个子项目：货物贸易、服务贸易、初次收入和二次收入。

货物贸易：记录的是进出口货物的货币收支。其中包括：一般商品的进出口、用于加工的货物的进口和出口、货物的修缮、居民和非居民在港口采购的货物和非货币黄金的出口和进口。

服务贸易：记录服务的输入和输出情况。其中包括：运输、旅游、通信服务、建筑服务、保险服务、金融服务、计算机和信息服务、专有权利使用费和特许费、其他商业服务以及个人、文化和娱乐服务。

初次收入：指常住单位与非常住单位之间因提供劳务、金融资产和出租自然资源而获得的回报，包括雇员报酬、投资收益和其他初次收入三部分。雇员报酬指雇员（属于一个经济体）因在雇主（属于另一个经济体）生产过程中提供劳务投入而获得的酬金回报，包括现金形式的工资和薪金、实物形式的工资和薪金、雇主的社会保险缴费。投资收益指常住单位与非常住单位之间提供金融资产获得的回报，包括直接投资收益、证券投资收益和其他投资收益。

二次收入：指常住单位与非常住单位之间的经常转移，包括现金和实物转移。

（2）**资本和金融账户**。该项目记录资本所有权在国家间的流动，由资本账户和金融账户组成。

资本账户：是反映常住单位与非常住单位之间发生的资本转移，以及常住单位与非常住单位之间发生的非生产非金融资产的获得和处置。其中，资产转移包括债务减免、投资捐赠等非经常性转移；非生产非金融资产的获得和处置包括营销资产及契约、租约和许可等的获得和处置。

金融账户：指常住单位与非常住单位之间发生的金融资产和负债交易，包括非储备性质的金融账户和国际储备。

非储备性质的金融账户包括：

1）直接投资，反映的是一个经济体的居民单位（直接投资者）对另外一经济体的居民单位（直接投资企业）的永久利益，包括直接投资者和直接投资企业之间的所有交易。

2）证券投资，包括股票和债券交易。

3）金融衍生工具。

4）其他投资，包括长短期的贸易信贷、贷款、货币和存款以及应收款项和应付款项。

储备资产：包括一个经济体货币当局认为的可以用来满足国际收支和某些情况下满足其他目的的资产的交易。包括：货币化的黄金、特别提款权、在国际货币基金组织中的储备头寸、外汇资产以及其他的债权。

（3）**平衡项目账户。净误差与遗漏**：这是为了平衡国际收支项目而设立的一个平衡账户。这是因为平衡表中的数据由于来源于不同的渠道，很难实现账户在借方和贷方平衡，但国际收支平衡表的记账原则要求平衡，所以就设立了一个账户来抵消统计误差，这个账户与上述余额记反向等量账。

10.3 内部平衡和外部平衡

10.3.1 内部平衡和外部平衡的概念

最早提出内部均衡/平衡（internal balance）和外部均衡/平衡（external balance）概念的是英国经济学家詹姆斯·米德（Meade），并经过斯旺（Swan）的发展，提出了内外均衡的基本模型，并以此对如何调节国际收支进行了分析。一个国家从内部目标来看，实现的目标包括三项：稳定持续的经济增长、低通货膨胀和低失业。因为对宏观经济均衡概念的研究在近些年有了不同的定义，所以我们把内部均衡的基本含义定为：一国的经济运行处在充分就业或自然失业率与合意的通货膨胀率组合的状态。在用宏观经济模型表示时，我们一般把商品市场和货币市场同时实现看作内部均衡实现的一种标志，所以在这个意义上，我们一般以 IS-LM 模型的均衡点来表示内部均衡的实现。外部均衡一般意义上是指国际收支处在均衡状态。有时指经常账户均衡或者是资本金融账户的均衡。一般我们将外部均衡定义为总的货币流动均衡，即两大账户之间整合实现均衡，经常账户的赤字（盈余）额与资本和金融账户的盈余（赤字）额相等。我们通常用一条新的线 BP 线表示。

10.3.2 IS-LM-BP 模型

1. BP 曲线

为了用模型表示出内部均衡和外部均衡，我们把内部均衡和外部均衡统一到一个用利率和国民收入分别作为主导变量的模型中。BP 线上的点表示的是由利率和国民收入各种组合情况下，国际收支处于均衡状态，可以用来表示外部均衡。

从形状上看，当资本处于不完全流动时，BP 线是向右上方倾斜的，如图 10-4a 所示。呈现这一形状的原因是：当利率水平 r 提高时，会引起资本流入增加，资本和金融账户出现盈余，为了使国际收支平衡，必须增加进口，而进口是国民收入水平的函数，也就是国民收入水平必须提高才能带来进口的增加。所以，在保持国际收支平衡的情况下，利率和国民收入是同方向变动的。我们还可以从另一个角度来看这一问题。当国民收入水平提高、其他情况不变时，进口会增加，经常账户出现赤字，为了弥补赤字保持国际收支平衡，需要通过提高利率来吸引资本流入。因此，在 BP 线的点表示的是国际收支平衡，上方（左边）的点表示的国际收支存在盈余，下方（右边）的点表示的是国际收支存在赤字。

BP 曲线的位置最主要的决定因素是汇率，也就是说，在给定的汇率水平条件下适应国民收入和利率关系的国际收支平衡。

BP 曲线的斜率主要决定于如下两个因素：边际进口倾向（MPM）和国外资本的供给弹性。

边际进口倾向：当该变量数值越大时，在任意给定的国民收入水平上的进口规模也越大，经常账户赤字的数值也越大，所以为了保持国际收支平衡，所要求的资本和金融账户盈余额也越大，要想使资本的流入数额增多，也就要求利率水平必须足够高。因此，当 MPM 值越大时，BP 曲线必须越来越陡峭，才能保证国际收支平衡。

国外资本的供给弹性：国外资本的供给弹性越大，意味着利率只需要小幅度提高就可以吸引足够的资本流入来维持国民收入水平提高后的国际收支平衡，所以 BP 线也就越平缓。由此可以推知：在资本完全流动的情况下，BP 线将变成为一条平行于横轴（国民收入水平）的直线，国内利率水平等于国际金融市场利率水平，如图 10-4b 所示；而在资本完全管制，国外资本对国内利率变化没有任何反应的情况下，BP 线将变成为一条不流动的垂直于横轴（国民收入水平）的直线，如图 10-4c 所示。

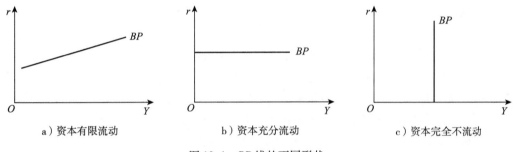

图 10-4 BP 线的不同形状

2. IS-LM-BP 模型表示的内外均衡

在开放经济条件下，内外平衡的同时实现，也就是商品市场、货币市场和国际收支同时实现均衡，如图10-5所示。尽管在三条线的交点上，实现了宏观意义上的一般均衡，但就国民收入水平来看，这种均衡的国民收入水平并非符合某种目标要求的水平，所以这也就对政府通过宏观经济政策进行干预提出了要求。

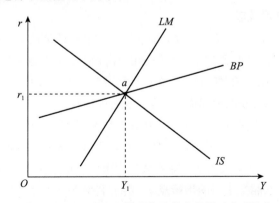

图 10-5 IS-LM-BP 模型表示的内外同时实现均衡

10.4 开放经济条件下的宏观经济政策效应

IS-LM-BP 模型的提出，为我们进行开放经济条件下的宏观政策分析提供了良好的工具。在开放经济条件下，对宏观经济政策的分析与如下两个因素关系密切：汇率制度和资本流动。两者的不同组合对每种政策会有不同的影响。下面我们主要讨论两种情形：固定汇率制度下货币政策和财政政策的作用，浮动汇率制度下货币政策和财政政策的作用。

10.4.1 固定汇率制度下宏观经济政策的作用

讨论开放经济中宏观货币政策的作用最初是由经济学家蒙代尔（Robert Mundell）和弗莱明（M. Fleming）提出的，他们主要讨论了在固定汇率制度下资本充分流动情况时，宏观经济政策的作用，所以后人也把这种条件下的 *IS-LM-BP* 模型分析称为蒙代尔－弗莱明模型。在他们提出的模型的启发下，经济学家们又对浮动汇率制度下的宏观经济政策进行了分析，并且对资本有限流动和资本不流动情况下宏观货币政策进行了分析。下面我们的分析就以资本有限流动为条件，因为这是最为符合现实的情形。

1. 货币政策的作用效应

在资本充分流动条件下，利率的微小变动都会引致资本流动，所以以本国利率水平将由世界市场上的利率水平来决定。这就意味着，货币政策的变化在固定汇率制度下不起作用，一国货币当局无法推行独立的货币政策来实现宏观经济目标。原因是：假设货币当局希望降低利率来实施扩张的货币政策，如果本国利率低于世界市场水平，将会引起资本流出，为了保证汇率水平维持在不变的水平上。货币当局不得不出面对资本流出进行干预，在金融市场中减少对本币的供应，卖出外币，买入本币。这样做的结果是本币供应量减少，利率水平提高，直至回到原有的与世界利率水平相符的水平上，具体情形如图 10-6 所示。当 LM_1 曲线由于扩张的货币政策向右移动到 LM_2 后，与新的均衡点 b 对应的本国利率水平 r_2 将低于世界市场利率水平 r_1，引起资本流出，国际收支出现赤字，为了保持汇率水平不变，政府不得不减少本币供应，直到均衡回到 a 点，利率水平又会回到 r_1，LM_2 曲线会移动到 LM_1。货币政策没有发挥作用。

2. 财政政策的作用效应

我们就以 *BP* 线的斜率比 *LM* 大且政府采取扩张性财政政策的情形来讨论财政政策的作用（见图 10-7）。假设，初始状态内外经济处在均衡状态，即在点 a 处，针对当前的经济运行现状政府试图采用扩张性的财政政策。扩张性财政政策的表现是 *IS* 线将向外移动，由 IS_1 外移到 IS_2，IS_2 与 LM_1 形成新的内部均衡 b 点，这时国民收入水平由 Y_1 提高到 Y_2。由于国民收入水平提高，所以进口商品数量会增加，在其他情况不变时，经常账户出现赤字，尽管 *IS* 的移动已经提高了利率水平，但还不足以吸引足够多的资本流入以保持国际收支平衡。所以，利率需要进一步提高到 r_3 的水平，即要减少货币供应把利率水平推高至该水平，LM_1 向左移动到 LM_2，与 *BP* 线相交于新的均衡点 c。由于利率上升，会产生挤出效应，所以国民收入水平也将下降至 Y_3，新的内外同时实现的均衡在 c 点形成。从中我们可以看出，在固定汇率制度下，财政政策可以发挥作用。

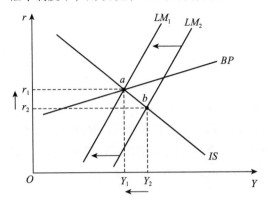

图 10-6　固定汇率情况下扩张的货币政策　　图 10-7　固定汇率情况下扩张的财政政策

由于 LM 曲线和 BP 曲线的相对斜率将影响到内部不均衡点处在 BP 线的上部区域或是下部区域，所以对货币政策也就有了不同的影响，请读者思考一下，如果 BP 曲线比 LM 曲线平缓，货币政策的取向应该如何。

10.4.2　浮动汇率制度下宏观经济政策的作用

浮动汇率情形下的宏观货币政策与固定汇率情况相比有不同的特征。汇率的变动间接的是通过 BP 线的移动来表示的。在固定汇率制度下，BP 线的位置不发生左右移动。而在浮动汇率制度下，汇率的变化主要体现在 BP 曲线的平行移动上（我们假定斜率不变），如图 10-8 所示。当本币升值时，BP 线将向左（或者说是向上）移动；而当发生本币贬值时，BP 线将向右（或者说向下）移动。原因是：当本币升值时，在同样的国民收入水平上，进口将增加，而出口将减少，所以经常账户出现赤字，为了维持国际收支平衡，需要更高的利率水平来引致资本流入弥补经常账户出现的赤字。同理可知，当本币贬值时，同样的国民收入水平上，进口将减少而出口将增多，所以经常账户出现盈余，在国际收支平衡情况下，利率将下降，资本将流出。

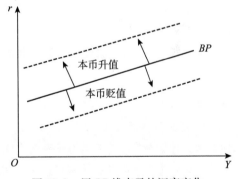

图 10-8　用 BP 线表示的汇率变化

1. 浮动汇率条件下的货币政策

如图 10-9 所示，初始我们仍然假定处于内外均衡状态，即三条线在 a 点相交。当政府采用宽松的货币政策时，货币供应量增加，LM 线将由 LM_1 右移至 LM_2，与原有的 IS_1 曲线相交于 b 点。由于利率下跌，总需求扩大，国民收入水平提高至 Y_2；在原有汇率水平条件下，国际收支将出现赤字。在浮动汇率条件下，扩张的货币政策，将引起本币贬值，一方面 BP 线将向右移动，另一方面，由于出口增加也会推动 IS_1 向右发生移动，直到 IS_2、LM_2 和 BP_2 三线在 c 点相交形成新的均衡，利率为 r_3，收入水平为 Y_3。与原有均衡点相比，本币汇率贬值，利率下降，收入水平提高。这说明，扩张的货币政策在浮动汇率条件下将发挥比封闭条件下更大的作用（无论是在 LM 曲线斜率比 BP 曲线斜率大的情况下还是 LM 曲线斜率比 BP 曲线斜率小的情况下都会有这种效应）。

2. 浮动汇率条件下的财政政策

浮动汇率条件下，当政府采用扩张的财政政策时，情况又会怎样呢？我们还以 LM 曲线斜率比 BP 曲线斜率大的情况为例来说明（见图 10-10）。当政府推行扩张的财政政策后，IS_1 移动至 IS_2，均衡点从 a 点移动至 b 点，新的利率和国民收入的组合为：r_2 和 Y_2。国际收支出现盈余，系由资本流入量大于经常账户赤字所致，所以本币汇率升值，BP_1 移动到 BP_2，由于利率升值和汇率升值的共同作用，政府财政扩张政策被部分抵消，可以想见，如果 LM 曲线越陡峭，财政政策的作用越小；资本流动越充分，财政政策的作用越有限，如果是在资本充分流动情况下，财政政策就将无法发挥作用。

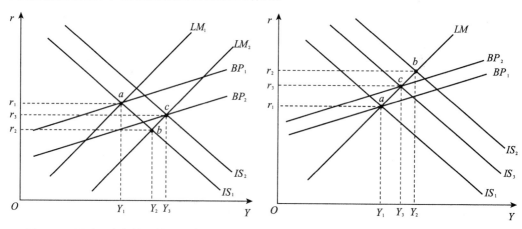

图 10-9　浮动汇率条件下扩张的货币政策　　图 10-10　浮动汇率条件下扩张的财政政策

综上所述，在开放经济条件下，当实行固定汇率且 LM 曲线斜率大于 BP 曲线斜率的情况下，货币政策作用无法发挥作用，财政政策作用显著；在浮动汇率条件下，财政政策作用不明显（或非常小），而货币政策作用显著。

◆ 本章小结

1. 产品的跨国流动形成国际贸易。国际贸易为什么会存在，目前有三种较有说服力的理论：①资源差异；②偏好差异；③成本差异。

2. 比较优势理论是最为重要的解释国际贸易的理论。该理论的主要观点是：当每个国家把自己的生产集中于相对于生产其他产品更有效率的产品上时，通过贸易也会有利于双方。

3. 其他的贸易理论主要包括以下几种。赫克歇尔和俄林的要素禀赋论：各国会尽可能利用自己具有优势的生产要素来生产产品而通过贸易来换取自己资源稀缺、竞争力差的产品。

规模经济、非完全竞争条件下的新贸易理论：规模经济的存在使得各国专注于生产自己具有优势的产品，即使是在同一行业或产业内，各国生产同一行业中不同的产品，然后相互进行交换。这样也就解释了产业内贸易的存在。

4. 汇率就是一国货币与另一国货币的兑换比率。有两种标价方法：直接标价法和间接标价法；两种汇率制度：固定汇率制和浮动汇率制。

5. 汇率水平是由什么决定的，到目前为止，经济学家们已经提出了许多理论解释，最有影响力的是购买力平价理论和利率平价理论。

6. 国际收支是一种统计报表，它系统地记载了在特定时期内一经济体与世界其他地方的各种经济交易。按照国际货币基金组织 1993 年出版的《国际收支手册》，国际收支平衡表分为：经常账户、资本和金融账户与平衡项目账户。

7. 内部平衡和外部平衡是描述开放经济条件下宏观经济均衡的概念，$IS\text{-}LM\text{-}BP$ 模型是最为重要的一种理论模型。

8. 开放经济条件下的宏观经济政策分为固定汇率制度和浮动汇率制度两种情形。

固定汇率制度下：货币政策发挥的作用有限，而财政政策可以发挥重要作用；

浮动汇率制度下：财政政策作用不明显（或非常小），而货币政策作用显著。

9. 固定汇率制度下资本充分流动情况下，宏观经济政策的作用模型被称为蒙代尔－弗莱明模型。

思考与练习

一、名词解释

比较优势理论	直接标价法
间接标价法	汇率制度
固定汇率制	浮动汇率制
购买力平价	利率平价
国际收支	内部平衡
外部平衡	BP 曲线
$IS\text{-}LM\text{-}BP$ 模型	

二、简答题

1. 请解释国际贸易存在的原因。

2. 请说明比较优势理论是如何解释存在国际贸易现象的。

3. 规模经济、非完全竞争条件下的新贸易理论的内容是什么？

4. 购买力平价理论、利率平价理论是如何解释汇率水平的决定的？

5. 国际收支账户中经常项目账户、资本和金融项目各包括哪些内容？

6. 内部平衡和外部平衡的内容是什么？

7. BP 曲线的含意，以及其位置和斜率的主要决定因素是什么？

三、论述题

1. 请分析开放经济条件下，固定汇率制度中宏观经济政策效应。

2. 请分析开放经济条件下，浮动汇率制度中宏观经济政策效应。

参 考 文 献

[1] Olivier Blanchard. Macroeconomics[M]. 7th ed. New York：Pearson Education Inc.，2017.

[2] Robert H Frank，Ben S Bernanke. Principles of Macroeconomics[M]. 6th ed. New York：McGraw Hill Companies，2013.

[3] R Glenn Hubbard，Anthony Patrick O'Brien. Macroeconomics[M]. 6th ed. New York：Pearson Education Inc.，2017.

[4] N Gregory Mankiw. Macroeconomics[M]. 9th ed. New York：Worth Publishers，2015.

[5] N Gregory Mankiw. Principles of Economics[M]. 8th ed. New York：Cengage Learning，2018.

[6] John Sloman. Economics[M]. 9th ed. New York：Pearson Education Inc.，2015.

[7] Dominick Salvatorle. International Economics[M]. 11th ed. New York：John Wiley & Sons, Inc.，2013.

[8] 丹尼斯·阿普尔亚德，小艾尔弗雷德·菲尔德，史蒂芬·柯布. 国际经济学：第8版[M]. 赵英军，译. 北京：机械工业出版社，2010.

[9] 保罗·克鲁格曼，罗宾·韦尔斯. 宏观经济学：第4版[M]. 赵英军，译. 北京：中国人民大学出版社，2018.